イラストでみる
平安ファッションの世界
皇族・貴族から武士・庶民まで

髙島克子
Takashima Katsuko

有隣堂

装丁・本文デザイン――神長文夫　坂入由美子（ウエル・プランニング）

まえがき

平安時代と聞いて、「十二単《じゅうにひとえ》」を連想する方が多いかもしれない。着物が好きな方には「かさねの色目」として、着物コーディネートに欠かせない要素として身近にある。

近年、日本人だけでなくインバウンドの方々にも十二単体験は人気である。千年も前のファッションがなぜこれほど現代人を魅了するのか？　そもそも、なぜ平安時代に十二単が誕生したのか？

この疑問が、私に日本の歴史と着物ファッションの関係を調べさせるきっかけとなった。2019年夏のことである。その疑問の答えを探すうちに、おりしもコロナ禍となり、長きにわたる日本の着物ファッションの歴史をたどることがライフワークになった。結果、縄文・弥生時代から令和時代までのファッションの変遷をビジュアル（イラスト）を通し、時系列に通観できる年表を2020年夏に完成させた。

翌年、時代考証の専門家でもない私だが、デザイナー目線という立ち位置で解説文をつけた著書をPOD出版するに至った。そのころから、出版に関して相談に乗って下さっていた根本騎兄編集長から、ありがたいことに私が着物と日本の歴史をたどる旅を始めるきっかけとなった「平安時代ファッション」に特化した本書『イラストでみる　平安ファッションの世界』のお話をいただいた。

私はデザイナーを長く続けているが、実は高校2年生まで絵描きになりたいと思っていた。紆余《うよ》曲折《きょくせつ》があり、画家以外で絵が描ける仕事として選んだのがファッションデザイナーで、洋服の制作よりもファッションイラストを描くことが好きである。インターネットの普及以来、文字よりも絵を好む方が多いし、確かにイラストは「百聞は一見に如《し》かず」で、頭に入りやすい。

本書では約400年の平安時代を唐風・国風・武家風ファッションに分け、さらに法衣舞楽《ほういぶがく》・皇族ファッションのイラストも巻頭に置き、通観できる構成とした。まずは平安ファッションショーをイメージで（お好みの音楽を流しながら）ご覧いただくのもお薦《すす》めである。それぞれのファッションのビジュアルを把握してから、後ろに解説が続く方が理解しやすいと思うからだ。

また、本文に登場するスタイルを振り返りたい時も、巻末にイラストを見にいくより前に戻る方が、まだ知りたくない（後の時代の）情報を先に垣間見てしまうことなく安心してイラストを眺めにいける。

現在もそうであるが、ファッションは、実は経済的・社会的背景と大きく関係している。特に平安時代は時代背景（位階制度・遣唐使廃止・藤原氏の他氏排斥、氏長者《うじのちょうじゃ》争いなど）や文化・年中行事等とも関連が強いため、関係する出来事や制度についての挿絵《さしえ》や図表を多く取り入れた。貴族・皇族・僧侶・武士・庶民のファッションをデザイナーならではの目線で解説したので、ぜひ本文の方も楽しんでいただきたい。

藤原道長《ふじわらのみちなが》一族が権力者となっていく経緯や、武士の台頭などにも触れており、ファッションだけでなく中世の歴史に興味のある方々、特に男性にも楽しんでいただけたらと思っている。平安時代は日本服飾史上、男性のファッションが特に色鮮やかで、男性の「美」への探求がとても深い時代であった。おそらく現代の「美容男子」以上だろう。その発想の源に触れることは、現代社会を生きる上でも多くの気づきに満ちていると思える。

ファッションは、時代を映す鏡だ。しかし、ファッションと聞くと、たいていの方は「洋服」を思い浮かべる。もちろん、西洋においては「洋服」であるが、弥生時代から約2000年の日本の歴史のなかで、洋服の歴史は150年ほどしかない。長い日本の歴史上、ほぼ全ての時代のファッションは「着物」である。

現代の着物の原型は江戸時代の「元禄小袖《げんろくこそで》」で、その「小袖」の起源は弥生時代にまで遡《さかのぼ》り、「貫《かん》頭《とう》衣《い》」といわれている。平安時代の庶民の女性や子供が着用していた「手《て》無《な》し」といわれる袖無しスタイルは、その貫頭衣が変化したものとされ、温暖であった弥生時代同様、現代なみに温暖とされる平安時代を映しているといえる。そして「小袖」が様々な時代背景から、下着のポジションから表舞台へと登場したのも平安時代である。

本書の出版にあたり、「なぜ平安時代に十二単が誕生したのか?」の問いに対する新たな答えが見つかり、私の「着物と日本の歴史をめぐる旅」の第一歩は完結できたように感じる。それは一つの時代に特化し、ファッションを掘り下げたからに違いない。

平安時代は女流文学や貴族の日記、また末期からではあるが当時の生活の様子を垣間見ることができる絵巻なども多く出版されており、様々な説が混在する。まして、実物が全く残っていないため、正確な形状・着姿なども不明な部分が多く、本書のイラストや解説とは違う説があることもお断りしておきたい。

本書を通じて、他の書物とは違う平安時代のファッションのポイントと、社会との関係性・自然と美に対する平安のセンス等をお届けできていたら幸いである。

さらに、巻末に補章「年中行事」「通過儀礼」、また生没年も入れた「藤原道長関係系図」等を用意した。巻頭イラストと合わせてドラマ・映画鑑賞のお供としてご愛読いただければ、著者として望外の喜びである。

イラストでみる
平安ファッションの世界

目次

第2章 官位があったから色彩豊かに

第5章 貴族の「持ち物」「被り物」

第6章 平安時代の身だしなみ、美人の条件 185

巻頭

平安ファッション

イラスト図解

唐風

中国からの強い影響

文官朝服《ぶんかんちょうふく》

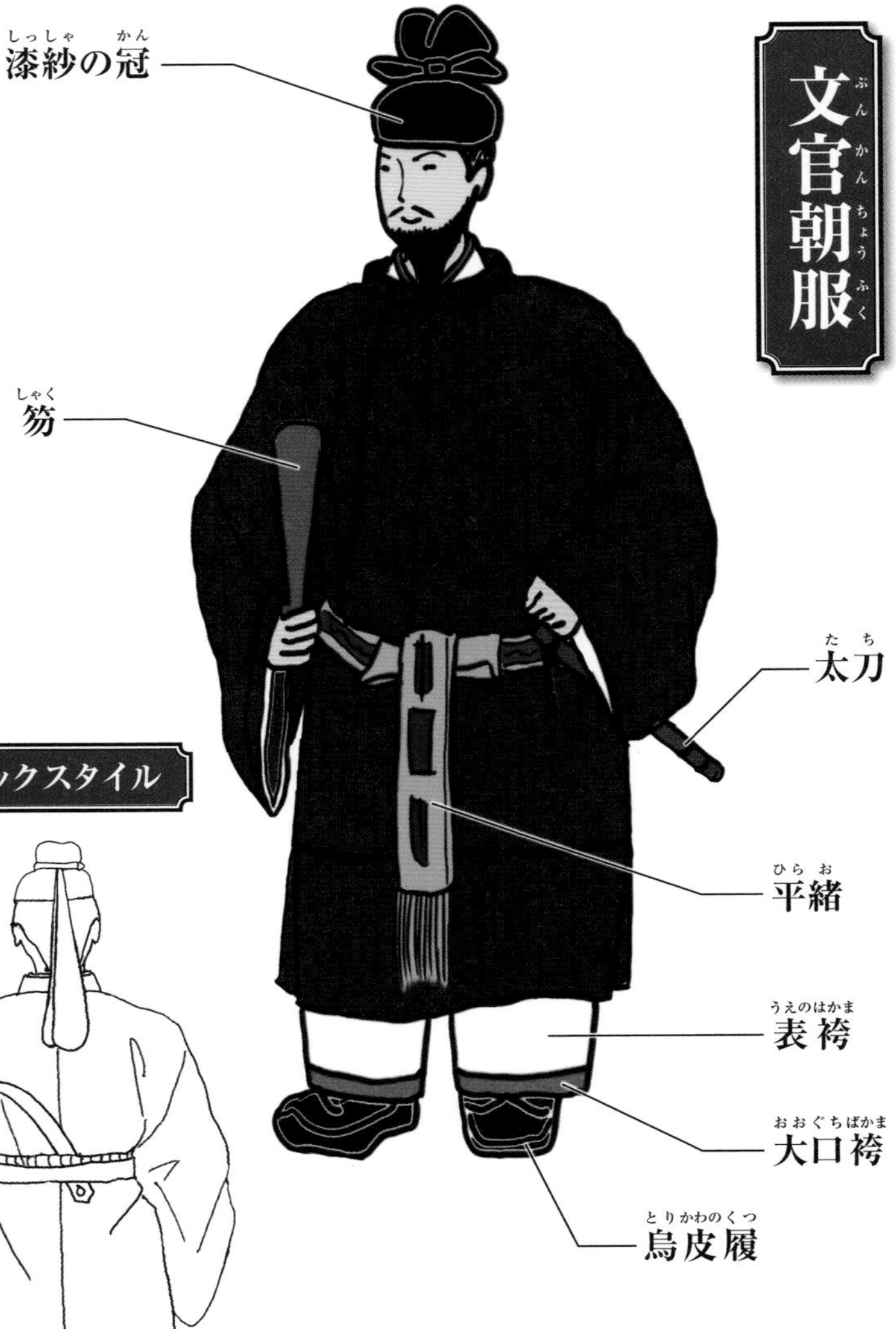

朝服とは、朝廷に出仕するときに着用したもので、特に飛鳥時代から平安初期のものをいう。

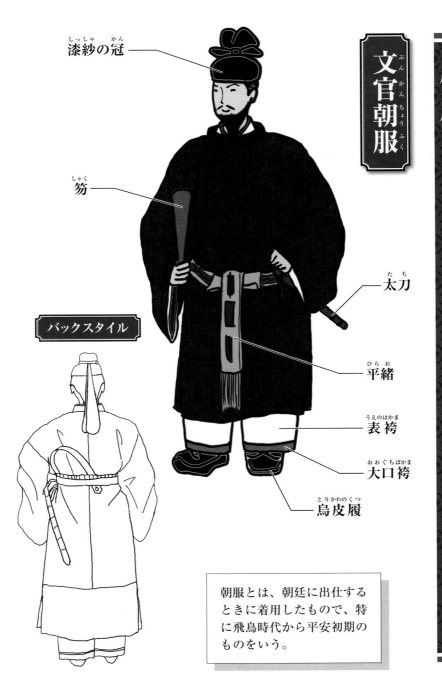

女官朝服《にょかんちょうふく》

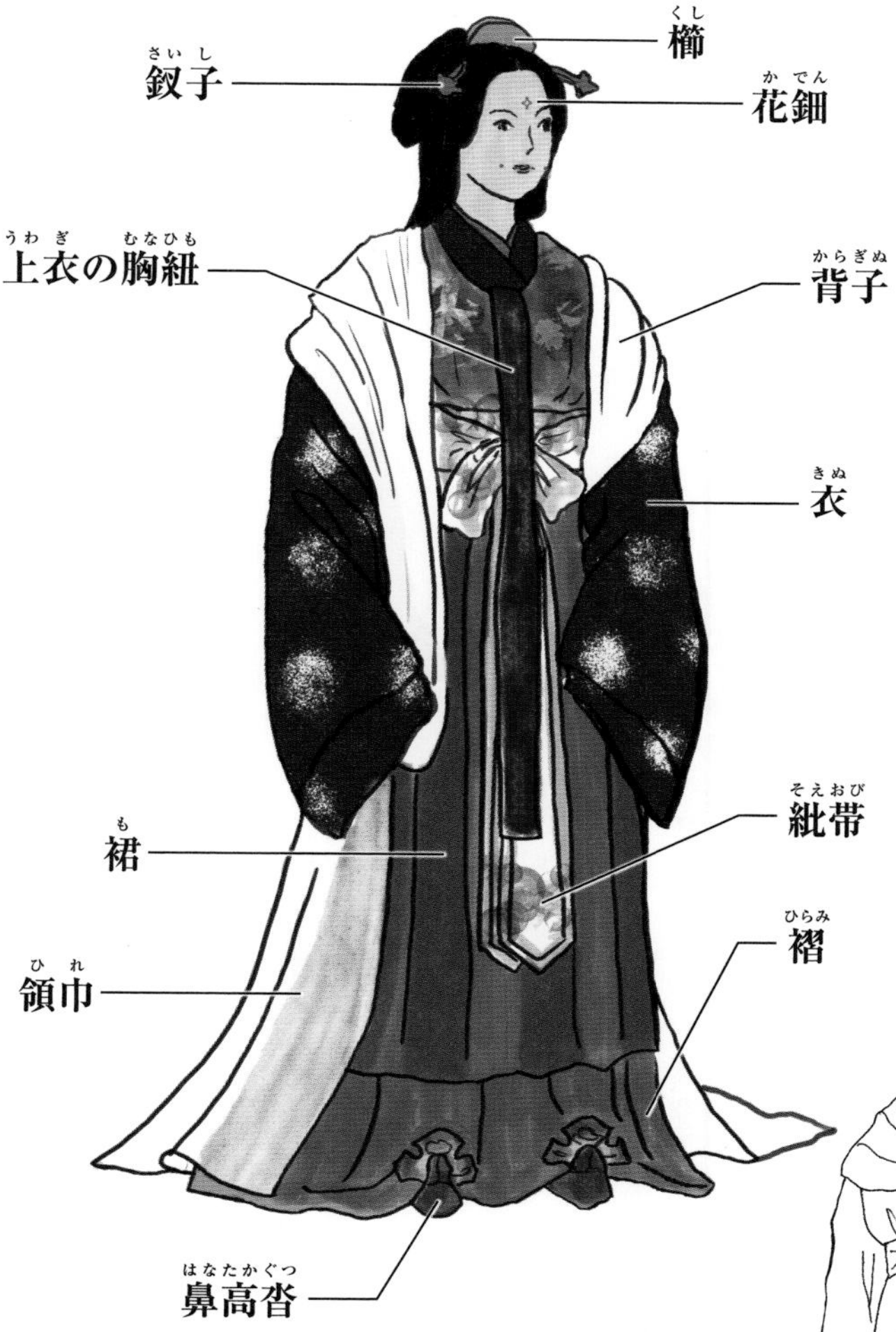

バックスタイル

平安朝初期の服装は10世記前半まではほぼ奈良時代と同様と考えられ、唐風文化の色合いが濃いスタイル。

公家《くげ》女房《にょうぼう》・物《もの》の具《ぐ》装束《しょうぞく》

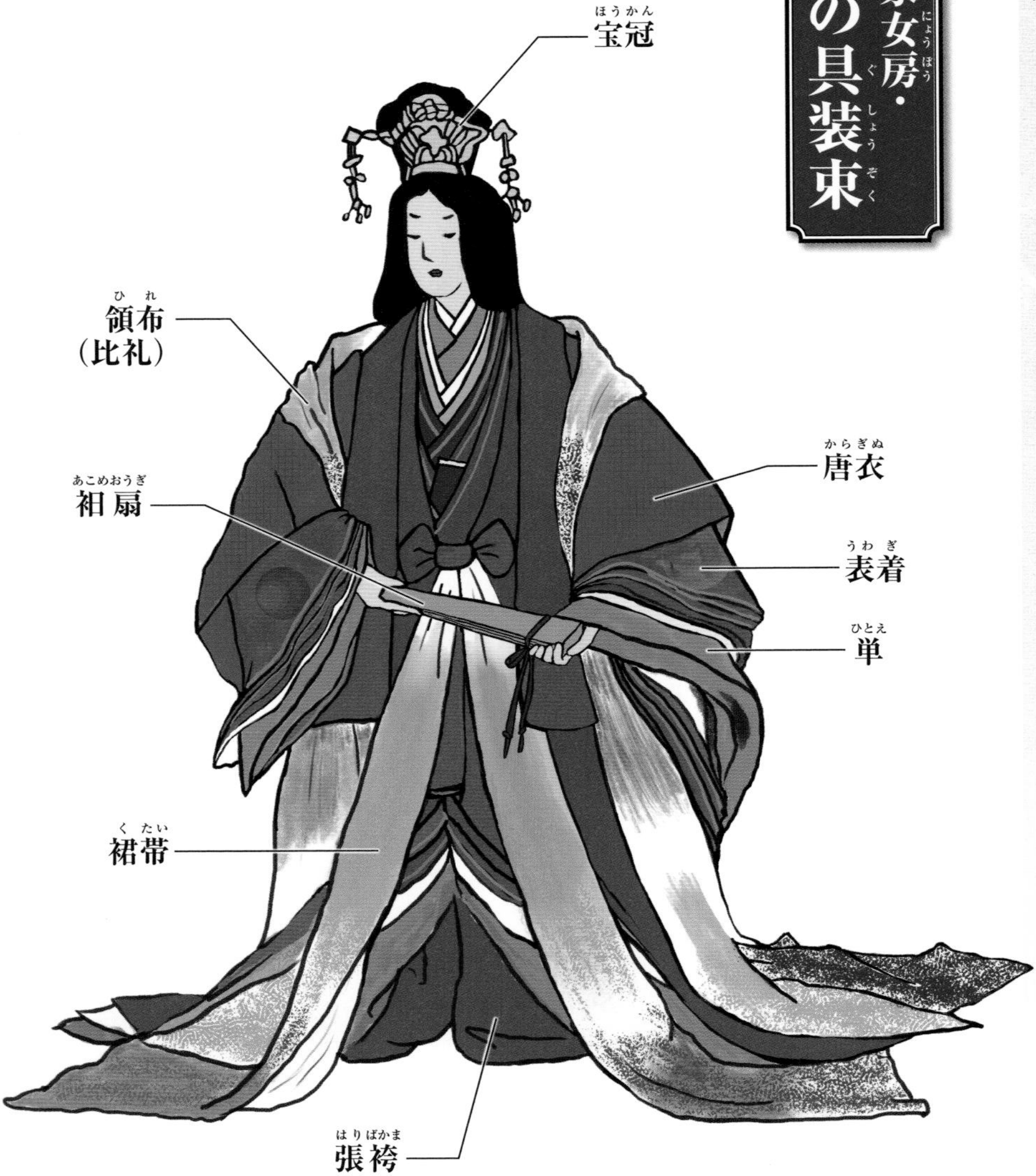

サイドスタイル

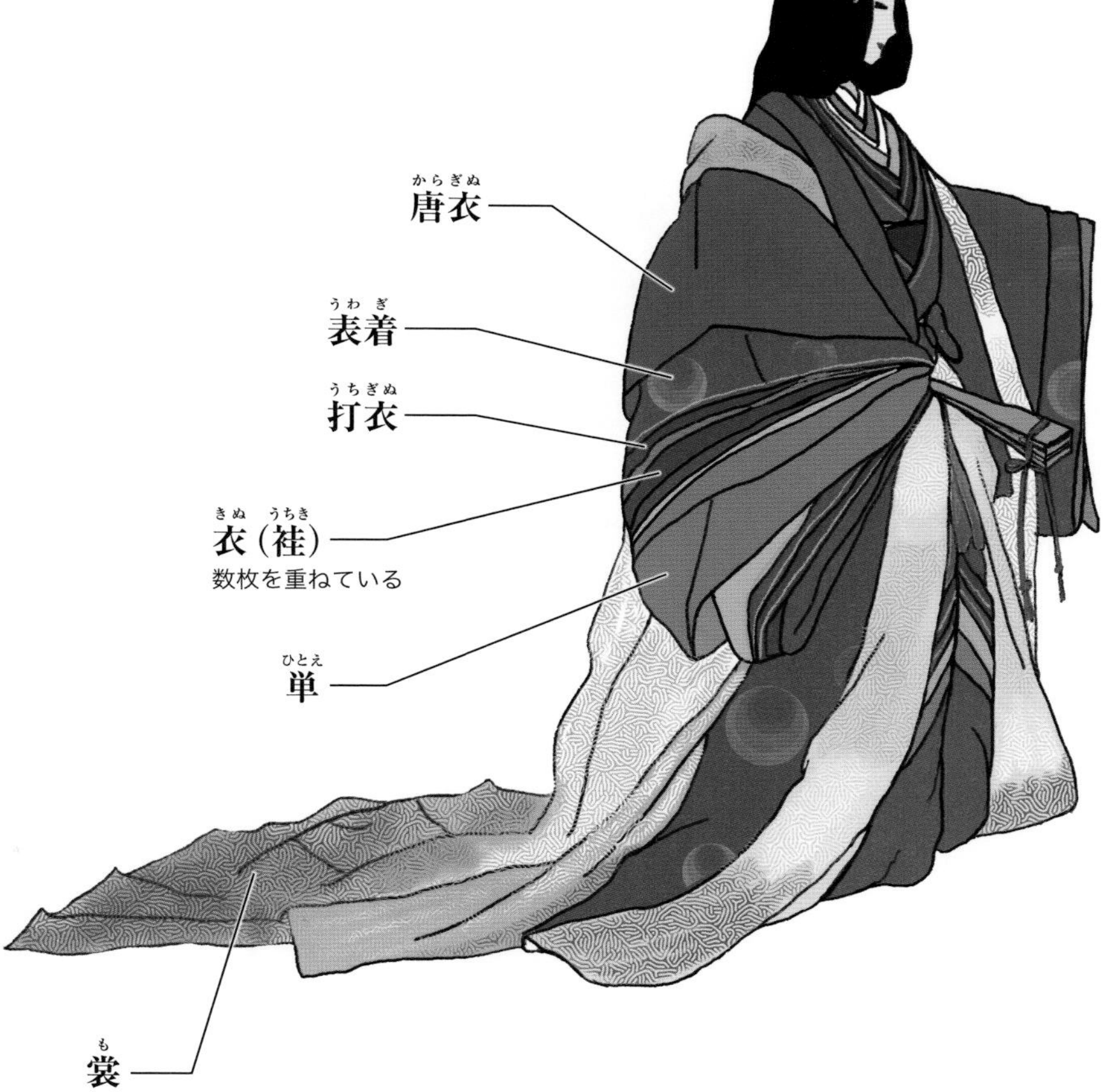

正月の節会《せちえ》の供奉《ぐぶ》女房・五節の舞姫などの晴れの儀式の装いで領布《ひれ》・裙帯《くたい》まで全てのものを備えた礼装となり、髪上げは奈良時代の礼服の形を残している。やがてこの物の具唐衣裳装束の形を整えて江戸時代に成立したものが現代の宮中祭祀《さいし》で着用される「十二単」の元となっている。

文官束帯《ぶんかんそくたい》

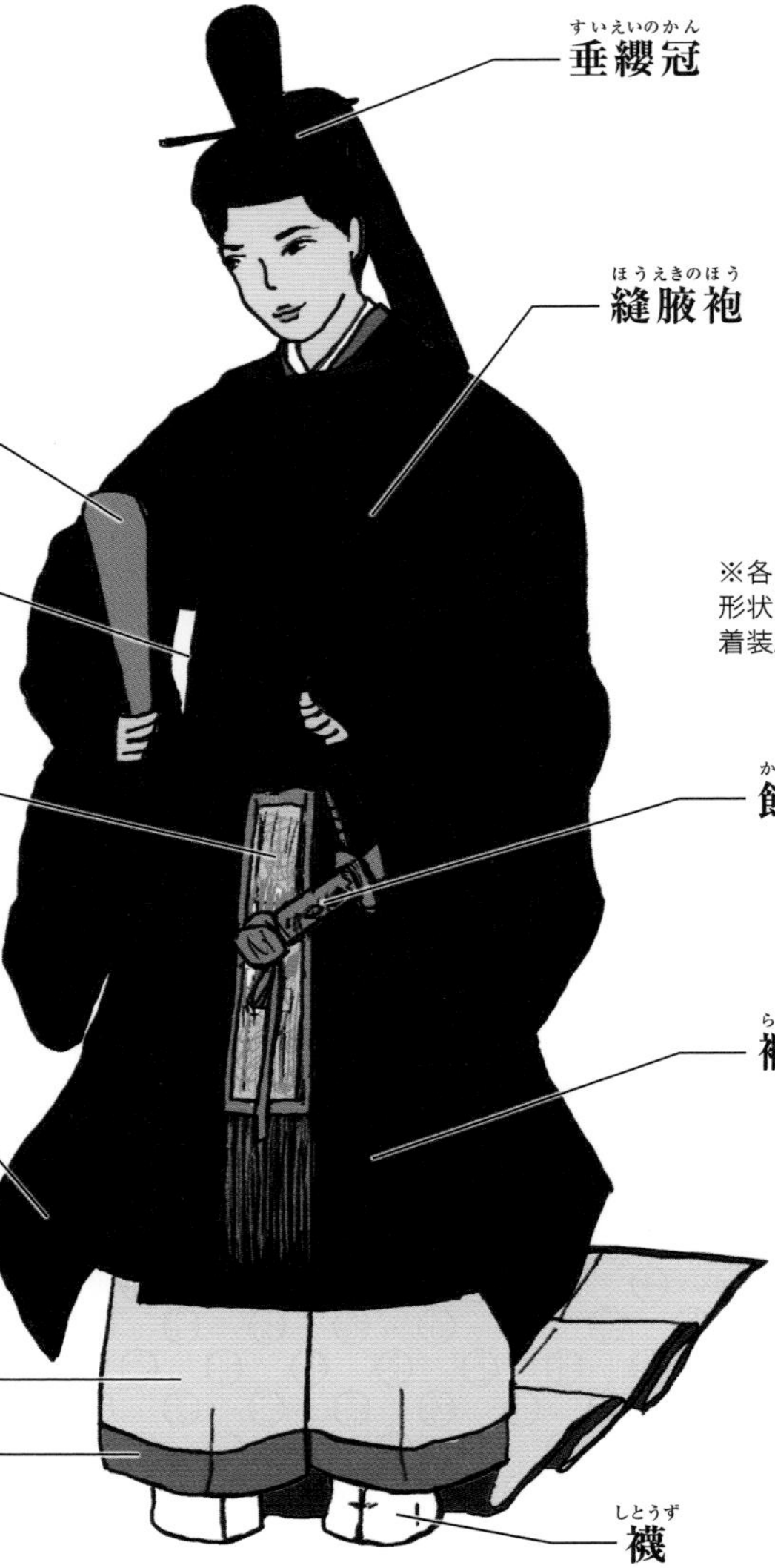

※各々のアイテムの形状は第３章の束帯着装順（図解）を参照

承平6(936)年、『九条殿記《くじょうどのき》』に初めて「束帯」の名が登場(奈良時代の朝服が大きく寛容になり、形を整えて成立したもの)。年々、袖口や裾の広さに加え下襲の長さも拡大し、何度も規制された。

※平安末期には、糊を貼った強装束(こわしょうぞく)になる。

バックスタイル

下襲の裾の高欄がけ
※『年中行事絵巻』より著者作画

武《ぶ》官《かん》束《そく》帯《たい》

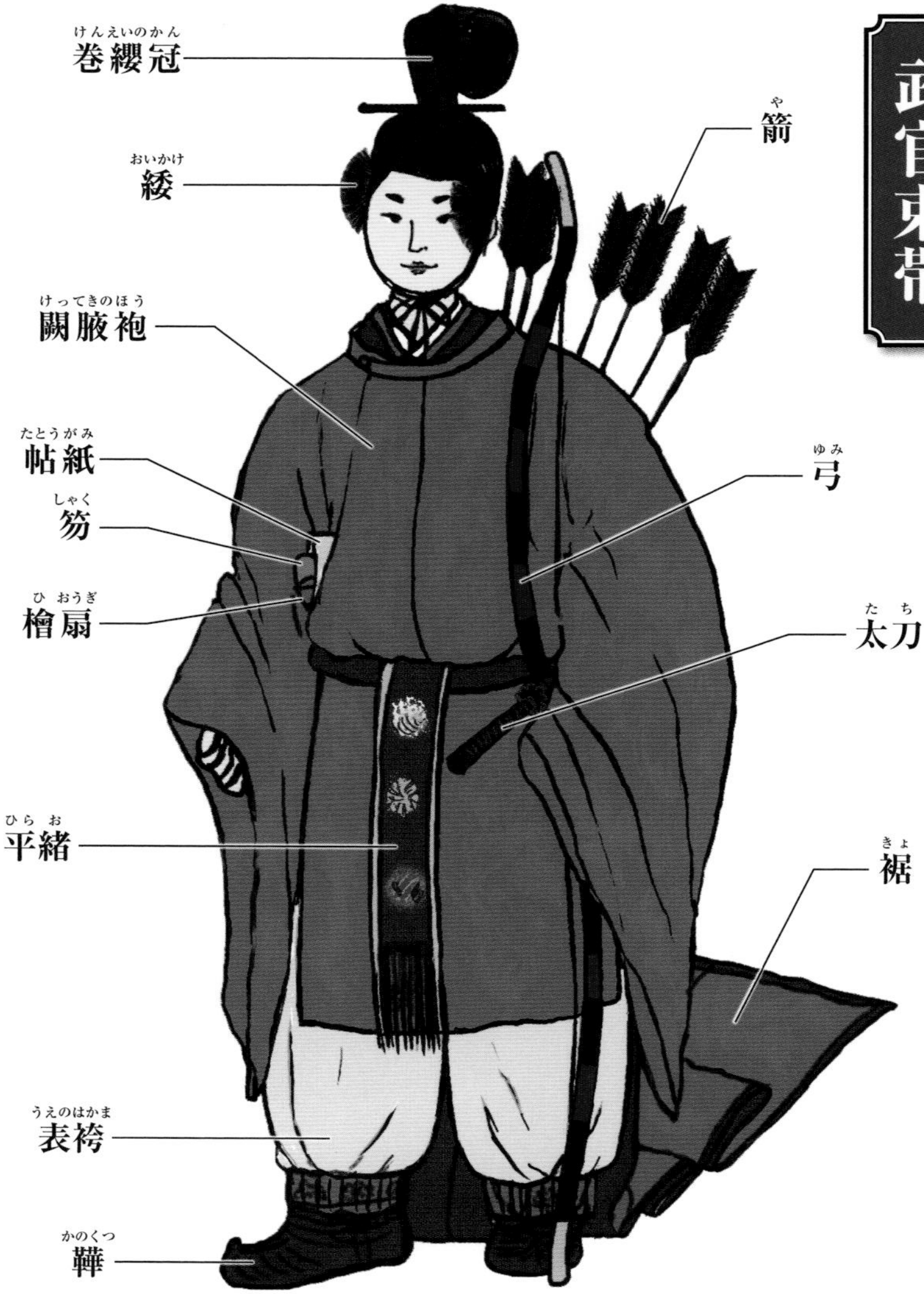

平安中期の公家武官四位以下の束帯。袍が闕腋《けってき》(動きやすくするためか脇が縫い合わされていないのが特徴)。三位以上の公卿は儀仗の際を除き、縫腋袍《ほうえきのほう》を着用した。垂纓冠で緌《おいかけ》(冠につけて顔の左右を覆うもの)はかけない。六位以下の武官は細纓冠《さいえいのかん》を付ける。

バックスタイル

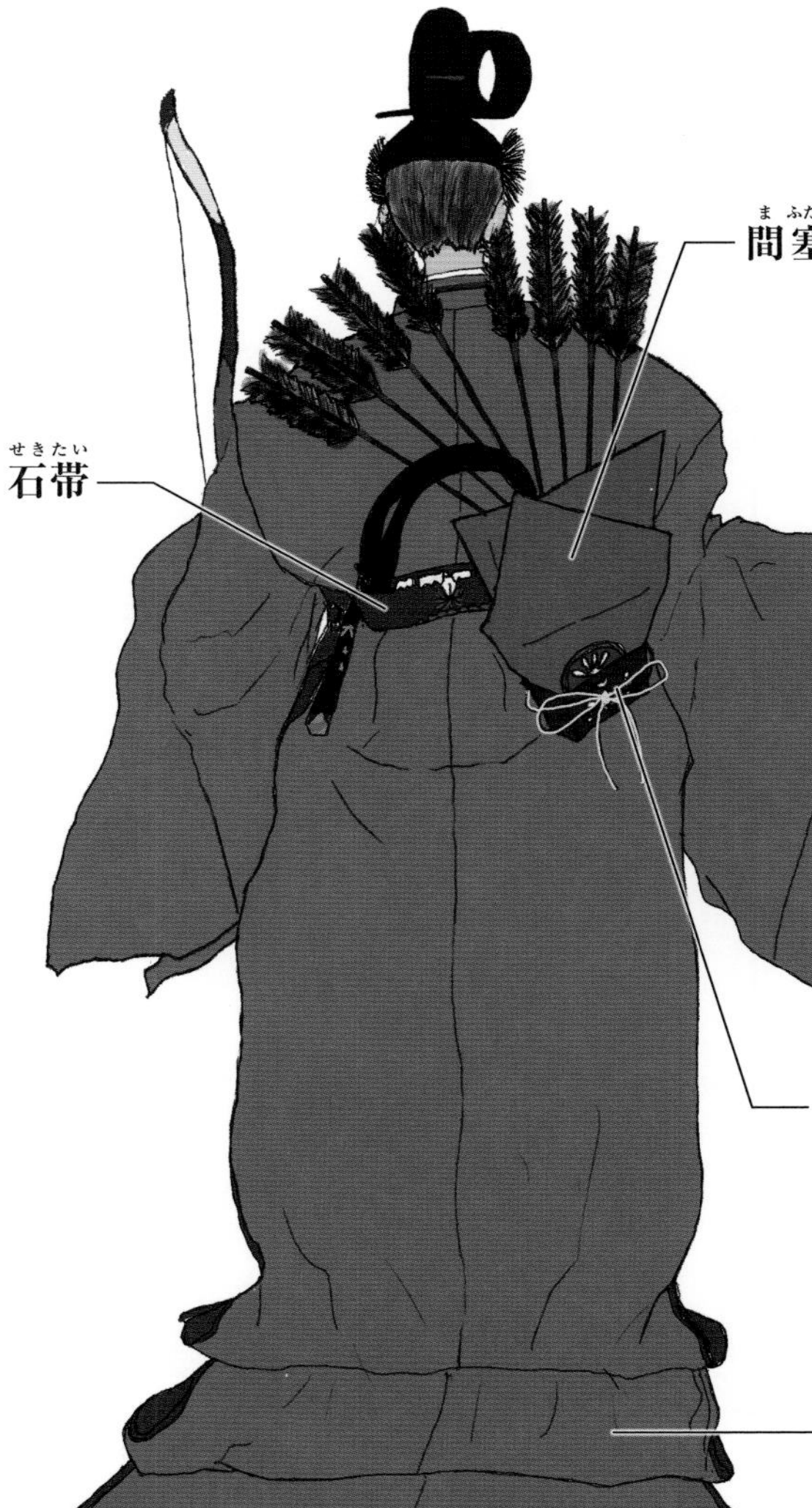

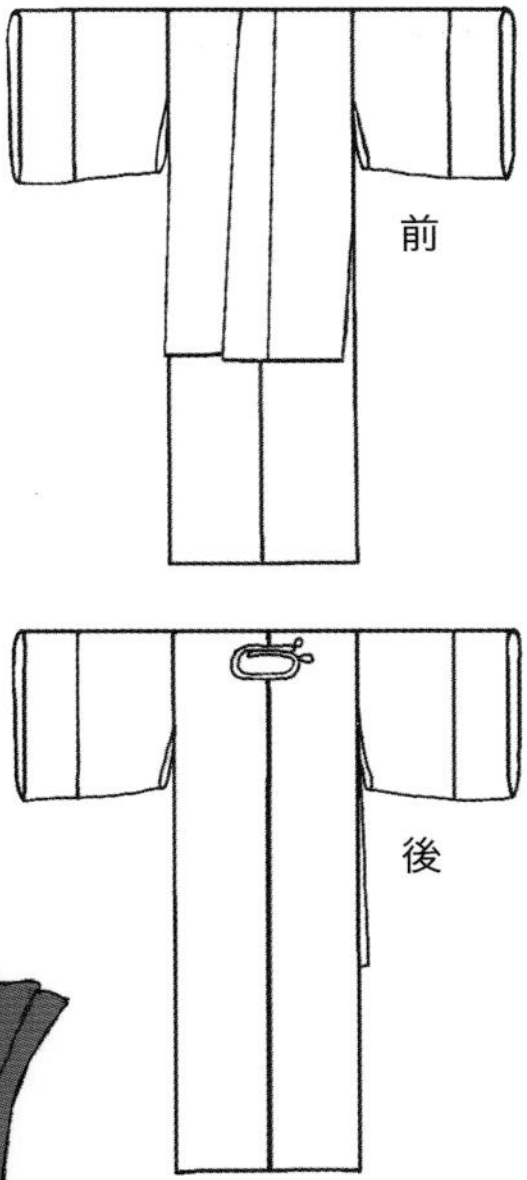

※表袴の形状は、第3章の束帯着装順の図解（P148）を参照

女房装束《にょうぼうしょうぞく》

※各々のアイテムの形状は第３章の
束帯着装順（図解）を参照

バックスタイル

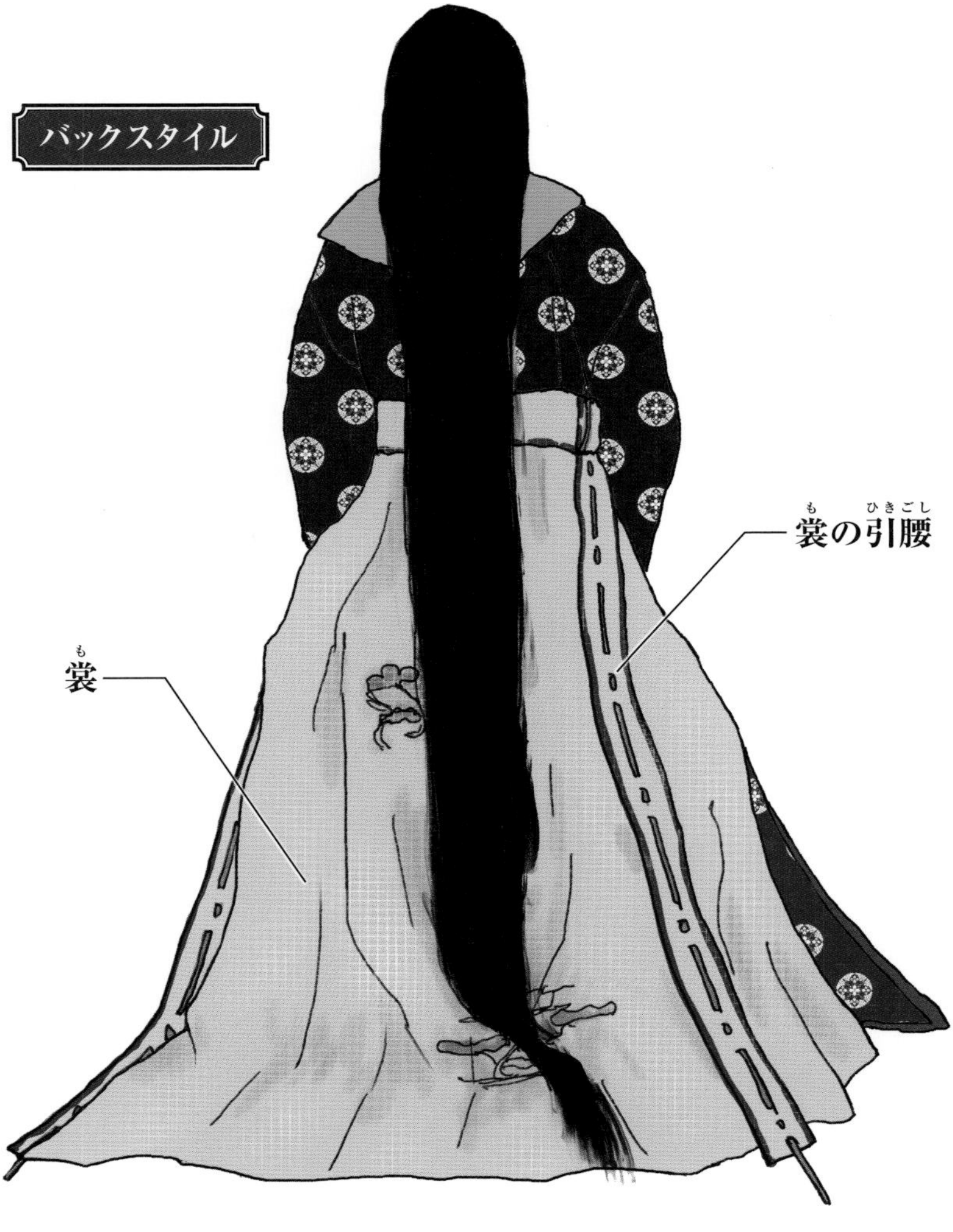

女性の正装、袴《はかま》の上に単《ひとえ》を着用し、その上に何枚もの衣を重ねる。重ねの色目、襲《かさね》の色目は季節や行事で規定がある。女性が公式の場所に出る機会が減り、後宮での服装のため、公服でありながら私服的な感覚もある。

布袴《ほうこ》

サイドタイル

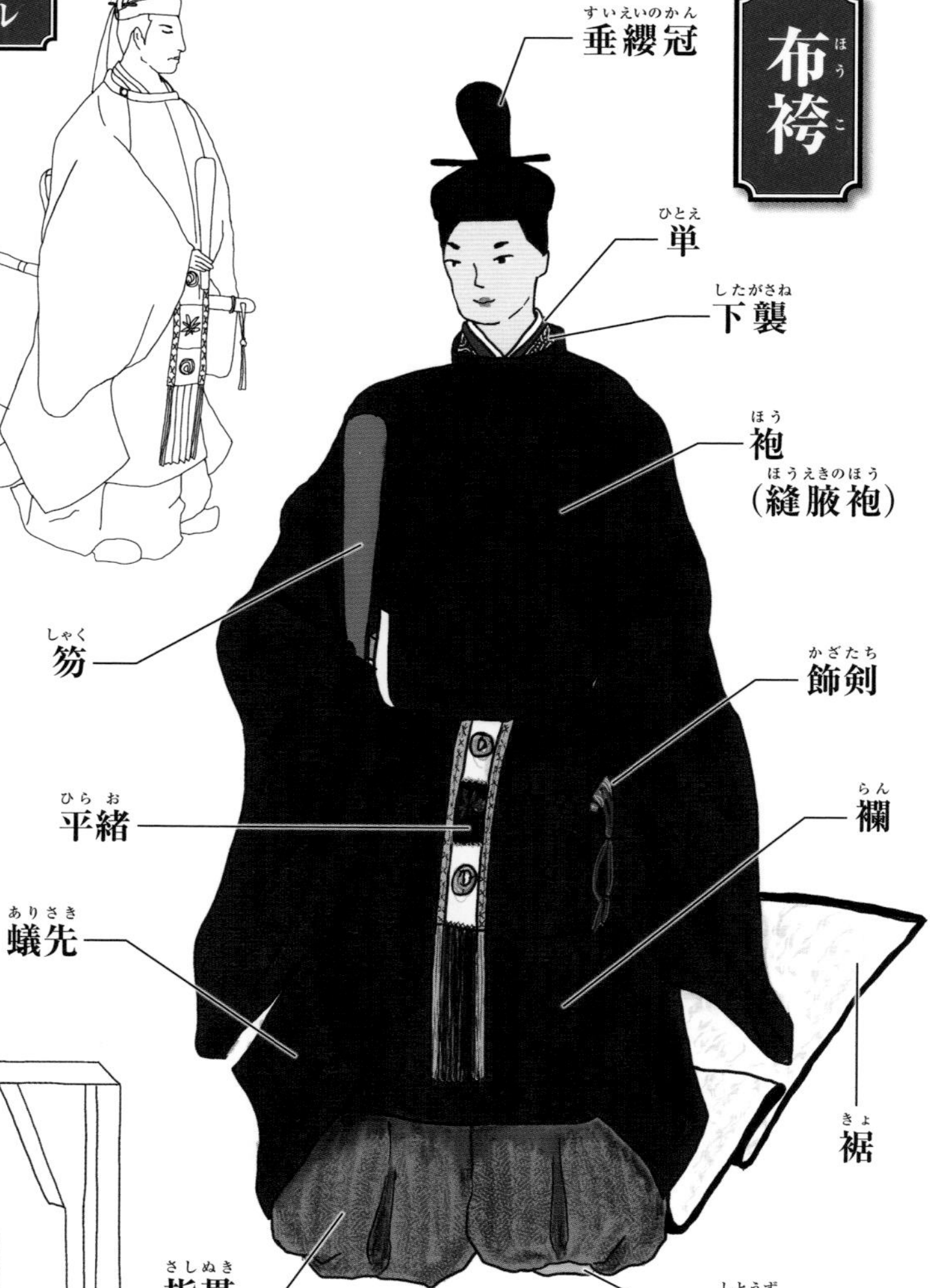

指貫

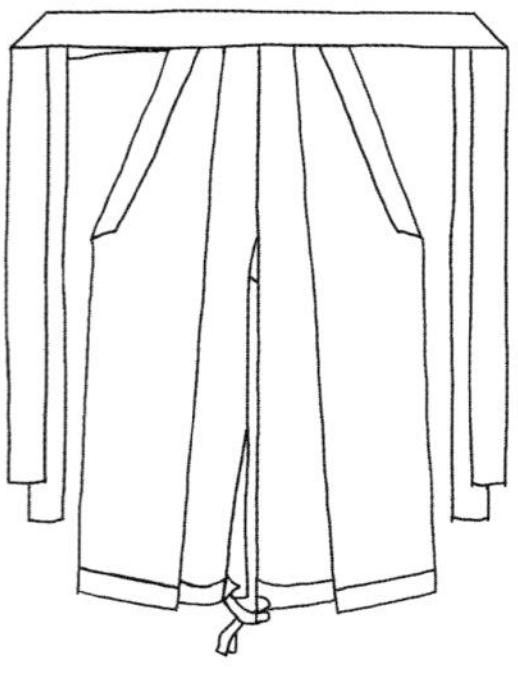

※指貫以外のアイテムの形状は第３章の束帯着装順の図解(P148～149)を参照

束帯に次ぐ準礼装で、私的な礼装でもある、束帯装束の表袴を指貫に代えたスタイル。高位の貴族から地下《じげ》も着用したが、平安後期には下級官人が多く用いた。

衣冠《いかん》（略式正装）

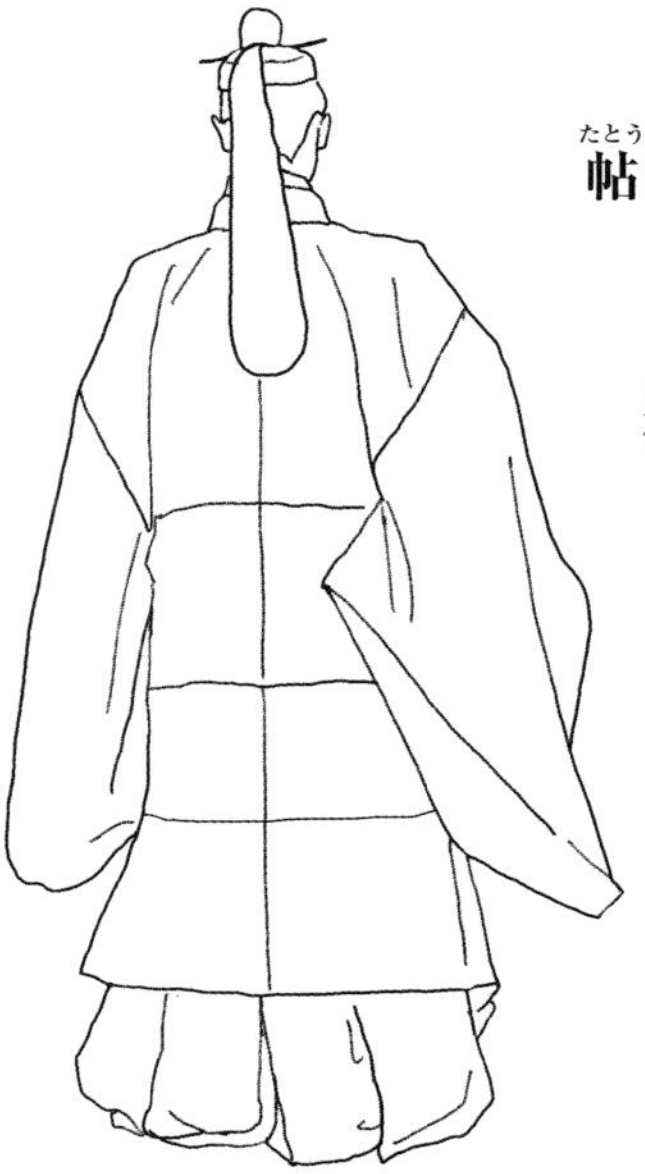

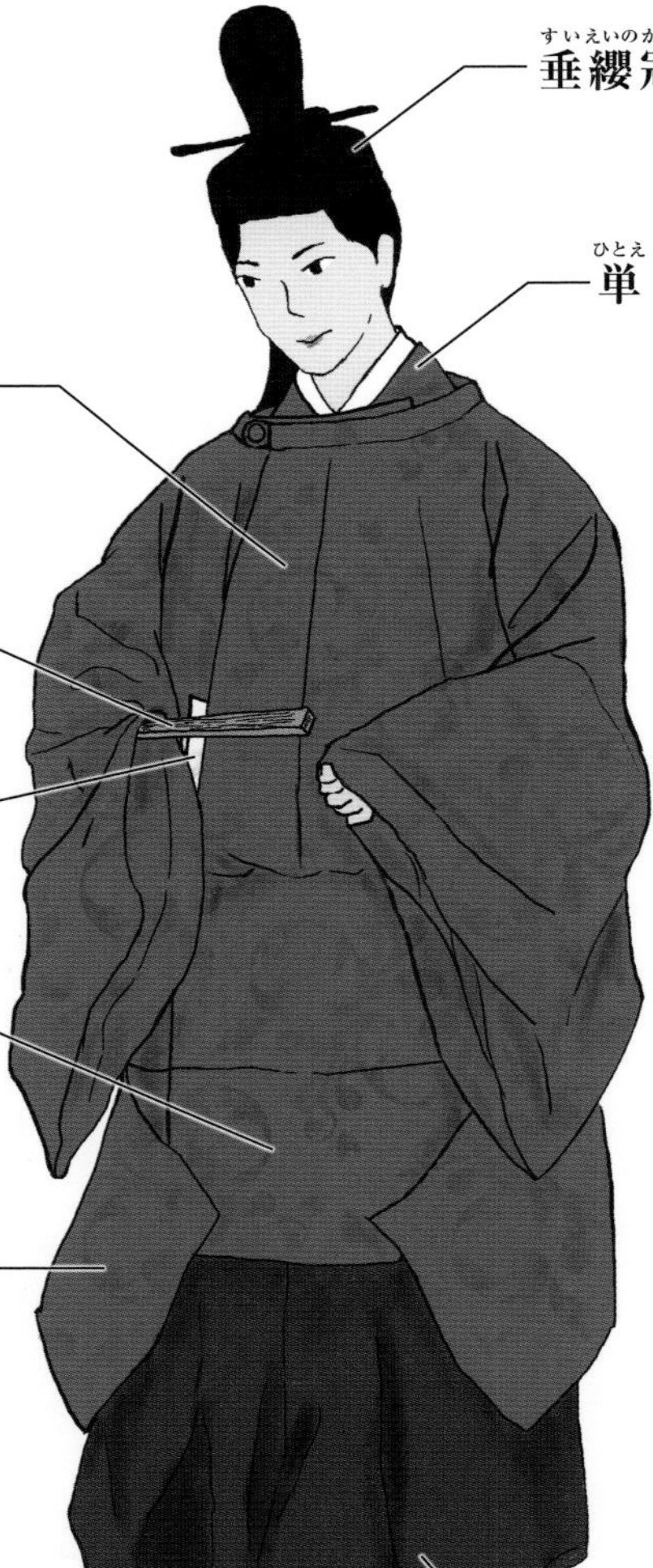

バックスタイル

束帯に対する略儀の服装で、元来は宿直《とのい》の際の装束で「宿《とのい》装束」と呼ばれたが、のちに平常の参内《さんだい》服（宮中の勤務服）となる。布袴から下襲を省いたスタイル。ただし、襪《しとうず》は履かない。文官・武官の区別はなく、夏季は檜扇を蝙蝠扇《かわほりおうぎ》（紙製）に変える。

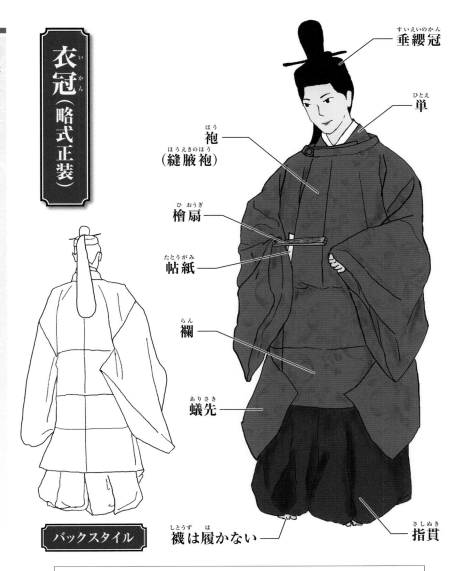

（烏帽子《えぼし》）直衣《のうし》（平服《へいふく》）

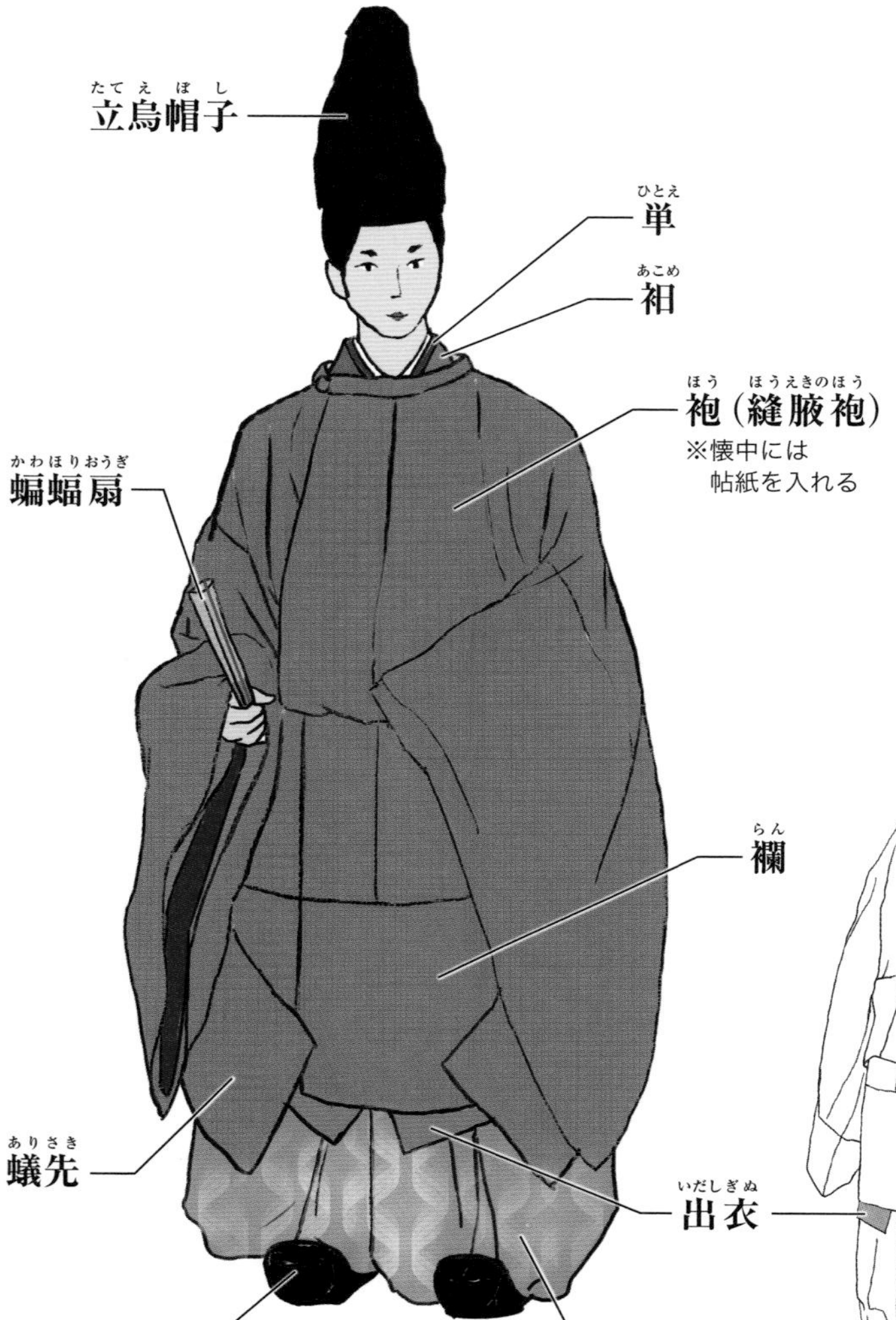

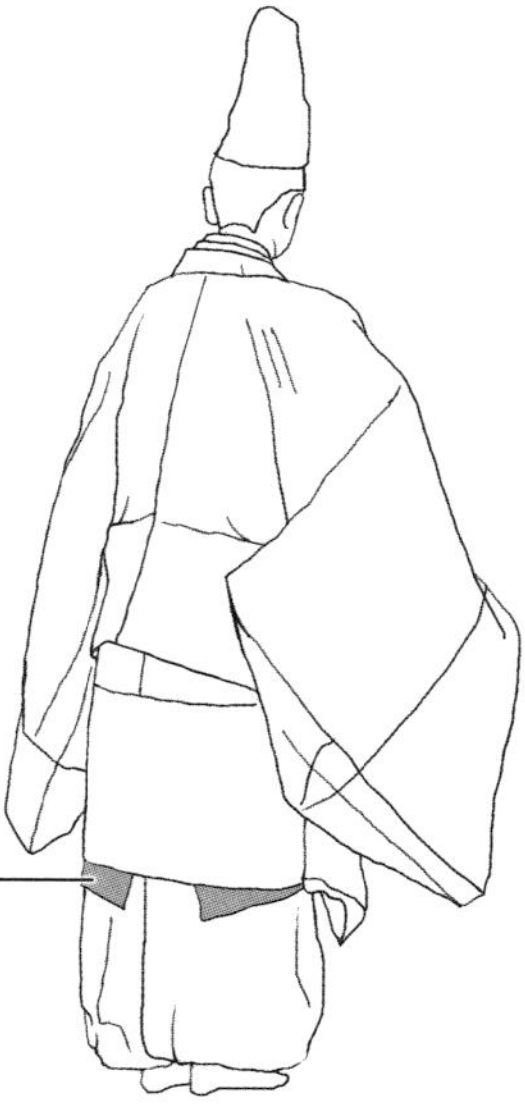

バックスタイル

天皇・皇太子・親王《しんのう》・公卿など、高位の者が日常着として用いた。日常着であり、原則として参内《さんだい》は認められない。冠位十二階以来の位袍《いほう》ではないため、雑袍《ざっぽう》とも呼ばれた。衵《あこめ》を出衣《いだしぎぬ》として、襴の裾から華やかに見せる姿が流行した。

※イラストは夏仕様のため、蝙蝠扇を持つ

冠直衣《こうぶりのうし》

※着用アイテムは
前ページの（烏帽
子）直衣と同じ

バックスタイル

勅許により直衣での参内を許された場合に、立烏帽子を冠に変えたもの。雑袍聴許《ちょうきょ》という。直衣の色は位袍以外のものであれば自由だったが、平安中期には季節感を反映した重ねの色目が用いられた。 ※イラストは「桜かさね」、冬仕様のため、檜扇を持つ

狩衣《かりぎぬ》（平服《へいふく》）

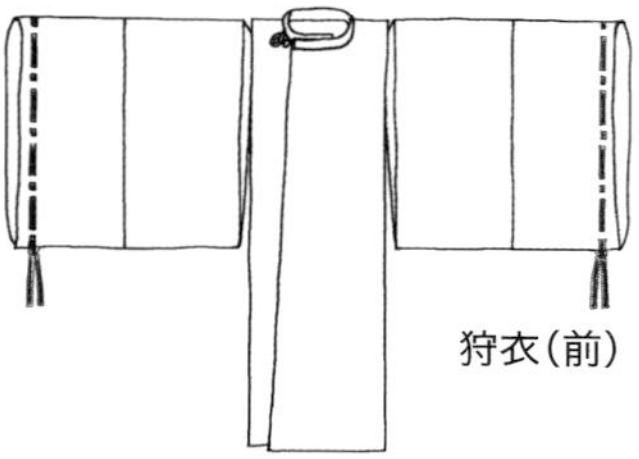

狩衣（前）

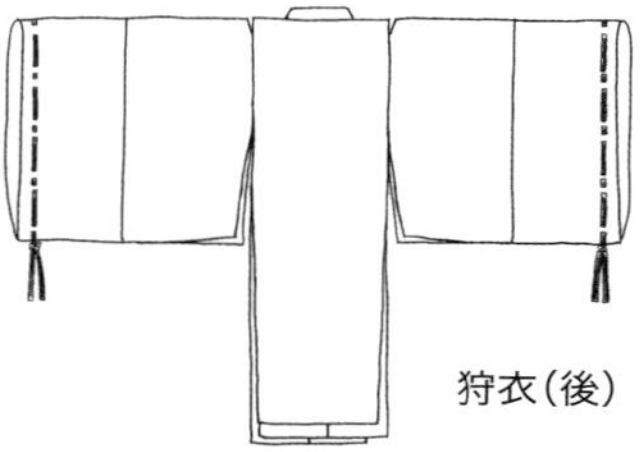

狩衣（後）

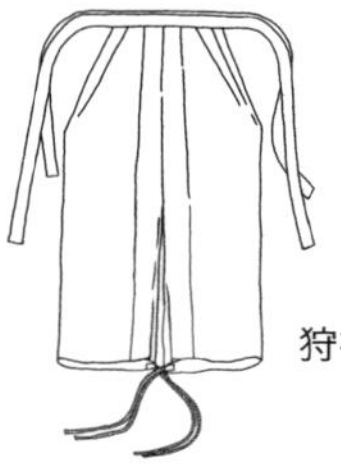

狩袴

バックスタイル

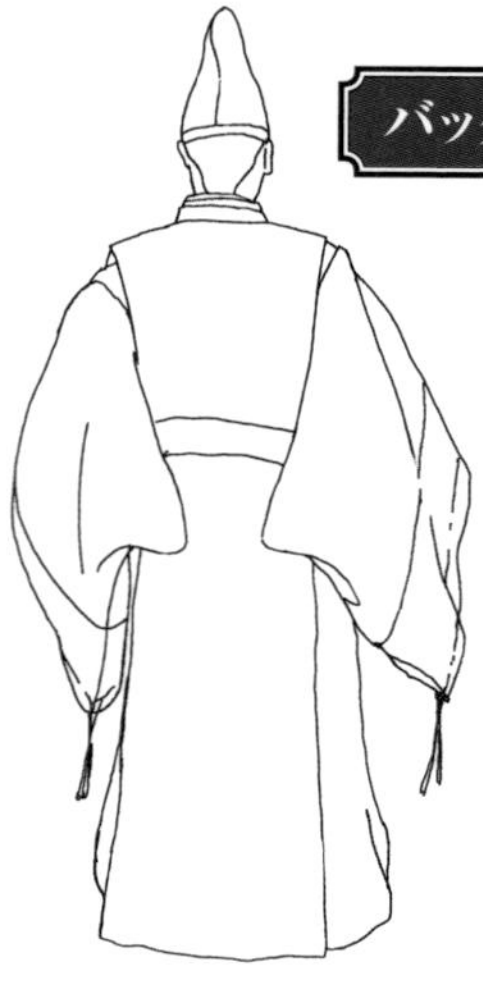

民間で狩りの時に着用されたものが、貴族のラフな普段着になった。鎌倉時代以降は礼服となり、現在でも神職が神事を行なう際に着用する。

唐衣裳《からぎぬも》（舞姫の物の具装束）

※『年中行事絵巻』より著者作画

女房装束をさらに華やかにした晴装束《はれしょうぞく》。大儀（朝廷で最も重要な儀式）の供奉《ぐぶ》、女蔵人《にょくろうど》などの女房、五節《ごせち》の舞姫などの礼装として用いられ、領布《ひれ》と裙帯《くたい》を加え、髪上げして釵子《さいし》を挿し、前天冠を額に付けた。

汗衫《かざみ》

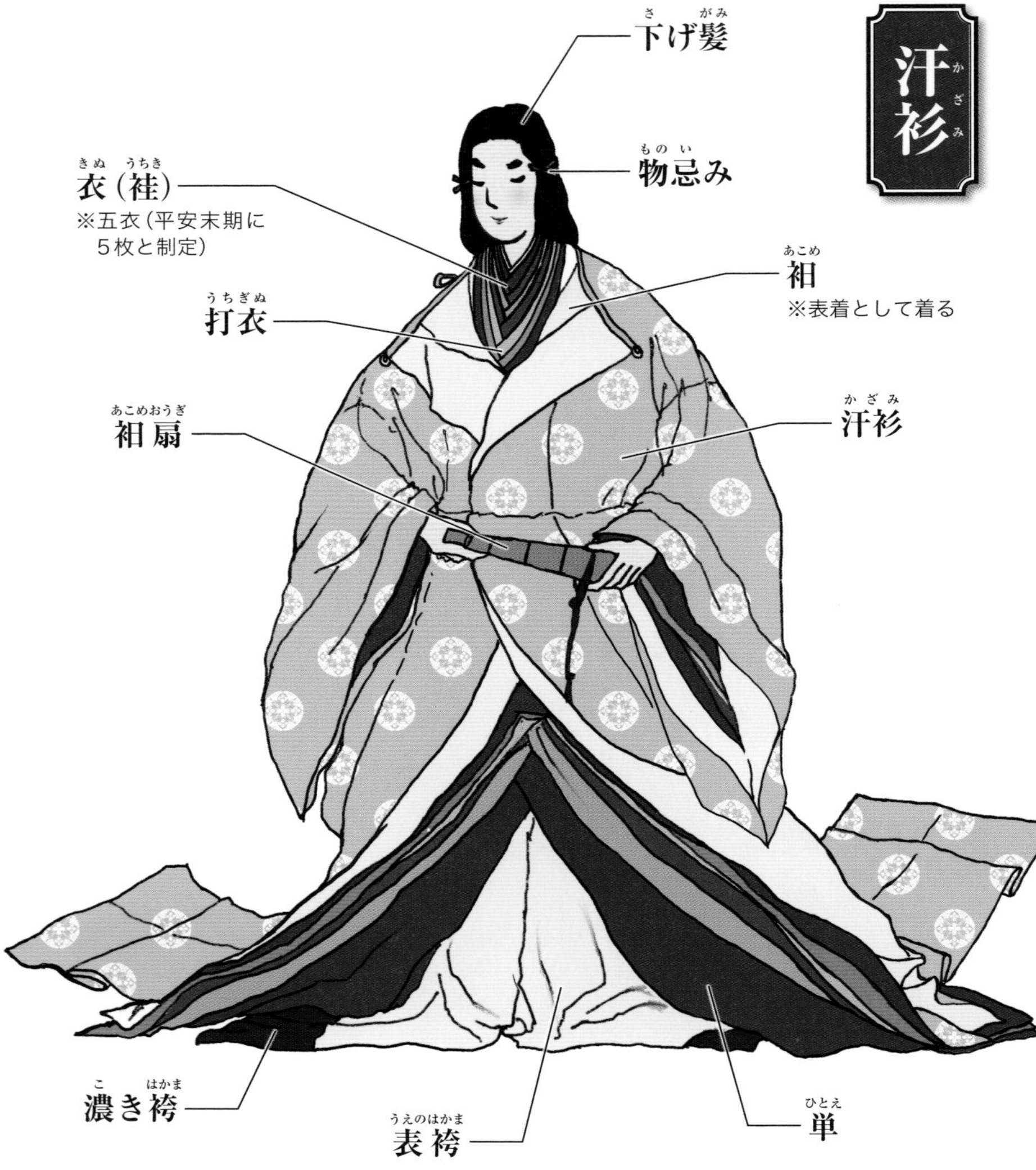

本来は肌着(汗のつく内衣)であり単のものが、下級者の表衣《うわぎ》となり、やがて長大化して公家童女の正装となった。のちに袷仕《あわせじ》立《た》てのものまで登場する。次頁のイラストのように、両腋があいた闕腋である。女性用ながら、盤領《あげくび》スタイルであるところが興味深い。

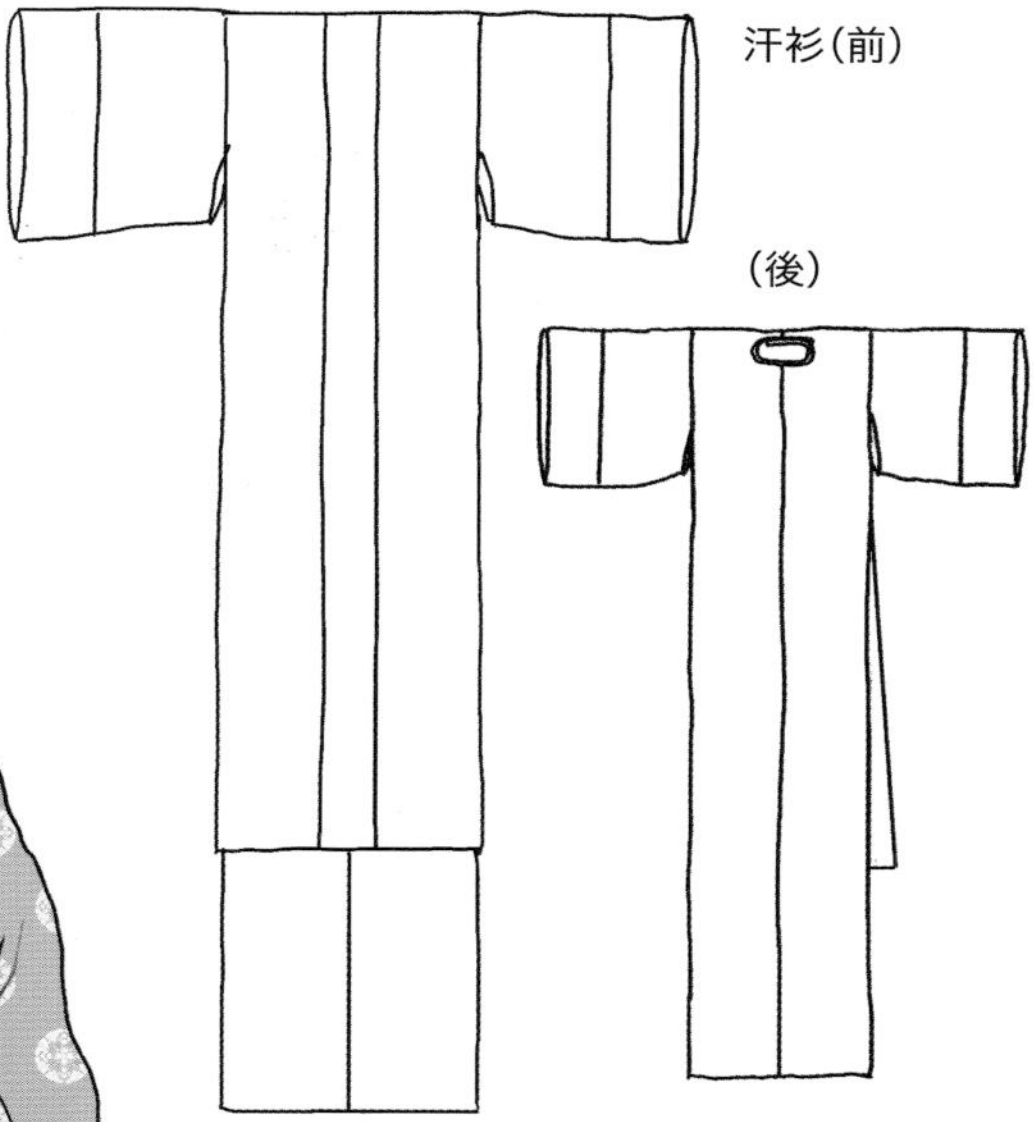

バックスタイル

袿姿《うちきすがた》（公家女房・冬の平常の装い）

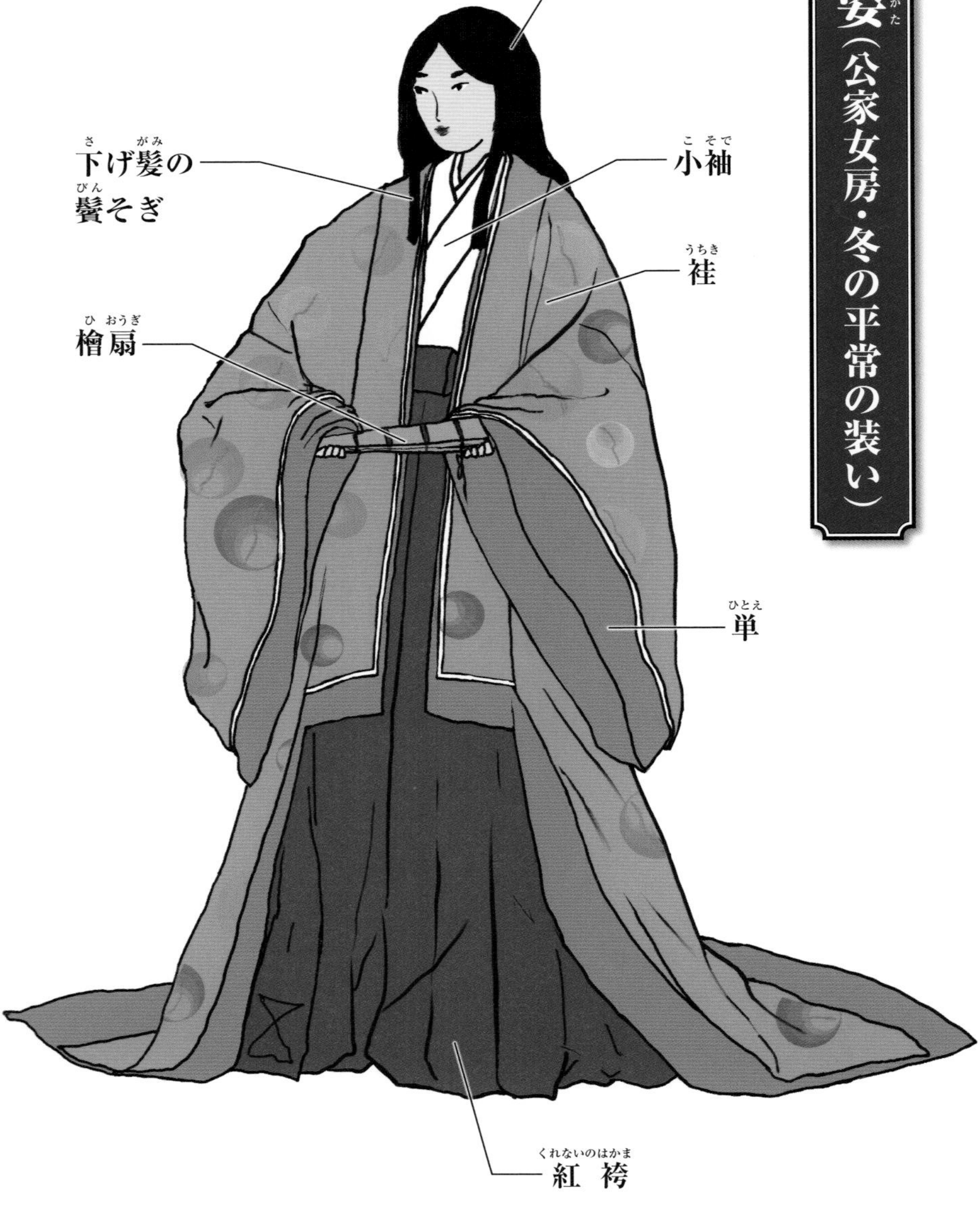

バックスタイル

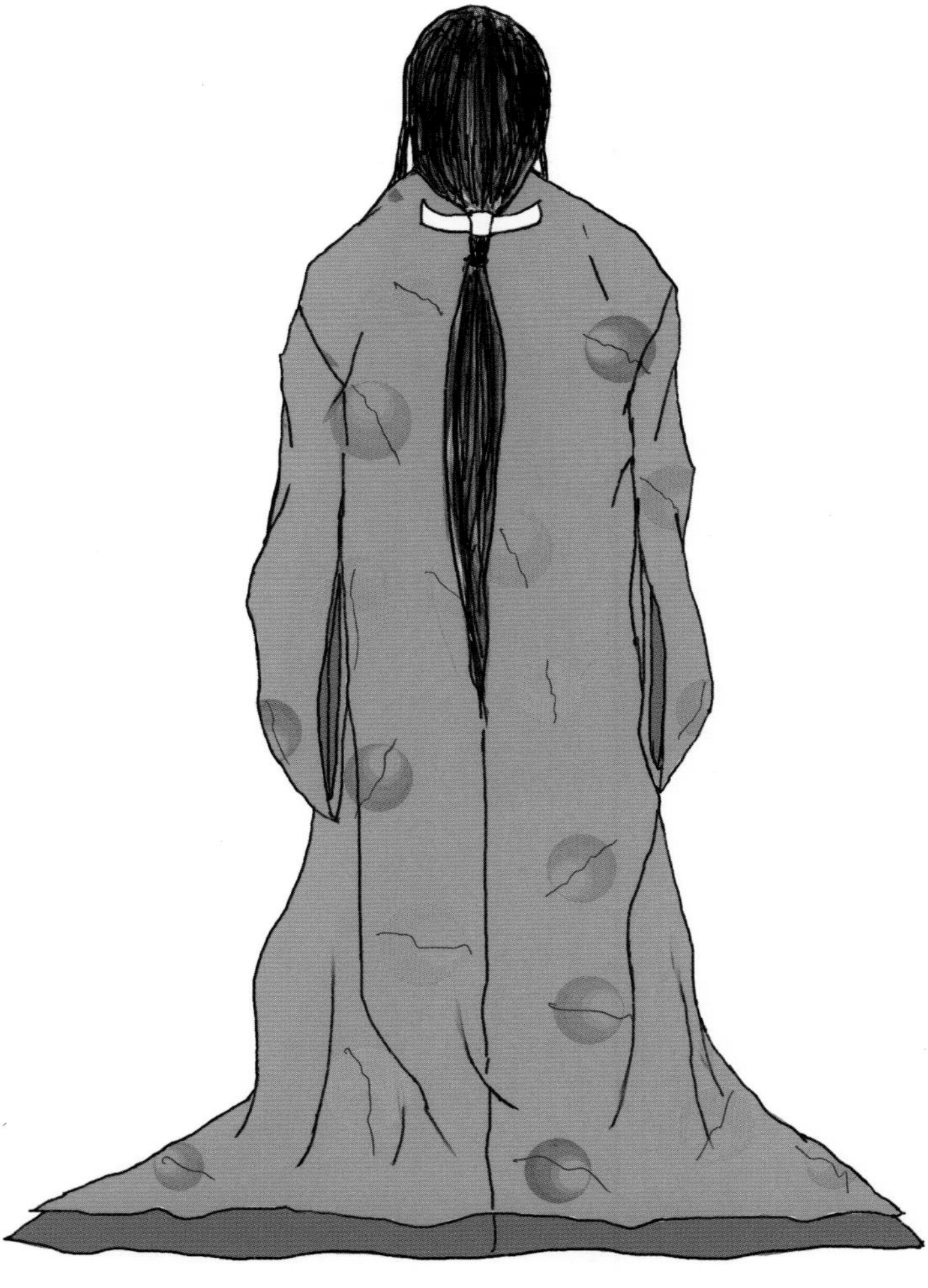

公家女房の平服。白の小袖を着用しているのは、摂関時代の後半と推測される。イラストは袿は１枚であるが、数枚重ねることもある。髪は垂髪《すいはつ》、鬢そぎをしているのは既婚や婚約のしるし。

小袿《こうちぎ》

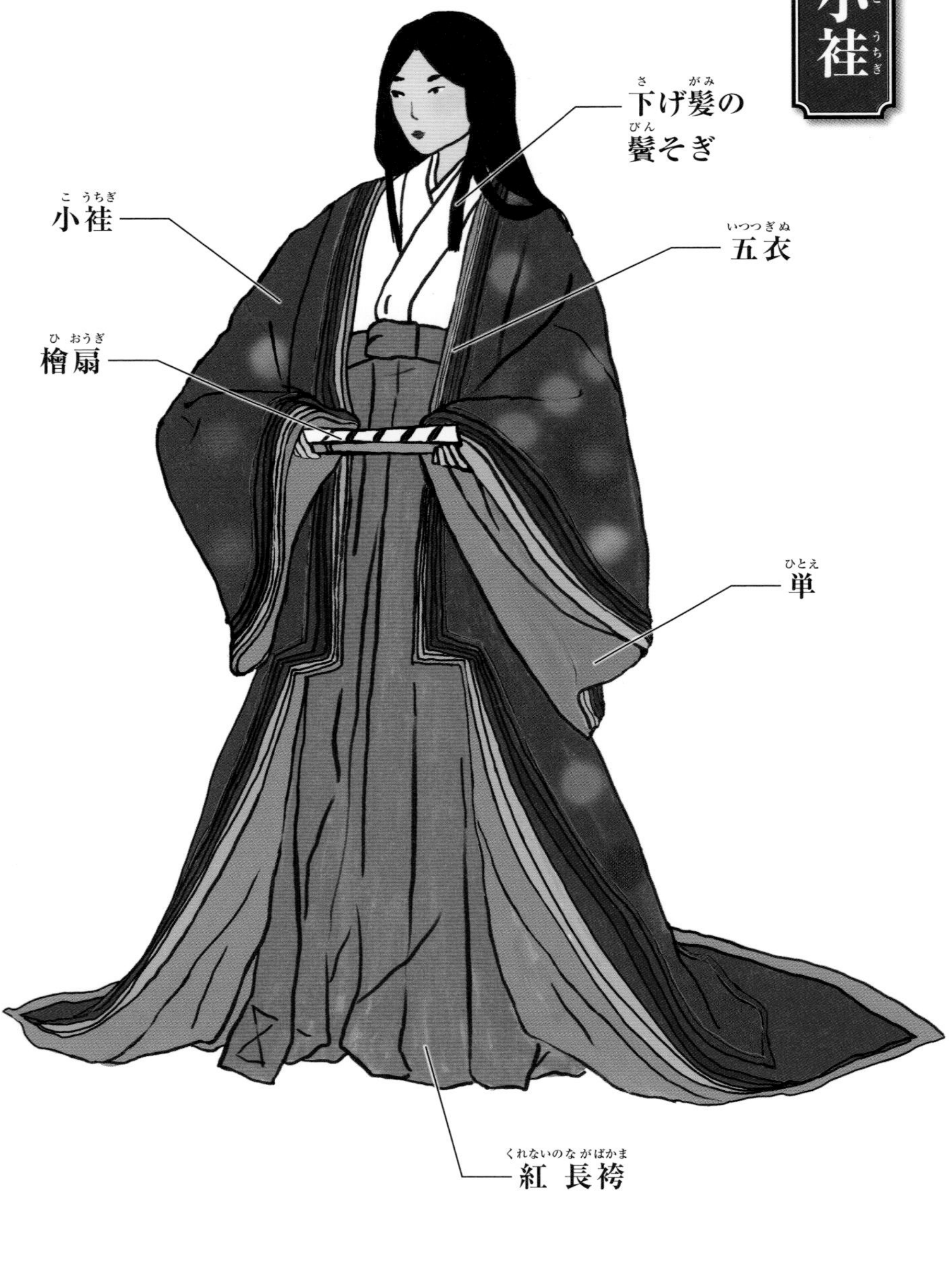
下《さ》げ髪《がみ》の
鬢《びん》そぎ
小袿《こうちぎ》
五衣《いつつぎぬ》
檜扇《ひおうぎ》
単《ひとえ》
紅長袴《くれないのながばかま》

バックスタイル

公家女房の正装である唐衣《からぎぬ》・裳《も》をつける代わりに五衣《いつつぎぬ》の袿《うちき》の上に小袿を羽織り着用する高貴の方々のスタイルで、宮中の準正装・私邸での少し改まった装い。小袿は五衣よりも丈が短いのが特徴。

単重《ひとえがさ》ね（公家女房・夏の平常の装い）

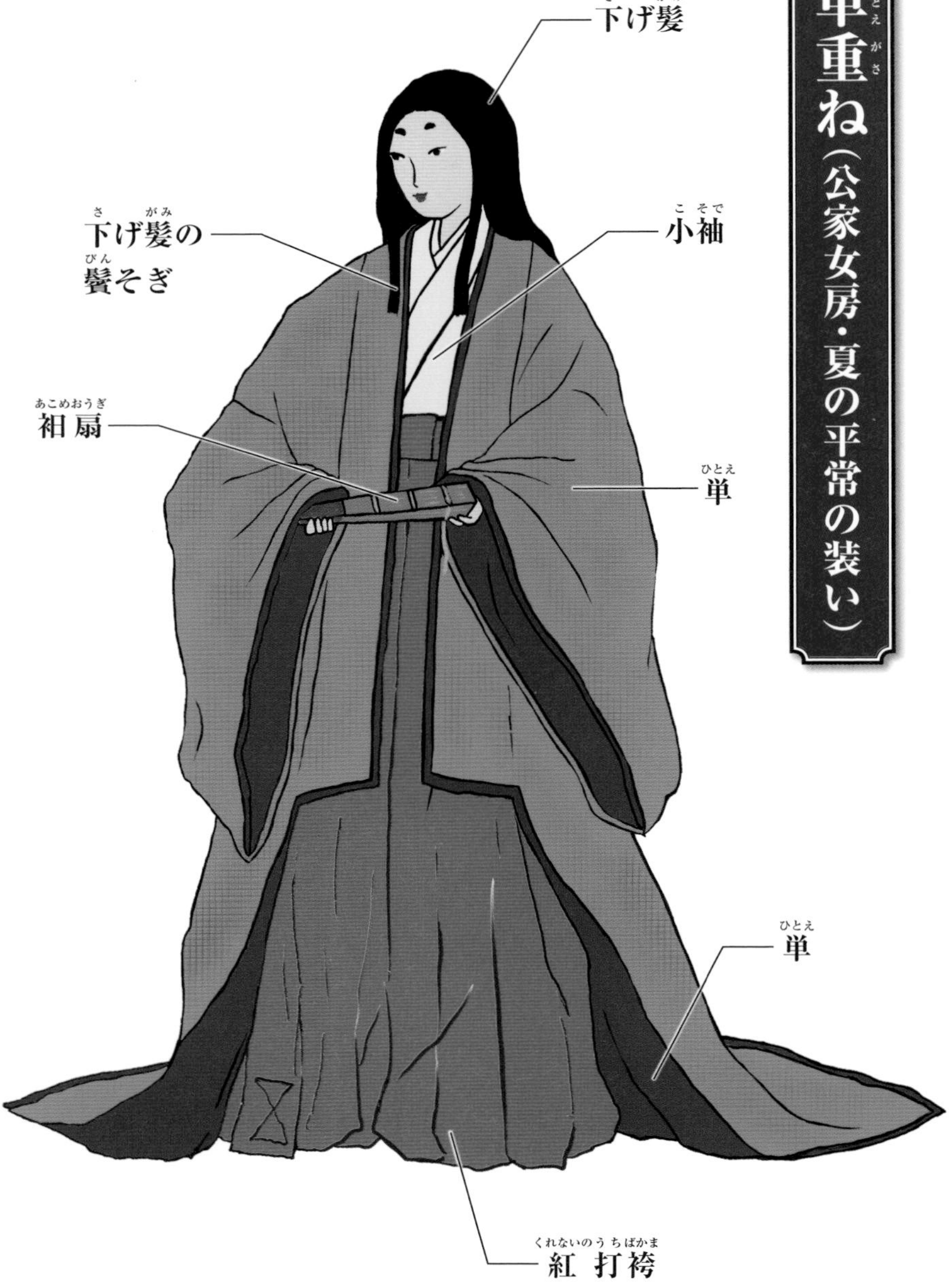

バックスタイル

公家女房の夏の平常のスタイル。平安時代は平安温暖期で現在のような猛暑だったともいわれ、その気候に合わせたのだろうか。小袖の上に単を重ねた装い。単のため、下の単の色が透《す》けている。

細長《ほそなが》

公家の幼児から若年が用いた上着で平安時代の形式は定かでない。女子のものは唐衣の裾を長く伸ばしたような衣服で衽《おくみ》がない。袿の上に細長を重ねる。私邸での宴《うたげ》などの晴れ着として着用された。

サイドスタイル

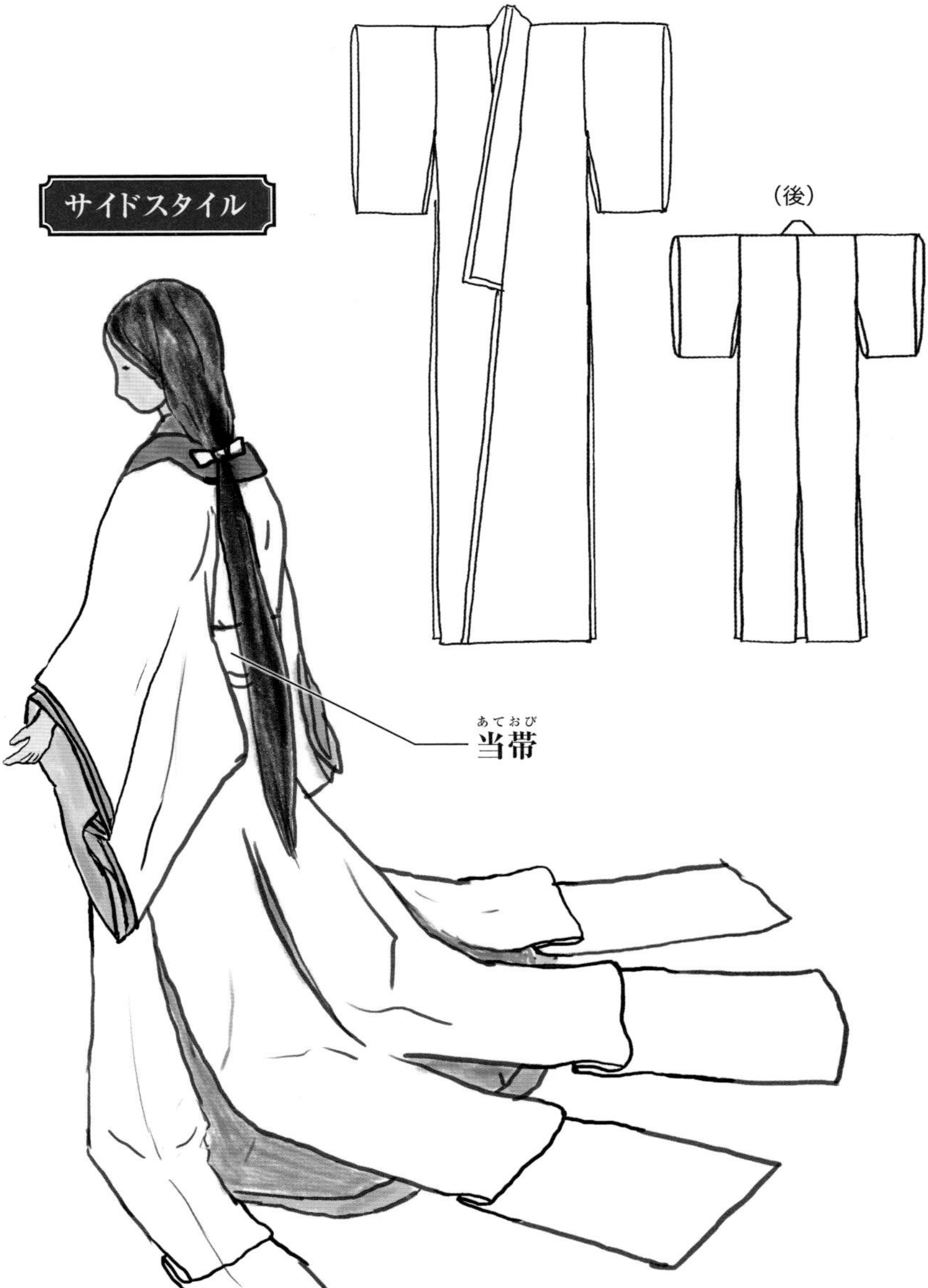

裳《も》着《ぎ》

※装束は女房装束と同じであるが白き裳(も)・装束・唐衣となる。

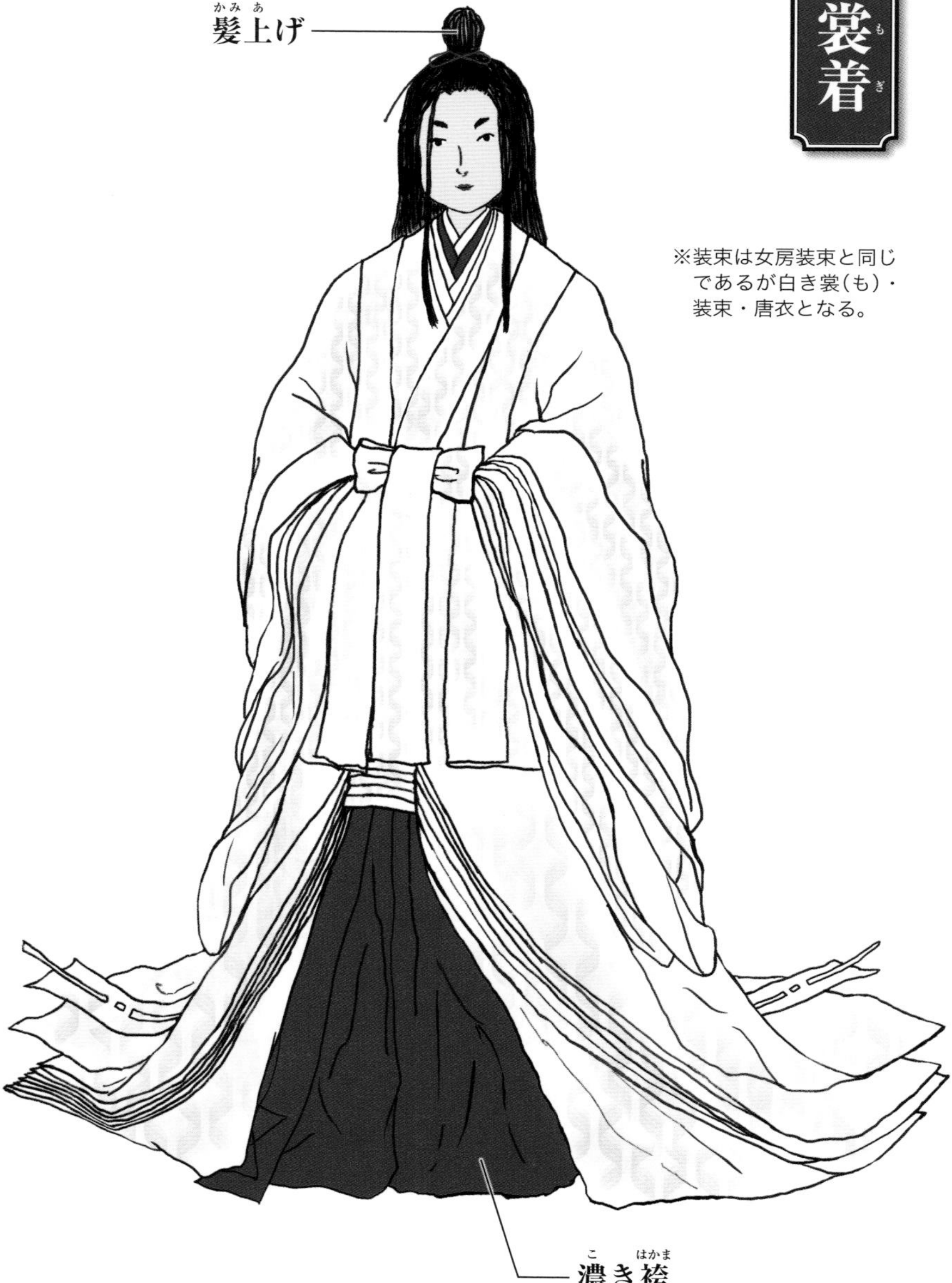

バックスタイル

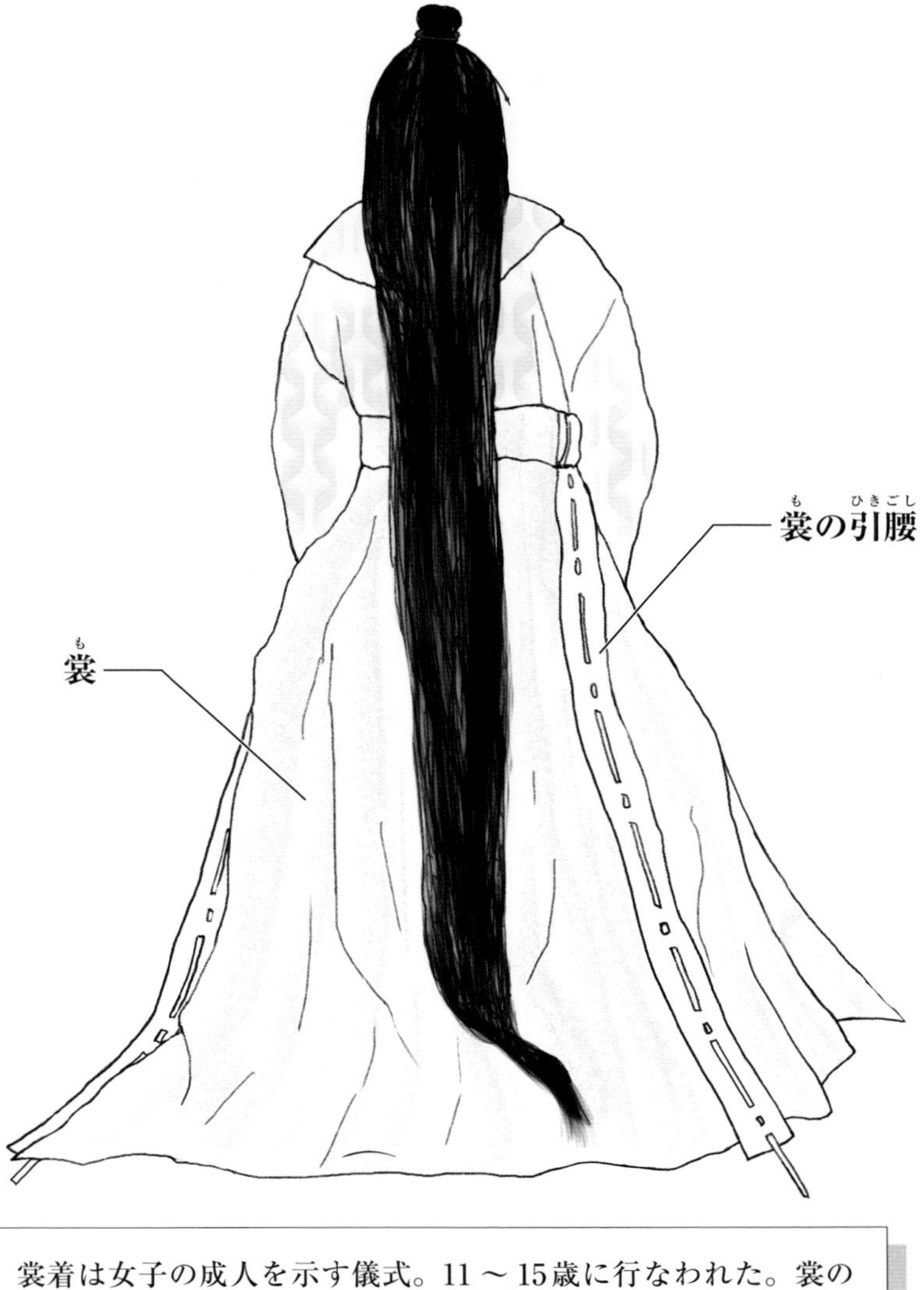

裳着は女子の成人を示す儀式。11 ～ 15歳に行なわれた。裳の腰を結ぶ「腰結《こしゆい》」の役と髪を上げる「結髻《けっけい》」･「理髪」の役があり、「腰結」役は最も重要な役で女性が担当することが多く、結び方は諸鉤《もろかぎ》、蝶結びとなる。裳着を済ますと結婚も許された。

公家《くげ》女子《じょし》の婚礼《こんれい》の衣裳《いしょう》

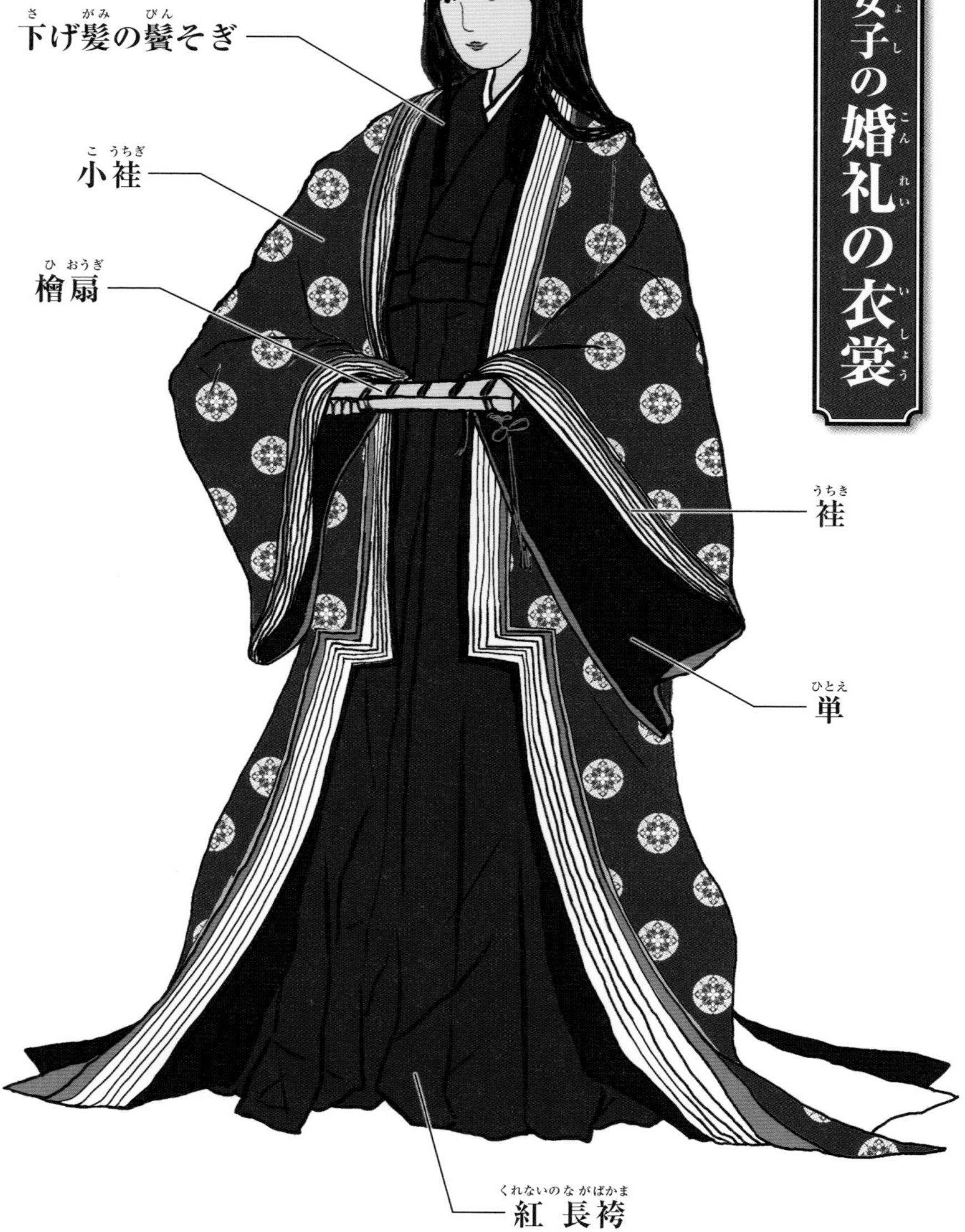

バックスタイル

平安中期は皇室以外の一般の公家達は婿取《むこと》り婚で、女性の家に通い３日目に嫁方の両親と挨拶をかわして儀式が行なわれ、それが現在の結婚式に当たる。婿の装束は直衣か衣冠で、女性は小袿姿。

白張《しらはり》（白丁《はくちょう》）

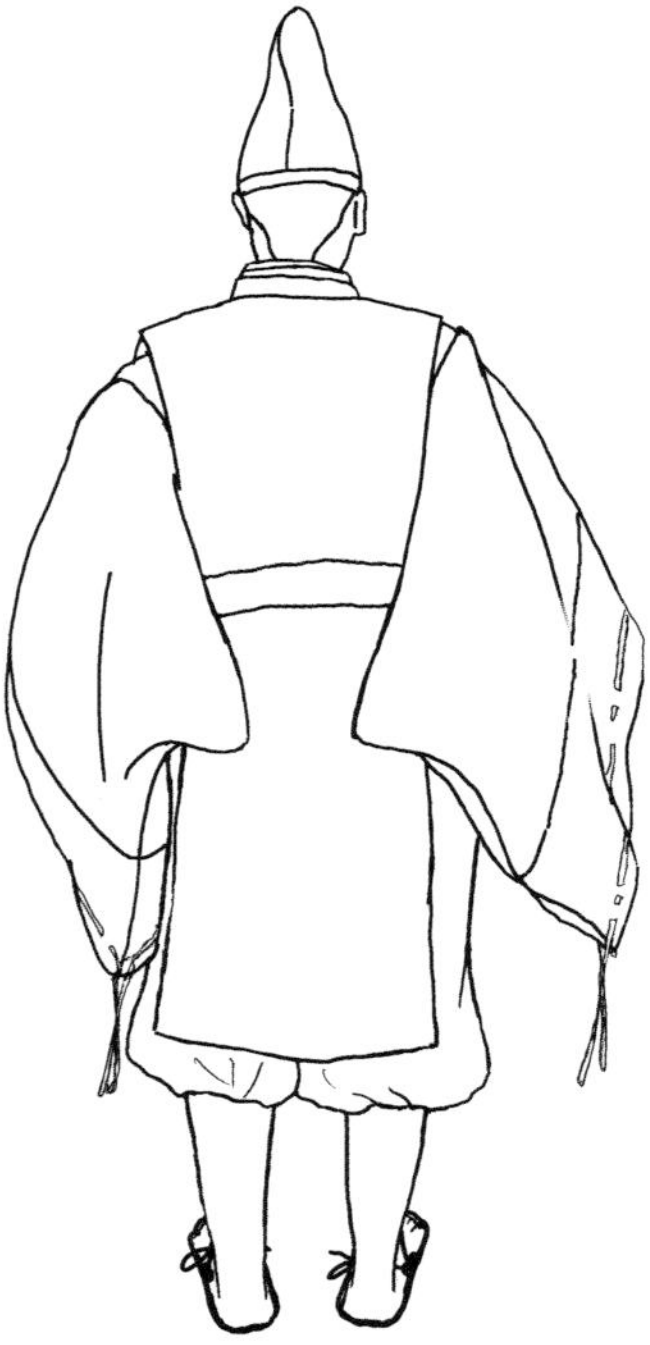

バックスタイル

祭祀《さいし》行列や神事に使用された白装束。沓《くつ》持ち、傘持ち等の雑役《ぞうやく》に従事する公卿の下官や従者が着用した。上着・袴とも夏冬ともに単仕立て。

浄衣《じょうえ》

神事、祭祀に用いられる潔斎《けっさい》の装束。色は白が主だが、黄色もある。形状は狩衣と同じだが、無文。形状は違うが、僧が着る白い衣服も浄衣と呼ばれる。

バックスタイル

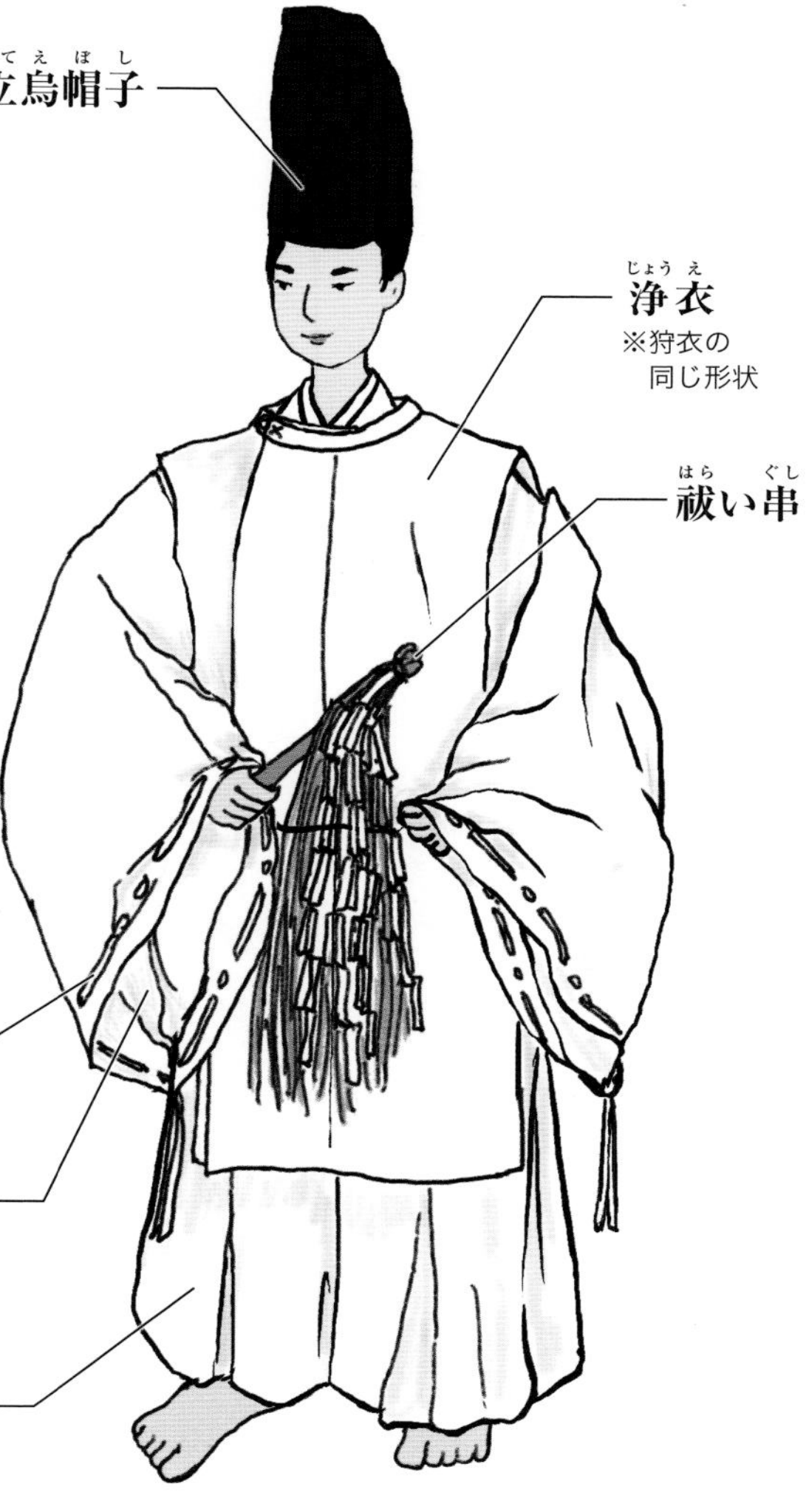

褐衣《かちえ》

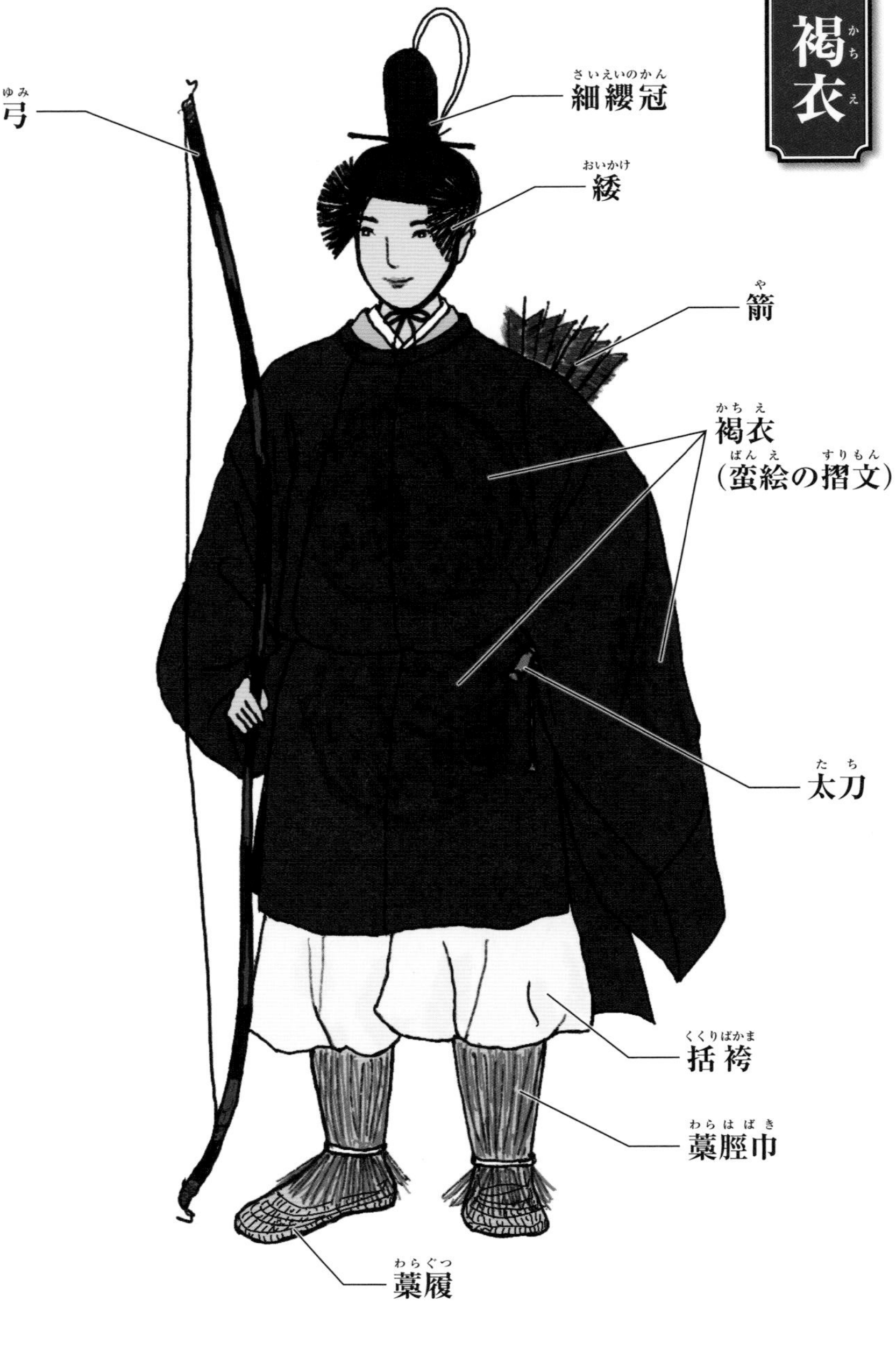
弓《ゆみ》
細纓冠《さいえいのかん》
緌《おいかけ》
箭《や》
褐衣《かちえ》
(蛮絵《ばんえ》の摺文《すりもん》)
太刀《たち》
括袴《くくりばかま》
藁脛巾《わらはばき》
藁履《わらぐつ》

バックスタイル

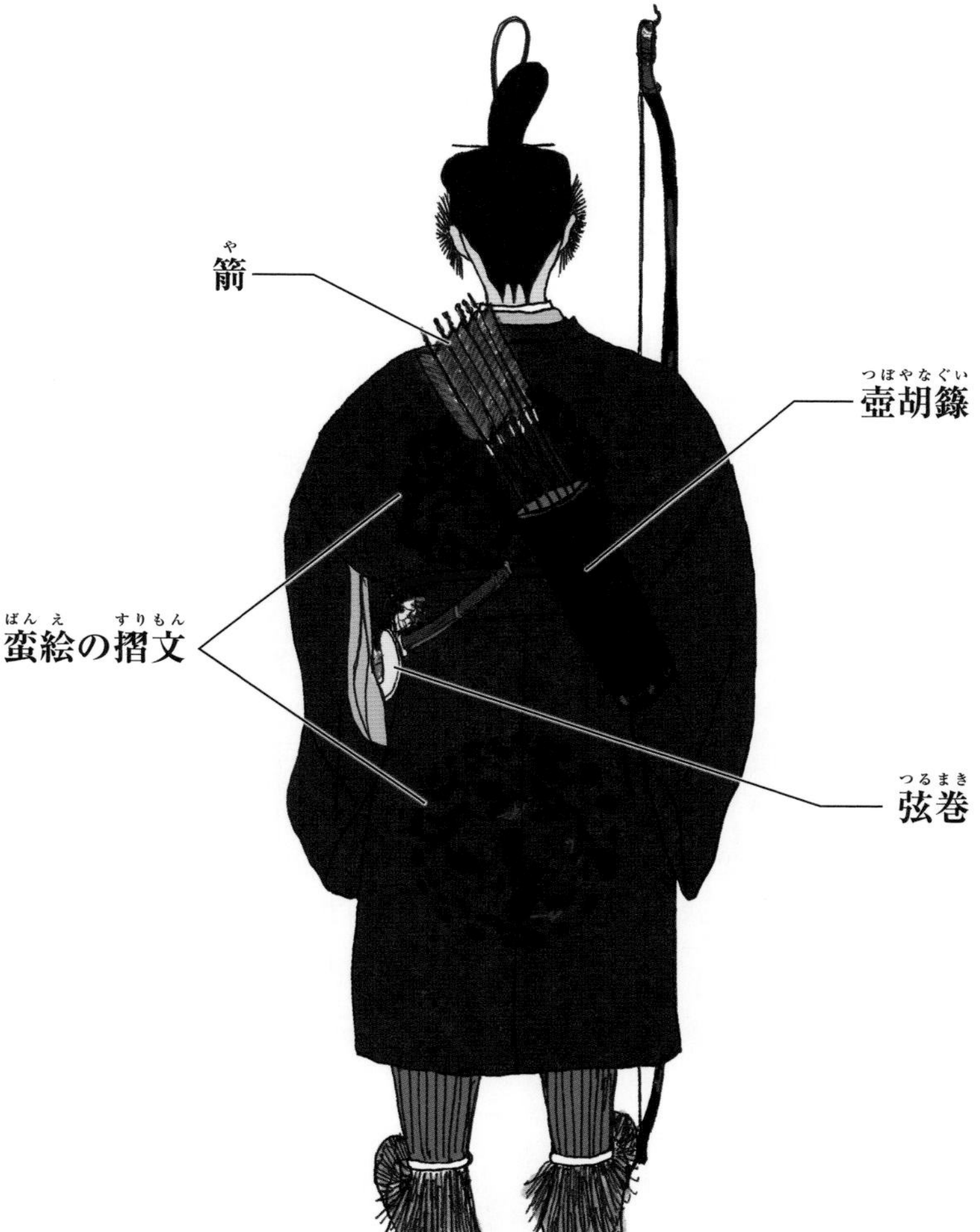

身分の低い武官の服装。肩で袖と身頃が縫合《ほうごう》されている。高貴の護衛の随身である印となる獅子や熊(蛮絵)の丸紋の摺文様が入るが、文様は所属する衛府《えふ》により異なる。

法《ほう》親《しん》王《のう》裘《きゅう》代《たい》五《ご》条《じょう》袈《げ》裟《さ》

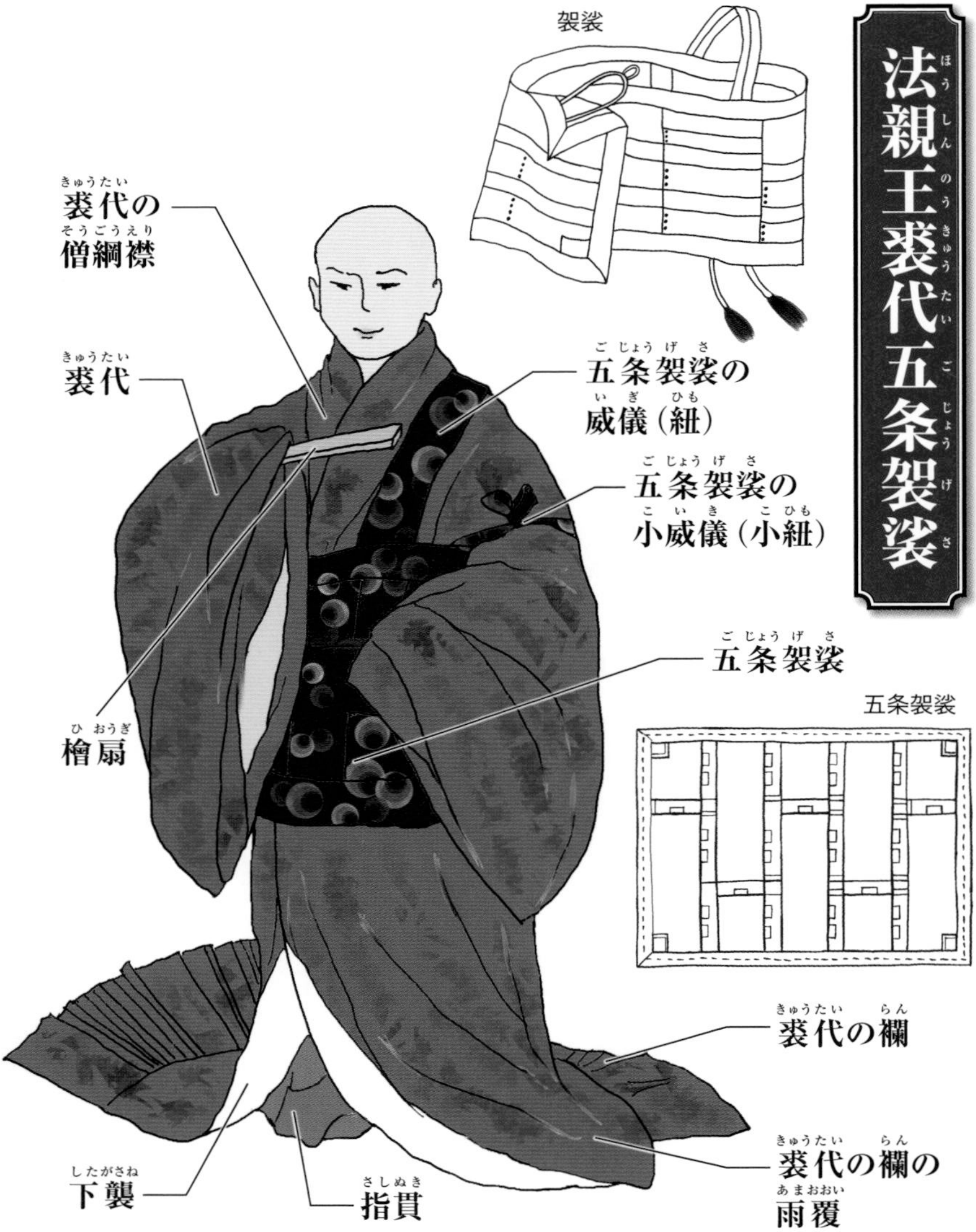

裘代《きゅうたい》とは法皇、法親王に次ぐ方々の宿《とのい》装束のことで、最高の礼服に代える意味である。下には衵、単、大帷《おおかたびら》、指貫の下は大口か下袴、襪をはき、右手に檜扇、左手に数珠を持ち五条袈裟をかける。

僧侶《そうりょ》袍《ほう》裳《も》七条《しちじょう》袈裟《げさ》

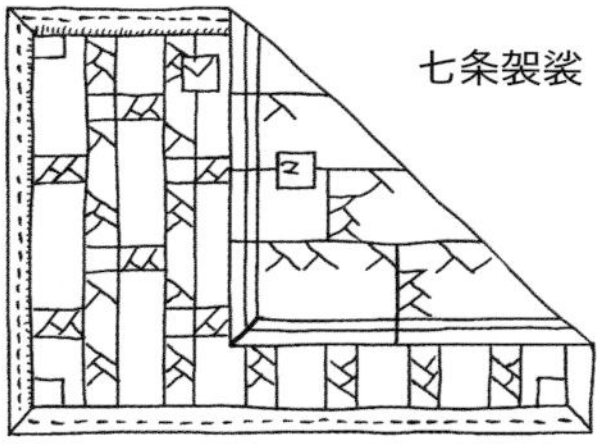

七条袈裟

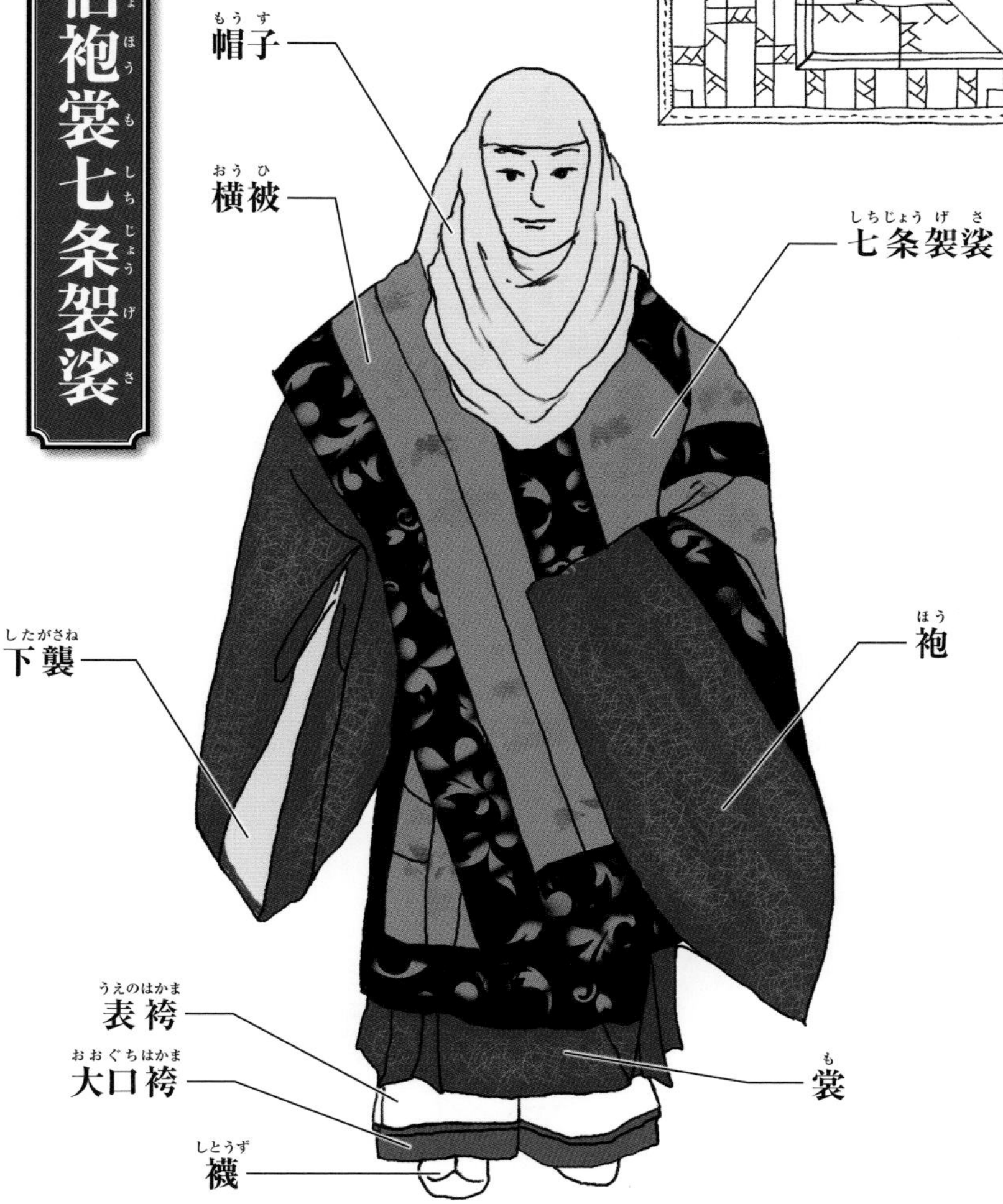

法衣の最高儀式服、法服とも言われる。絵では隠れているが、左手に数珠、右手に檜扇を持つ。帽子の着用は天台宗では探題職になると許可される特別なもの。

素《そ》絹《げん》五《ご》条《じょう》袈《げ》裟《さ》

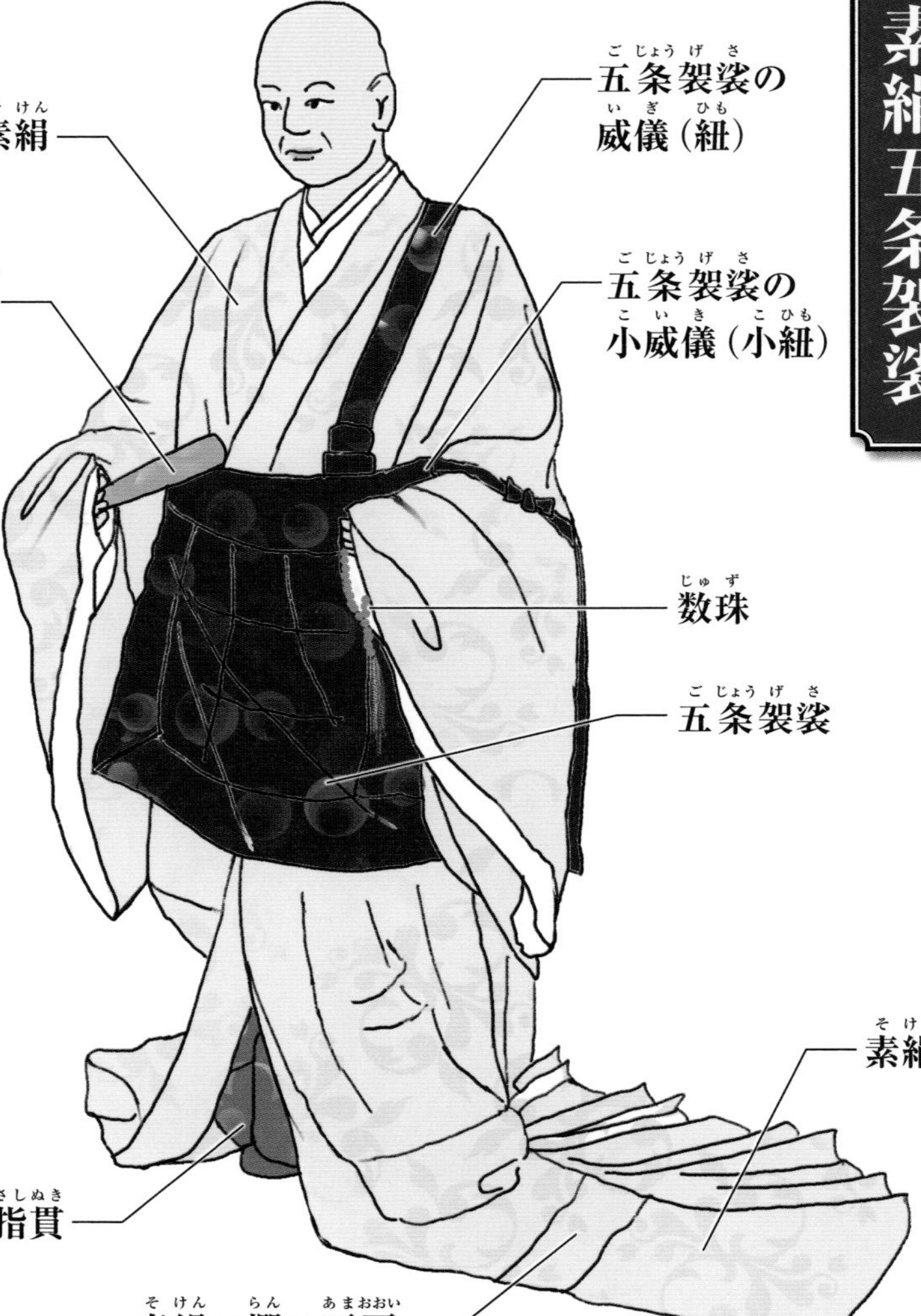

国家の祭祀の際の参内服。形は天皇の御斎衣に近いが、素絹は垂領《たりくび》の襟型《えりがた》となる。単仕立ての有襴《うらん》スタイルで、公家と同様に指貫を履く。袈裟は五条袈裟を用いるが、下襲は用いない。

鈍色五条袈裟《どんじきごじょうげさ》

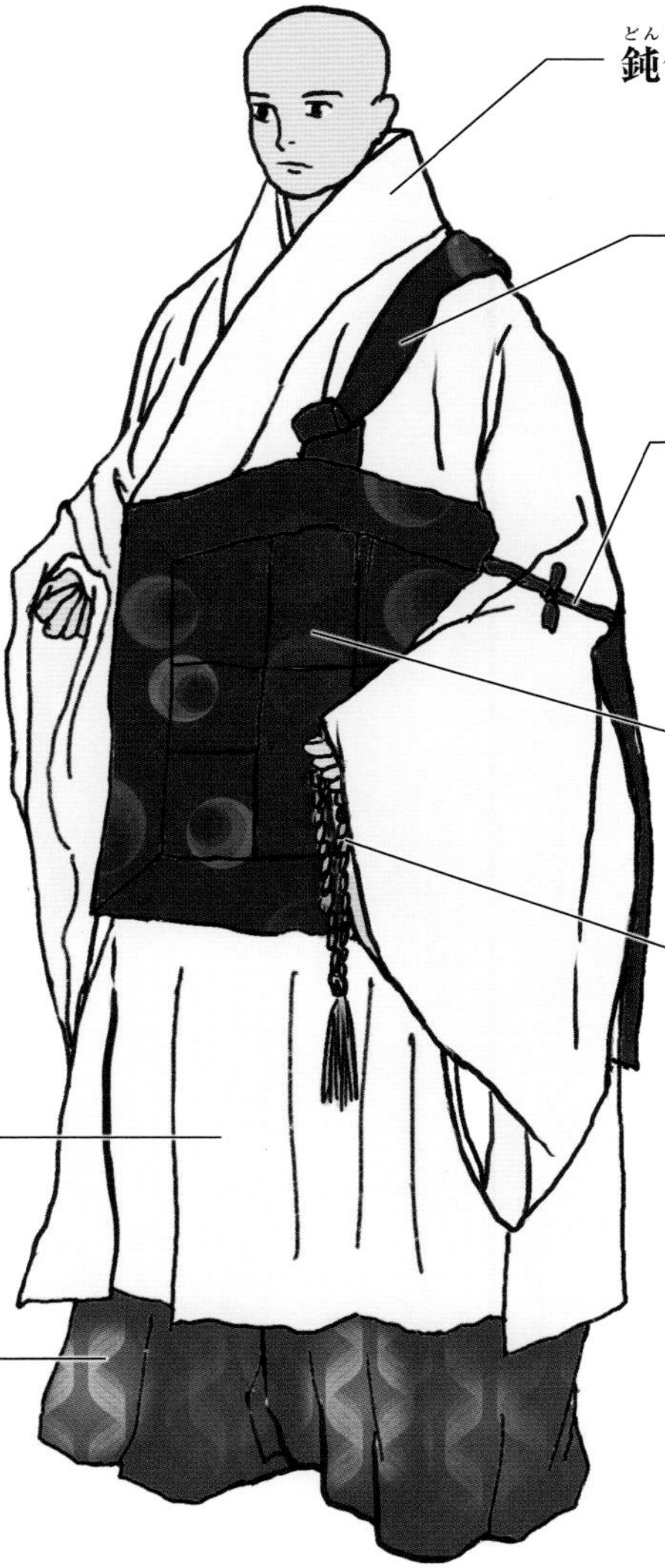

無紋単の白の法衣、神道《しんとう》的行事にふさわしいものとして作られたとされる。平清盛も出家後、この鈍色姿で描かれることが多い。

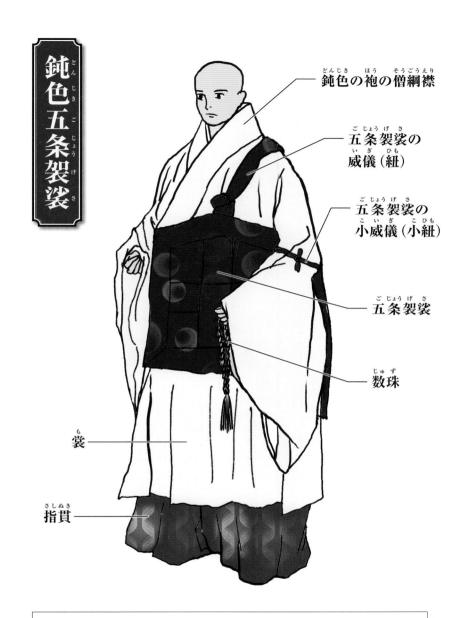

裳《も》付《つ》け衣《ころも》（遊《ゆ》行《ぎょう》の僧《そう》）

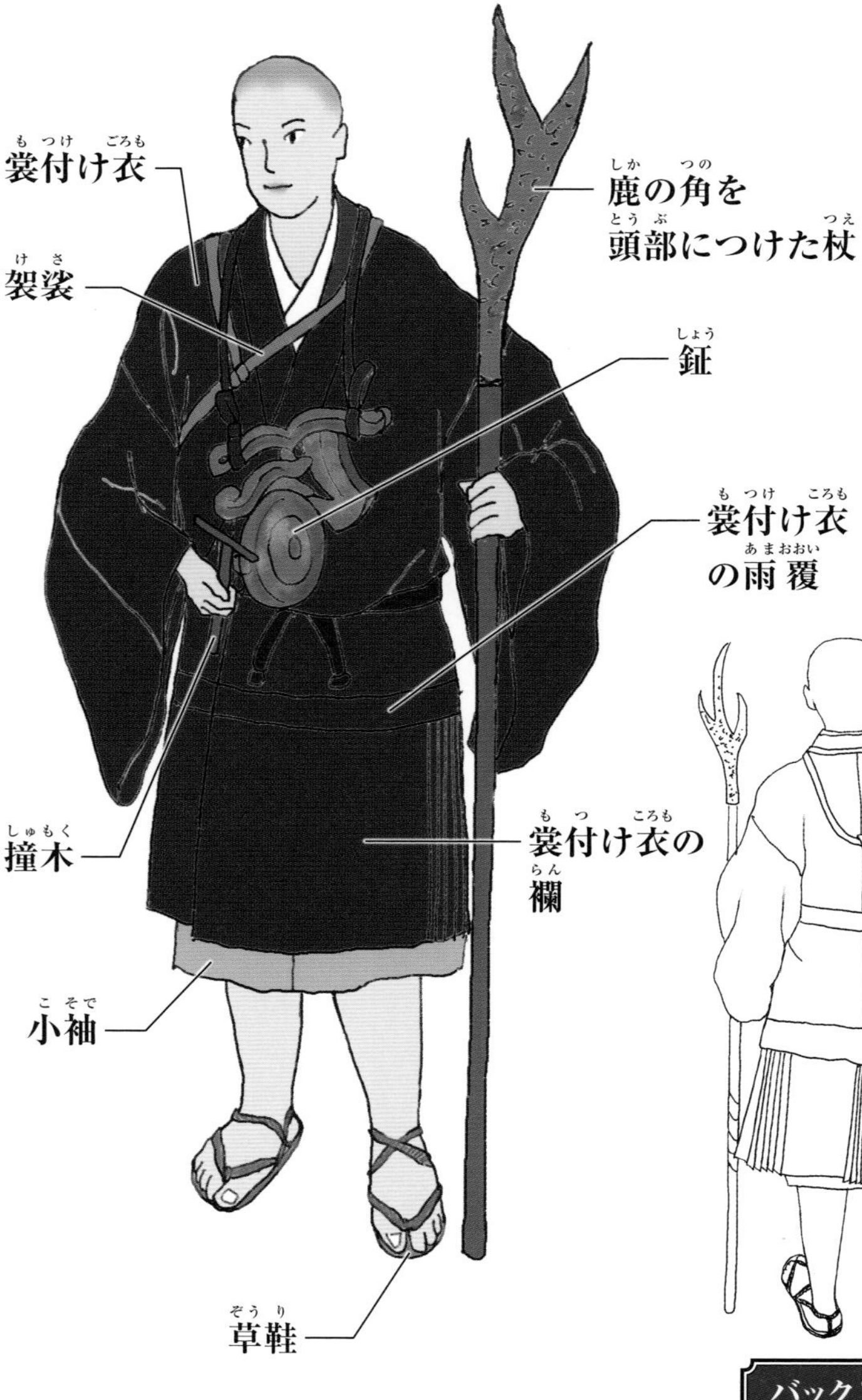

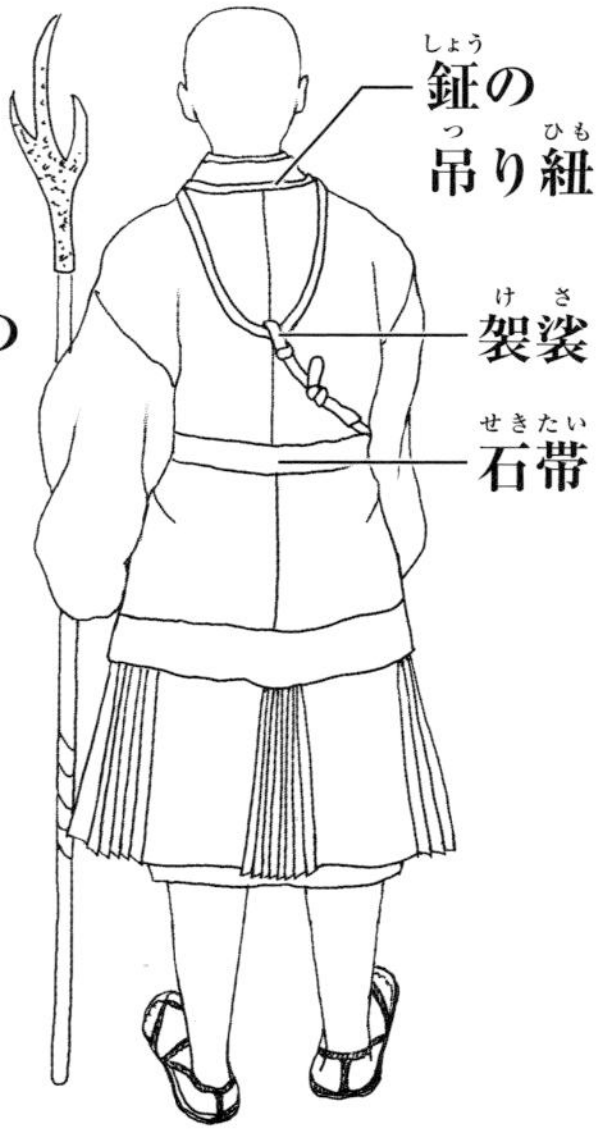

バックスタイル

平安時代の僧侶の常装。垂領、有襴のスタイルで、口称念仏を初めて実践したとされる空也上人像の姿である。

神楽《かぐら》・人長《にんちょう》の舞姿《まいすがた》

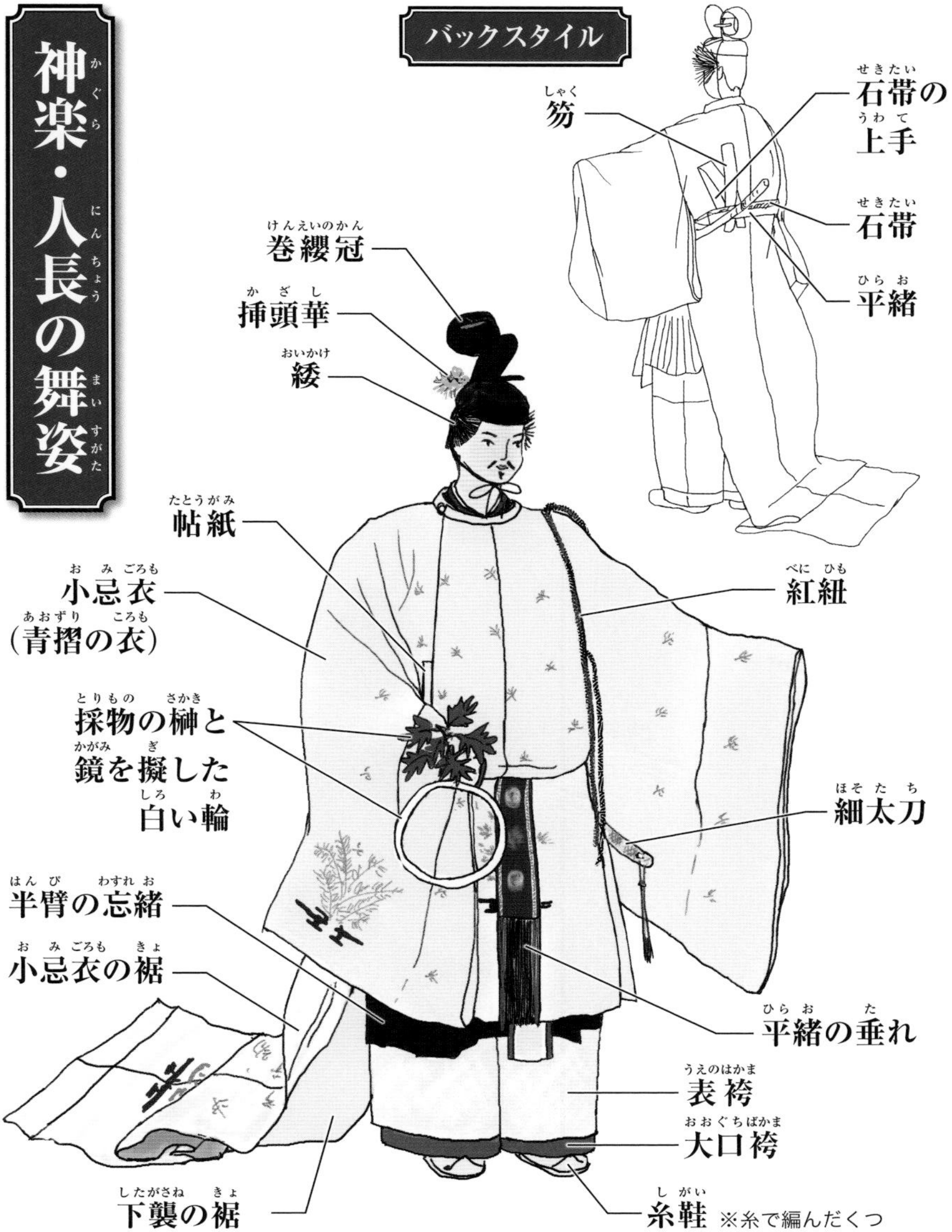

神楽とは神意を慰《なぐさ》めるために起こった楽。この衣装は神楽人の長が舞う際のもので、武官と同じ闕腋袍の形となる。

舞楽《ぶがく》・陵王《りょうおう》

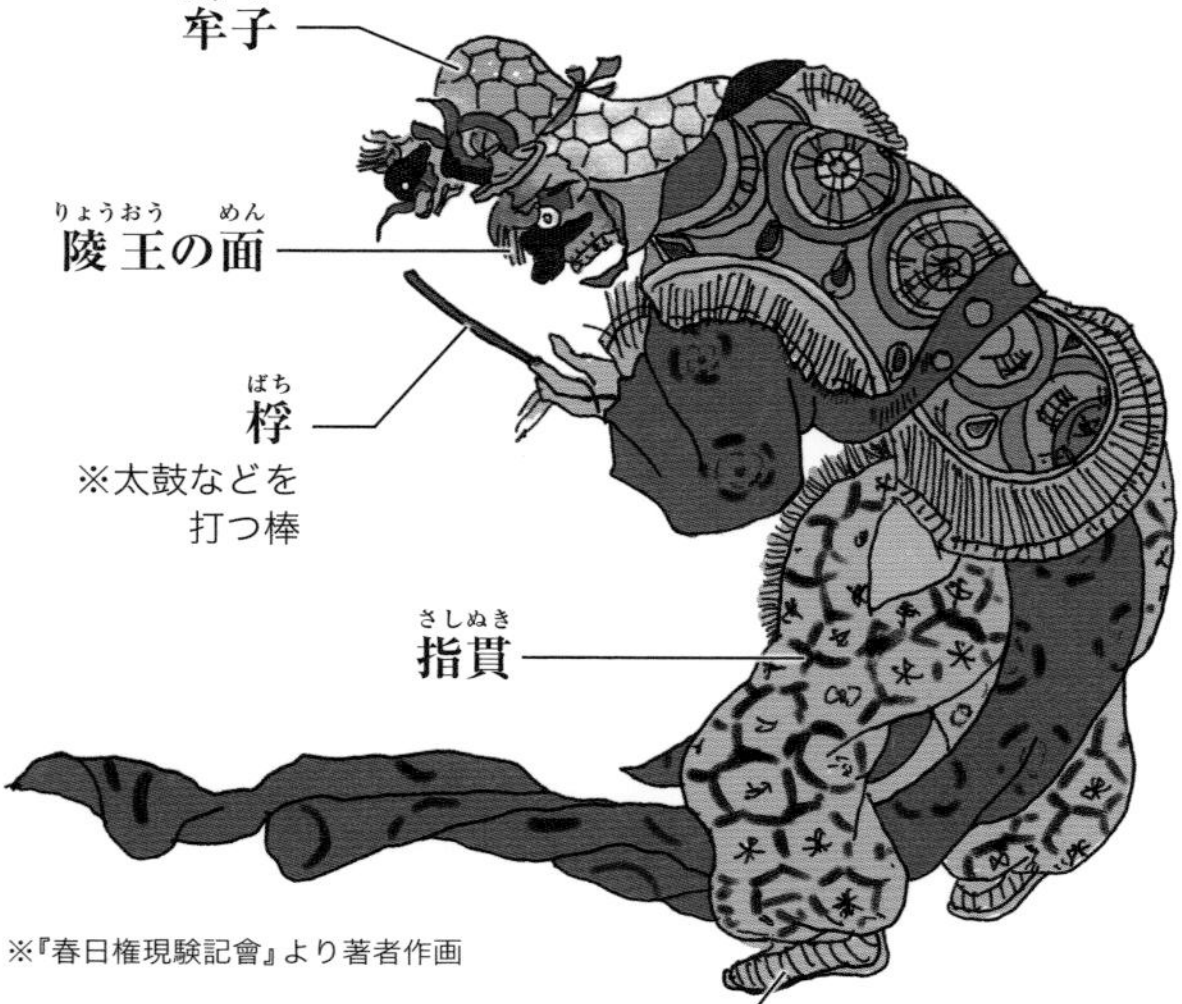

※『春日権現験記會』より著者作画

※『年中行事絵巻』より著者作画

舞楽とは雅楽のうち舞を伴うものをいうが、その一つで左舞の代表的な演目。羅陵王・蘭陵王といわれる。

舞楽《ぶがく》・萬歳楽《まんざいらく》

※『年中行事絵巻』より著者作画

雅楽の唐楽の曲名の一つで、隋《ずい》の煬帝《ようだい》が作曲させた曲と伝えられている。『紫式部日記』にも「敦成《あつひら》親王」誕生の1ヶ月後、藤原道長邸に一条天皇が行幸された際に披露された記述のあるめでたい曲で、主に舞楽(舞人4人)として演奏され、現在でもよく舞われる左方平舞《さほうひらまい》の代表的な舞。

舞楽《ぶがく》・迦陵頻《かりょうびん》

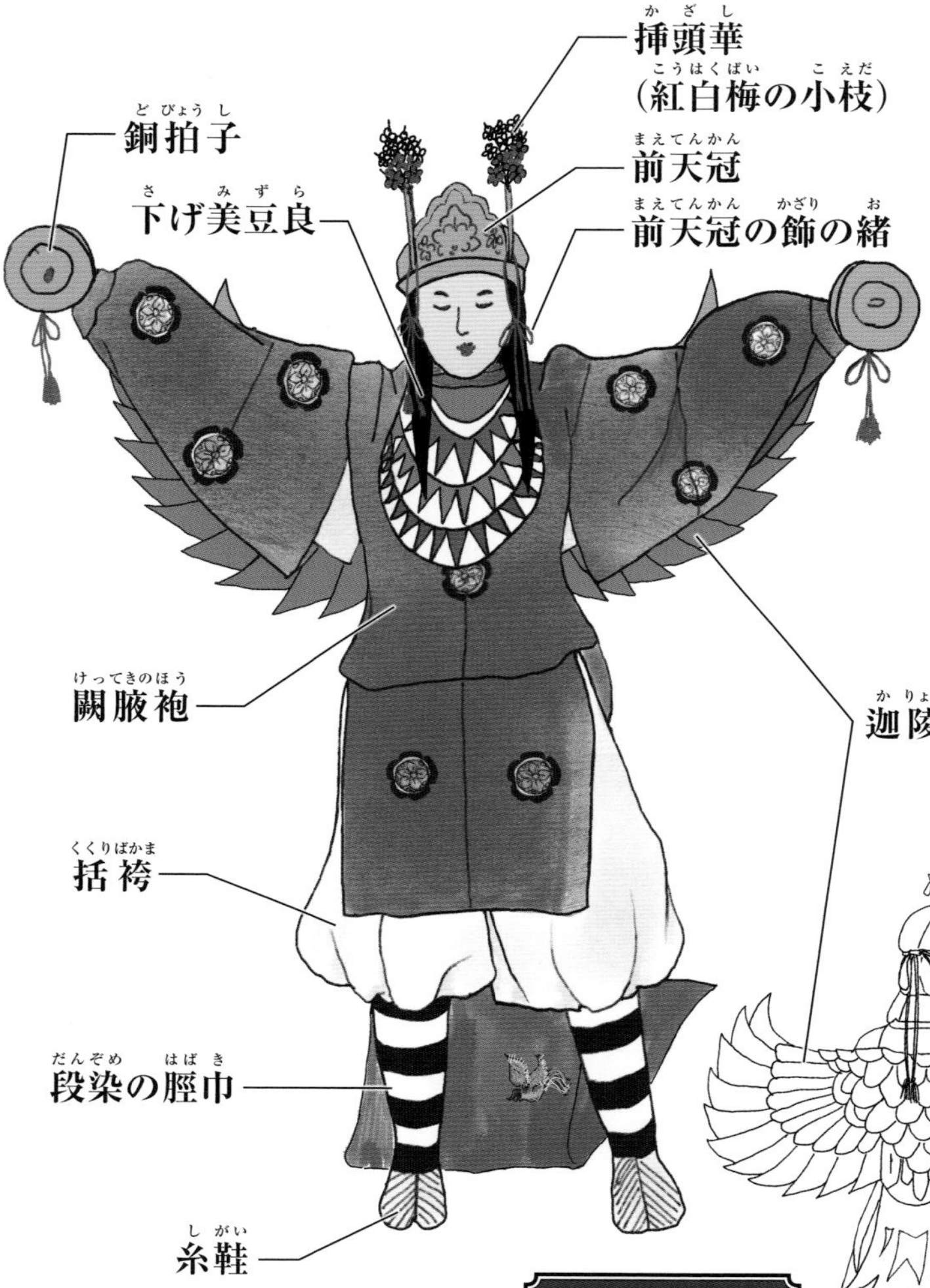

極楽浄土に住むという人面鳥身で美声を持つ霊鳥・迦陵頻伽《かりょうびんが》に由来している雅楽の演目で、奈良時代に日本にもたらされた「林邑八楽《りんゆうはちがく》」の一つ。左方(唐)楽に属する童子の四人舞。

舞《ぶ》楽《がく》・胡《こ》蝶《ちょう》

迦陵頻とともに多く用いられる童舞で右舞《うまい》に属する仏事の供養の楽。春日に舞い遊ぶ胡蝶の姿を表わしたもので、四人舞。

田《でん》楽《がく》法《ほう》師《し》

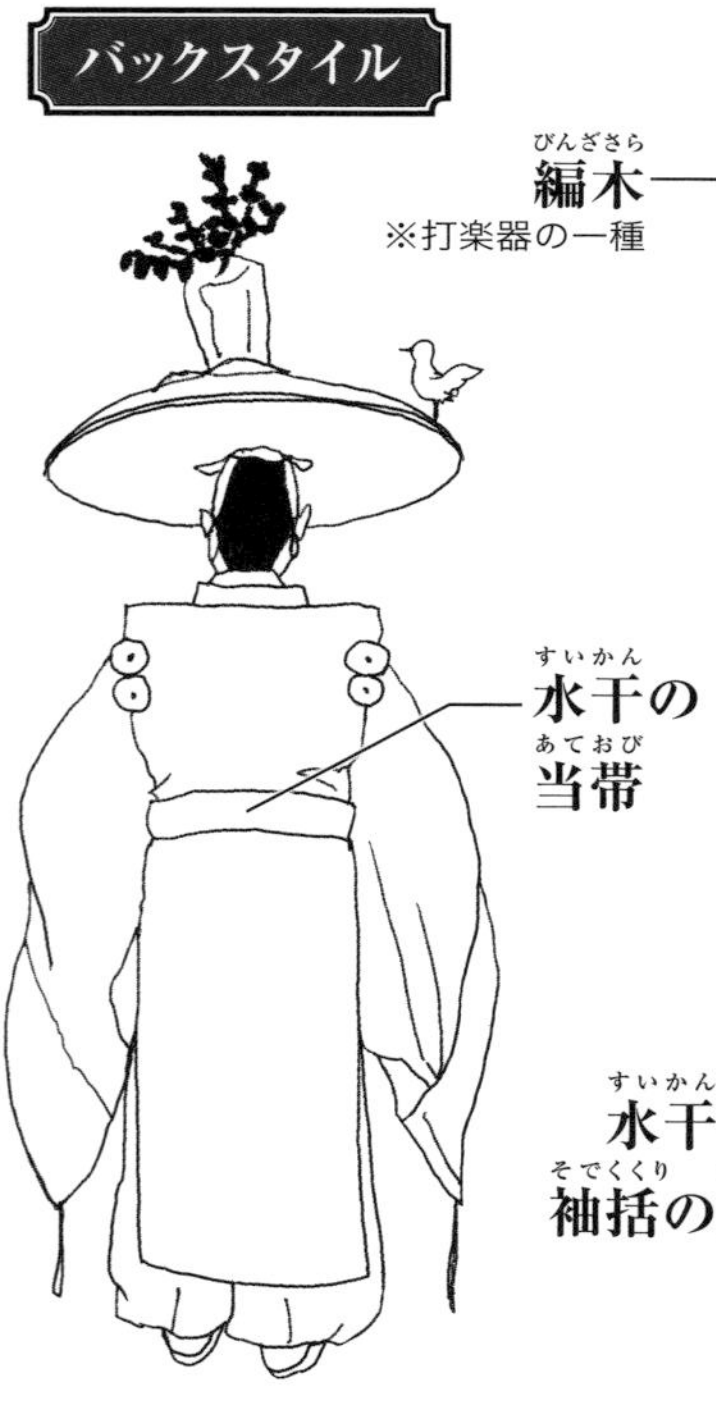

田楽は田植の音楽から始まった舞踊でその後雑芸《ぞうげい》となり、京都の祭りでも庶民によっても披露されている。やがて専門の法師が演者となる。笠は蘭笠の飾り付きの風流傘で、蓬莱《ほうらい》鶴亀等が付けられている。これらがやがて変化しつつ、祭礼に出る傘鉾《かさぼこ》や、作り山となっていく。

衮《こん》冕《べん》十《じゅう》二《に》章《しょう》

嵯峨天皇の時代の弘仁11(820)年に制定された天皇の大礼服。平安の時代から江戸時代(孝明天皇)まで用いられた。衮衣《こんえ》(天子の礼服)に刺繍《ししゅう》される12種類のシンボルと冕冠《べんかん》が特徴で名称の由来にもなっている。中国から輸入された服制で皇帝や天皇を太陽になぞらえ、太陽の色が服色となっている。

※江戸時代最後の孝明天皇の即位の際の衣装は現存している。

バックスタイル

黄櫨染御袍《こうろぜんのごほう》

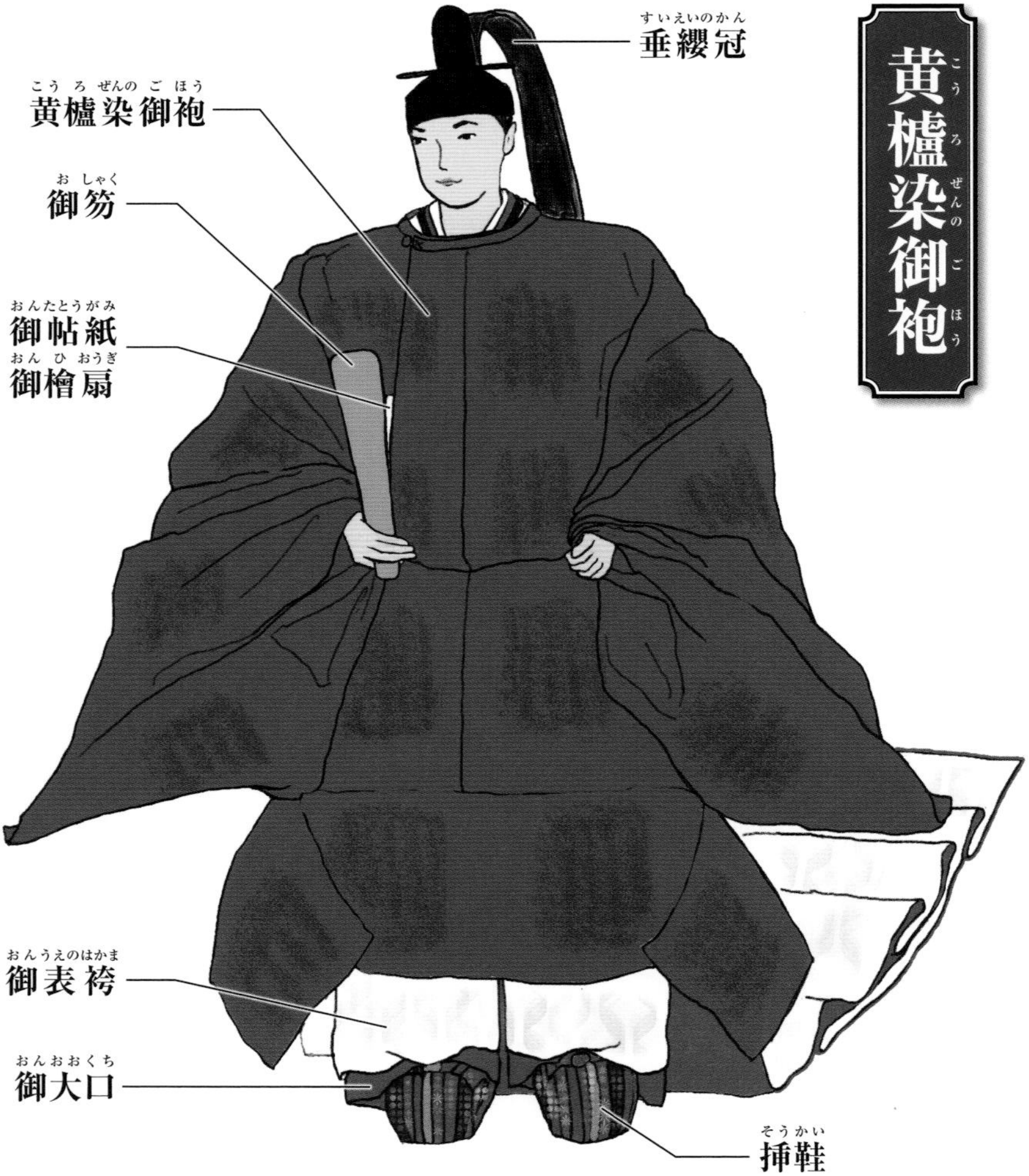

嵯峨天皇の時代、弘仁11(820)年に制定された天皇の礼服。黄櫨染とは濃い黄褐色で、夏の土用に南中する太陽の燃え盛る色彩といわれる。文様は「桐竹鳳凰《きりたけほうおう》」から後に「桐竹鳳凰麒麟《きりん》」となった。明治天皇即位の際に袞冕十二章が中国風のため、格上げされてそれ以降天皇の即位の際の装束になっている。

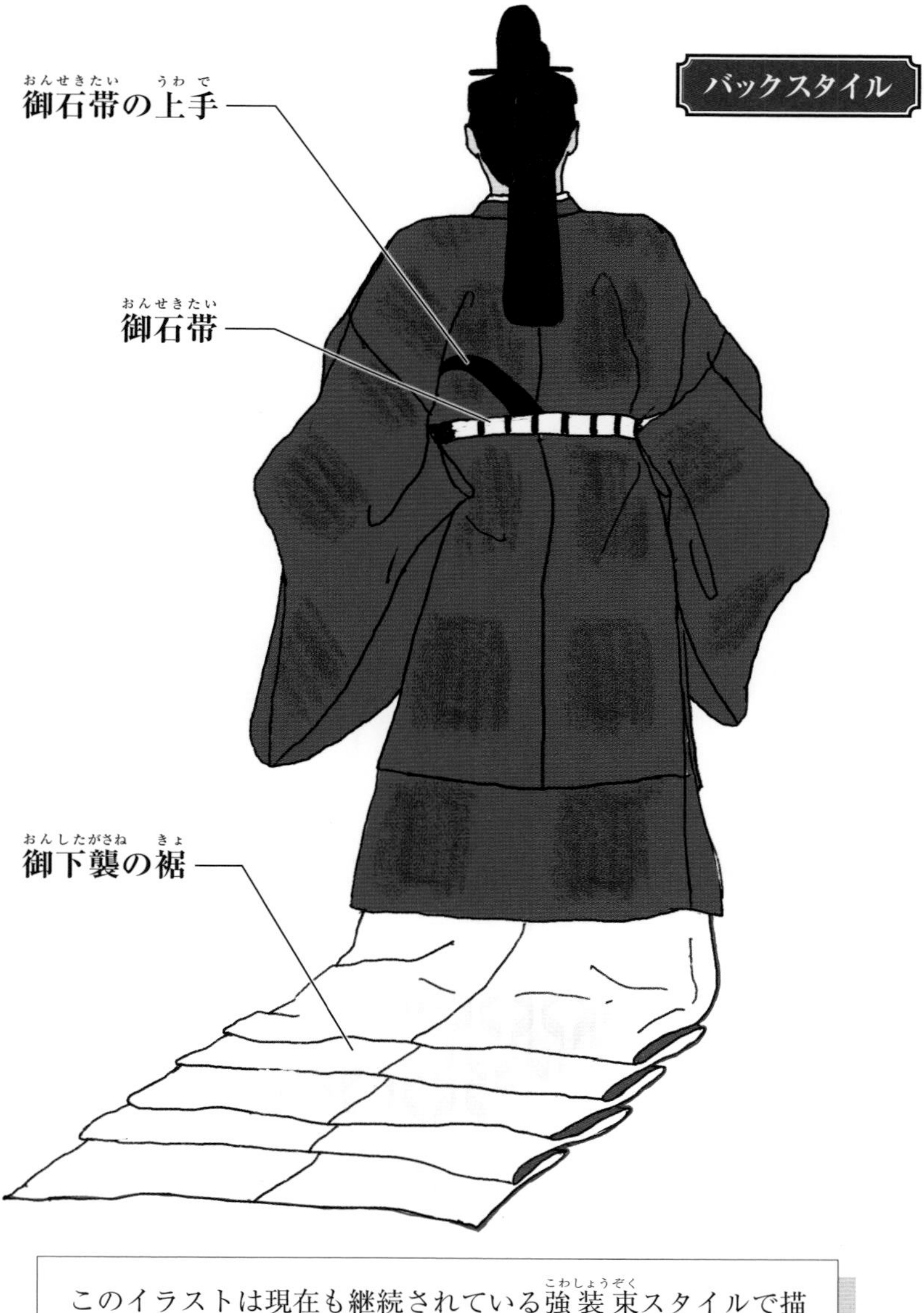

このイラストは現在も継続されている強装束《こわしょうぞく》スタイルで描いているが、平安時代中期までは柔装束《なえしょうぞく》スタイルであった。また、冠は江戸時代中期から天皇の纓は立纓《りゅうえい》となり、今上天皇の即位の際も強装束で立纓スタイルだった。

御斎服《ございふく》

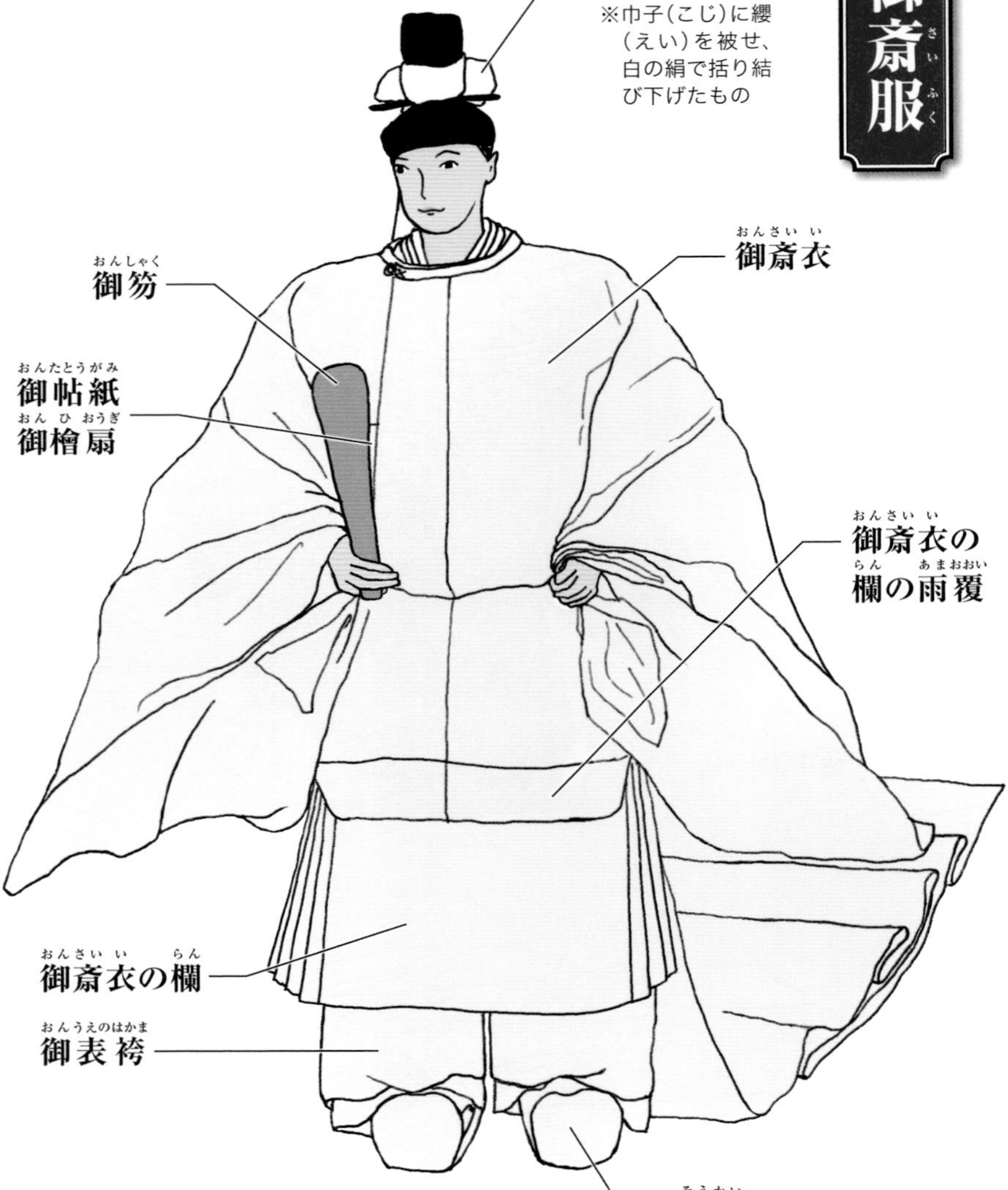
御幘《おんさく》の冠《かむり》
※巾子(こじ)に纓(えい)を被せ、白の絹で括り結び下げたもの
御斎衣《おんさいい》
御笏《おんしゃく》
御帖紙《おんたとうがみ》
御檜扇《おんひおうぎ》
御斎衣《おんさいい》の欄《らん》の雨覆《あまおおい》
御斎衣《おんさいい》の欄《らん》
御表袴《おんうえのはかま》
挿鞋《そうかい》

天皇が御一代一度の「即位の礼」後の大嘗祭《だいじょうさい》の時、または年中恒例祭祀中で最も重い儀式である新嘗祭《にいなめさい》の時のみ用いられる。御神事用の最も清浄かつ神聖な御服装。

バックスタイル

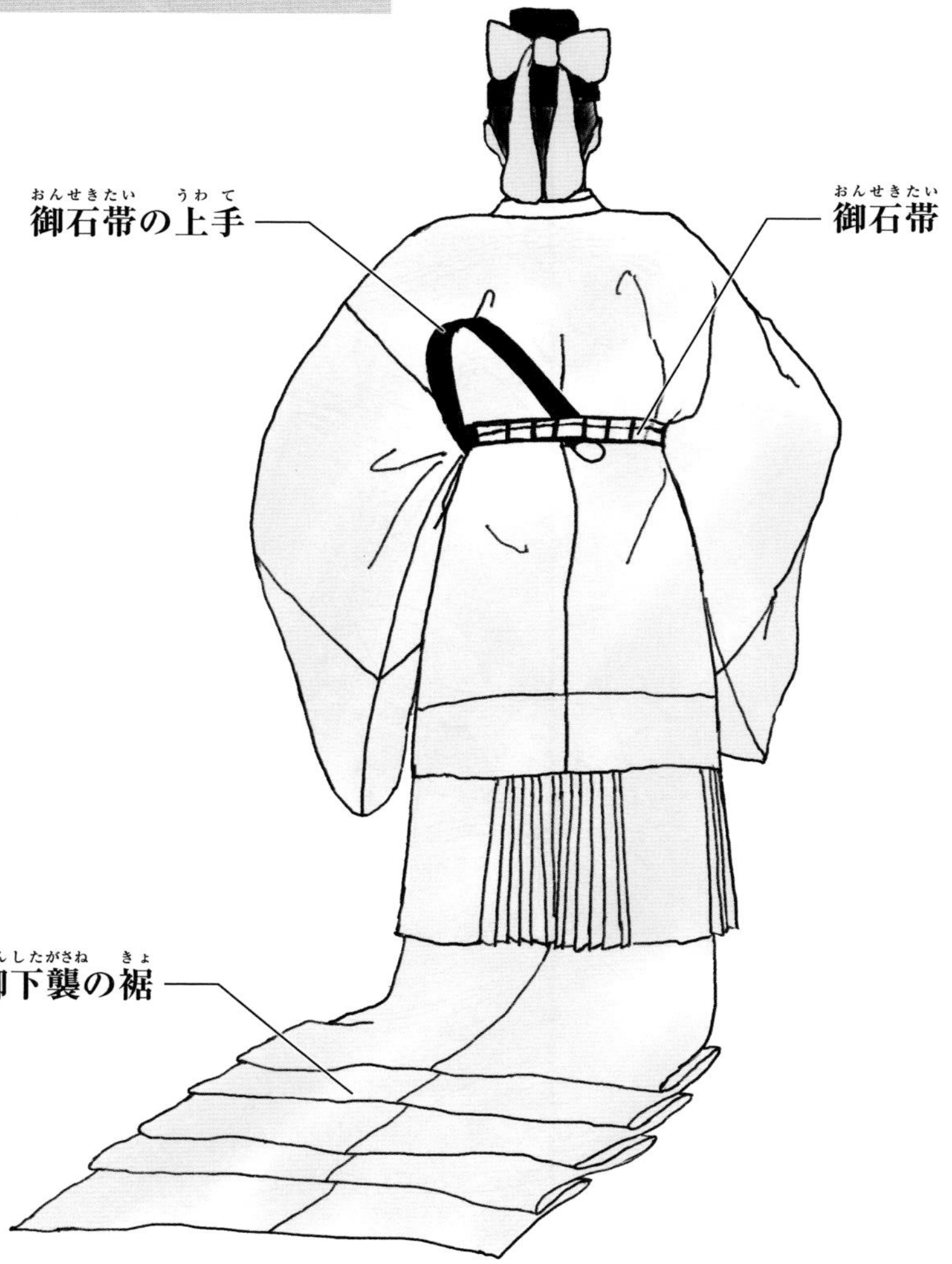

御《お》引《ひき》直《のう》衣《し》

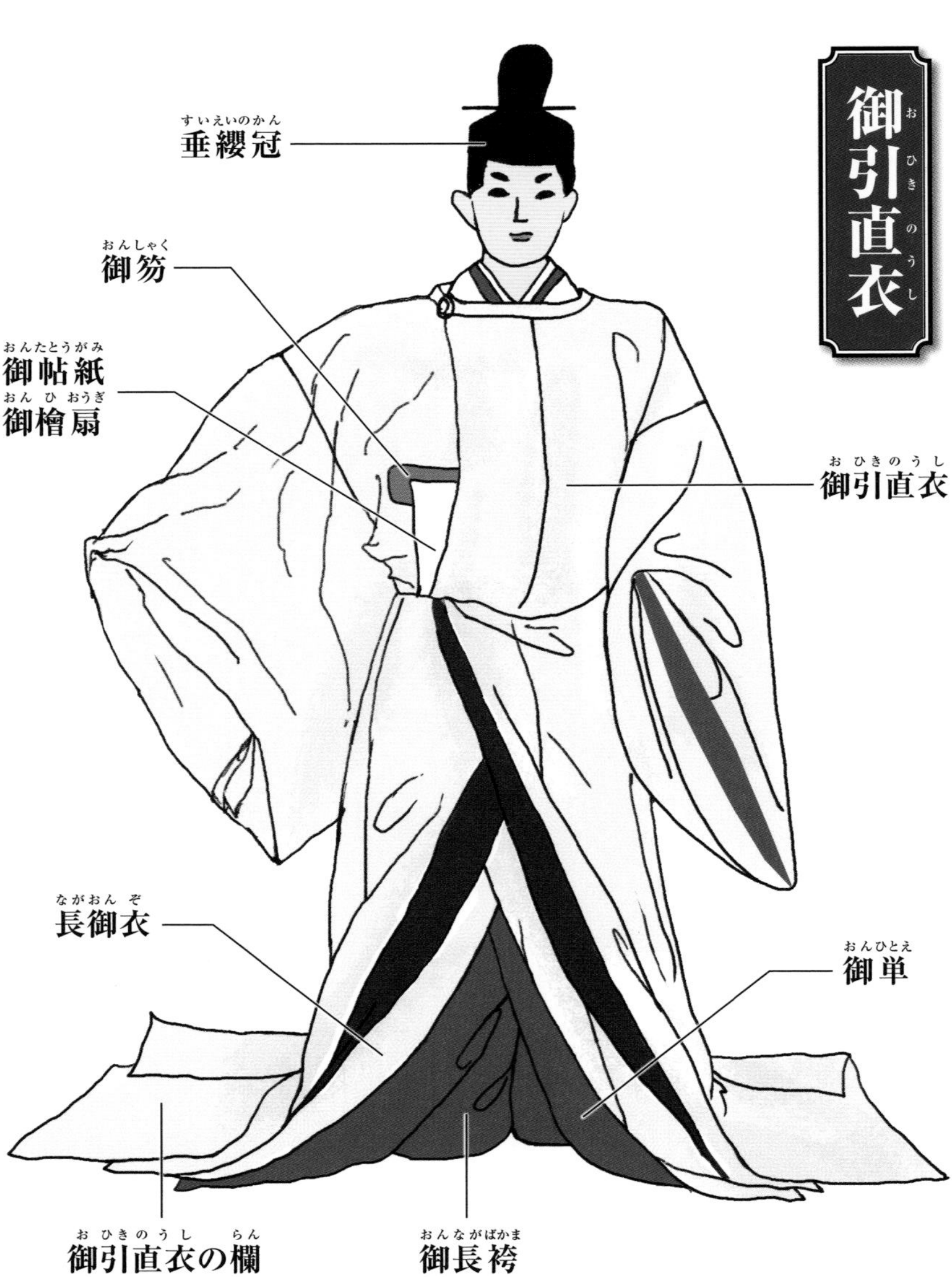

平安時代末期以後、天皇が着用された直衣。身丈が長く仕立てられ、腰のところで引き上げて懐を作らず、裾をそのまま垂らして後方に引くスタイル。

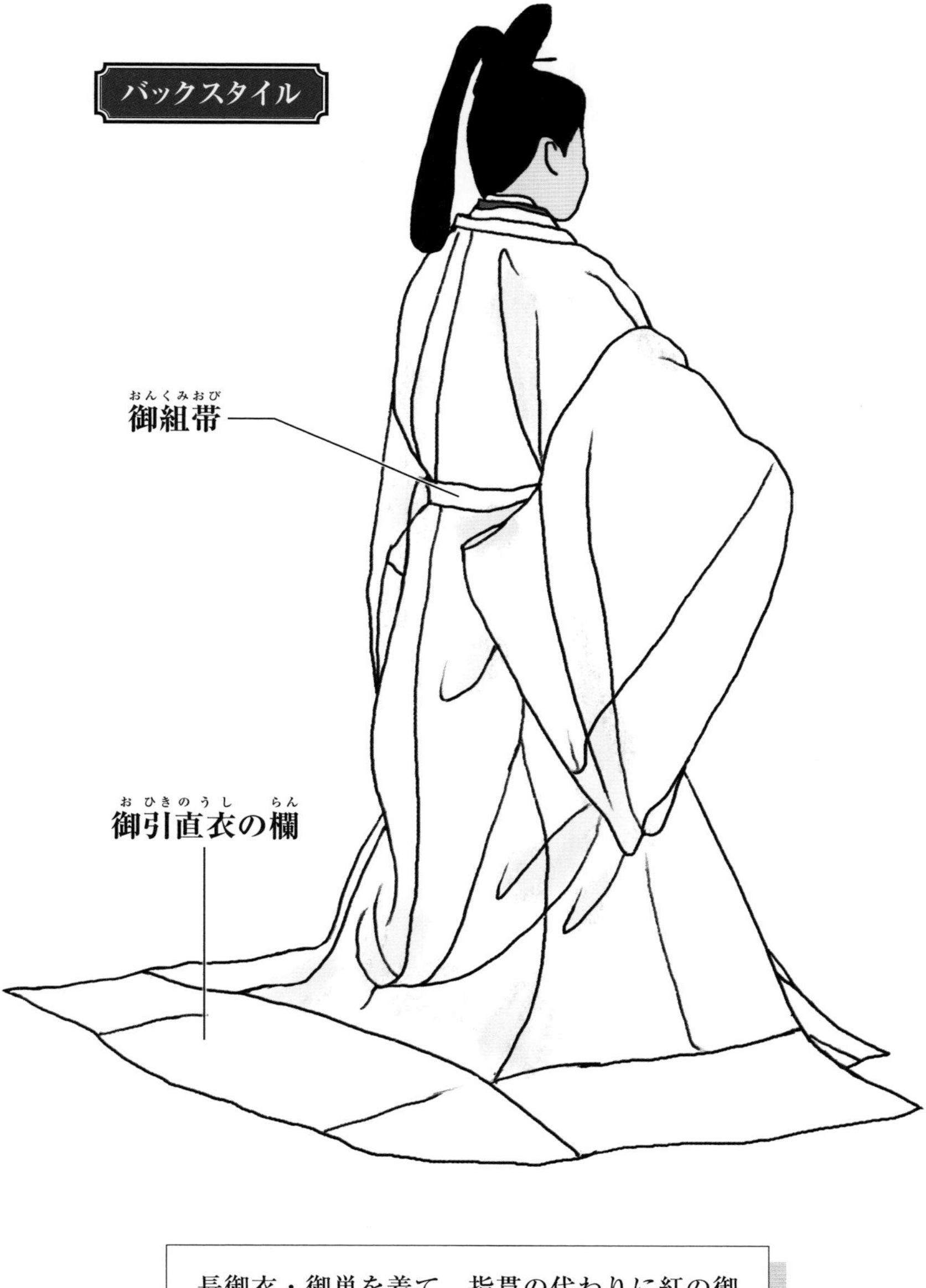

長御衣・御単を着て、指貫の代わりに紅の御長袴を着用する天皇が日常に着用する装束で、上皇も着用したといわれている。

黄丹袍《おうにのほう》

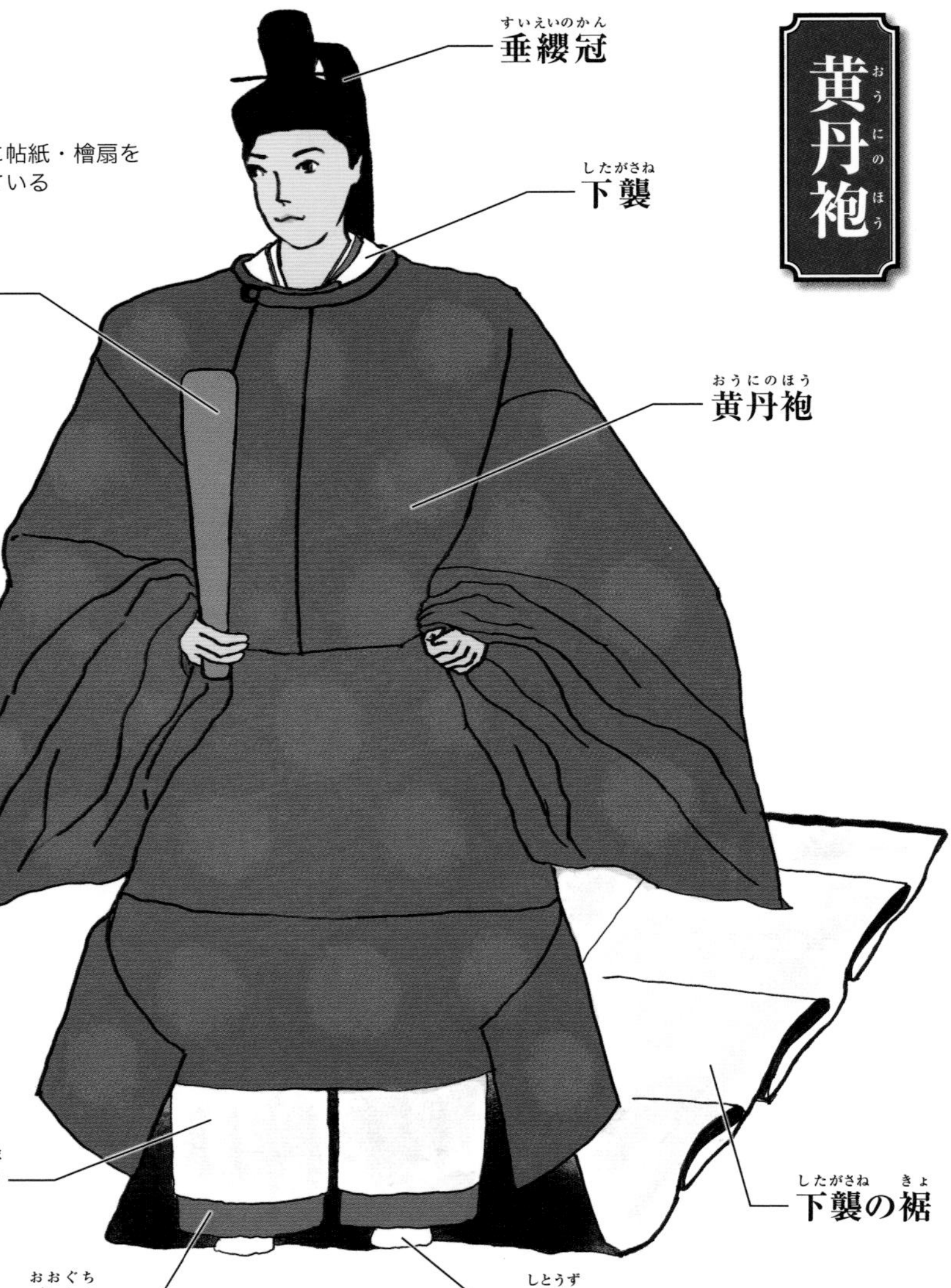

皇太子もしくは皇嗣《こうし》が儀式の際に着用する束帯装束の袍。昇る旭日を意味する黄丹の色で文様は鴛鴦丸《えんおうまる》。室町時代以降、立太子の儀式が中絶され、黄丹袍も中絶された。

バックスタイル

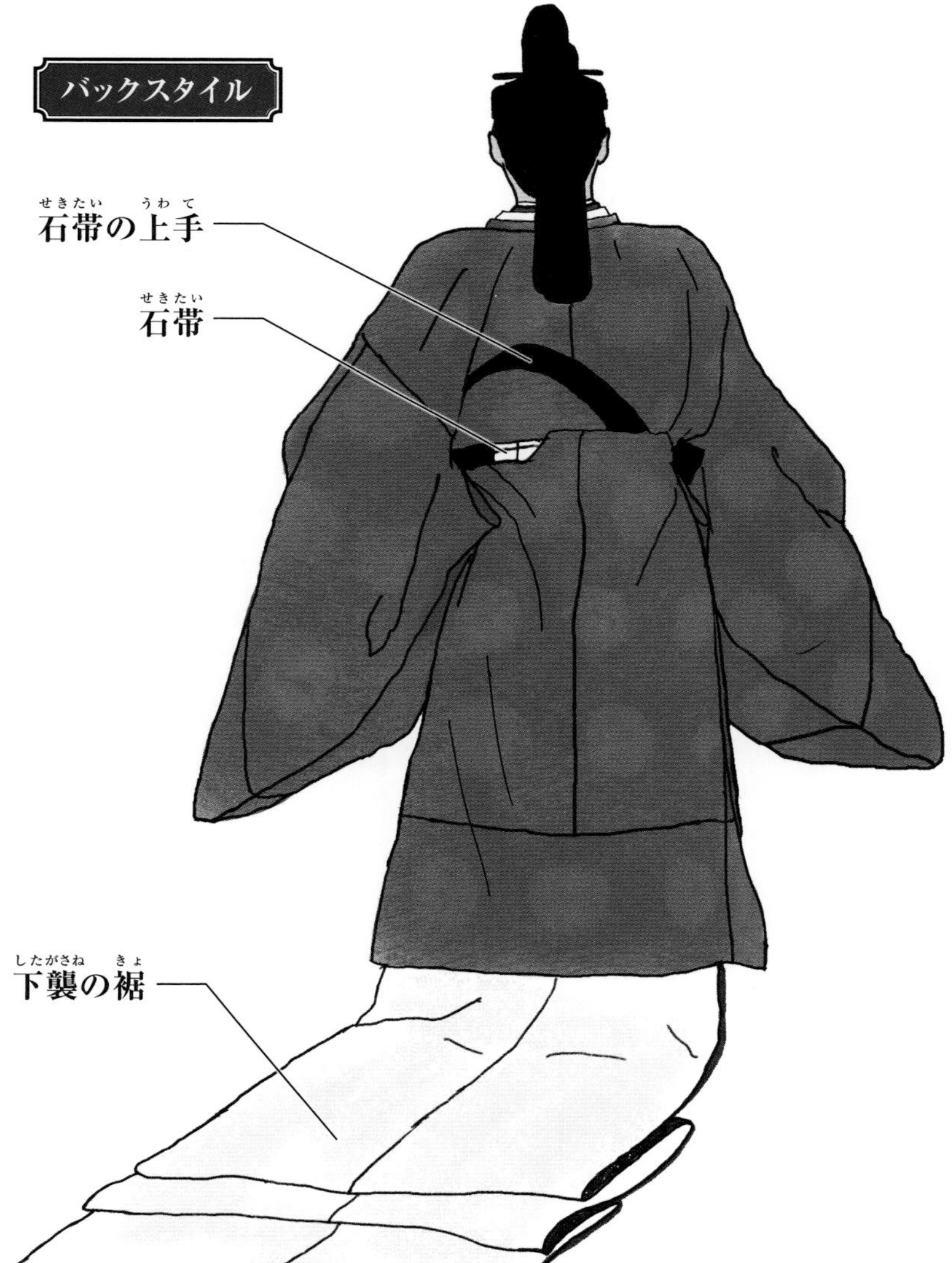

令和時代では、秋篠宮様が黄丹袍をお召しになり、「立皇嗣宣明の儀」に臨まれている。儀式に参列の際は、靴《か》の沓《くつ》を用いられていた。

※このイラストは平安後期以降の強装束スタイルで描いている。

院政期《いんせいき》の唐衣裳装束《からぎぬもしょうぞく》

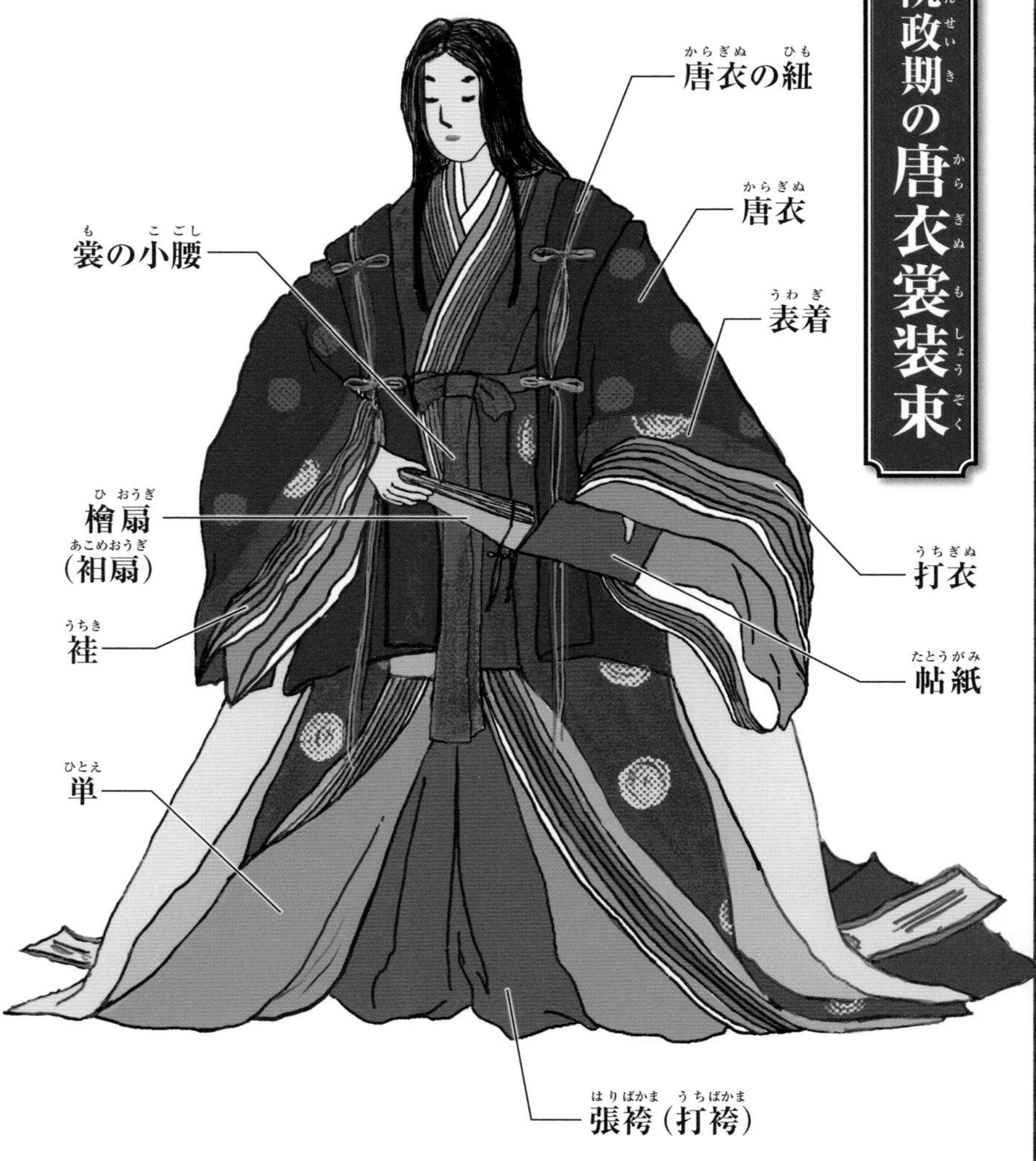

国風文化（摂関時代）の頃に成立した、現在「十二単《じゅうにひとえ》」と呼ばれる唐衣裳（女房）装束が最も豪華絢爛《けんらん》になったのが院政時代である。唐衣の襟に多色の紐《ひも》をつけたりしている。

バックスタイル

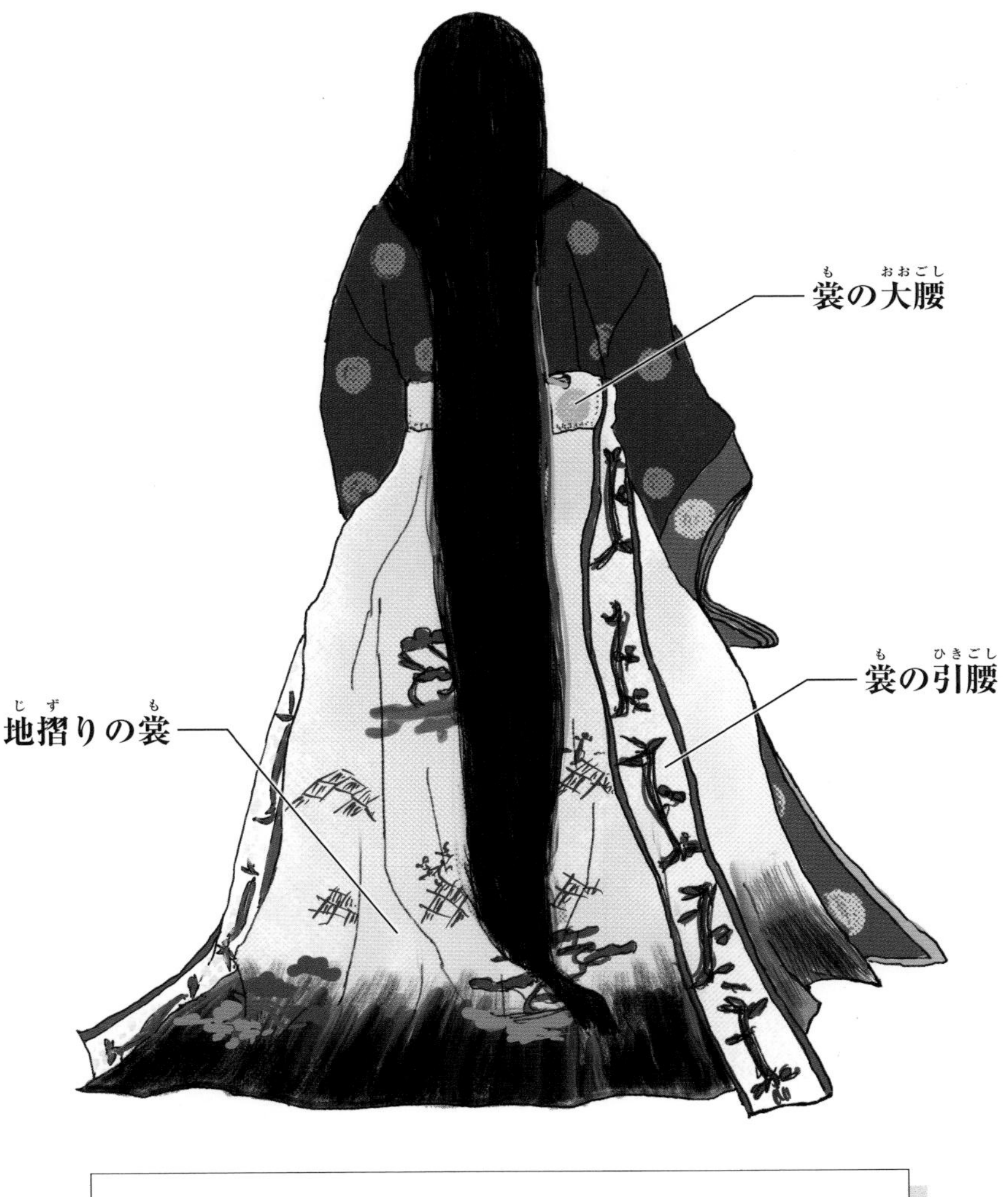

この頃は律令制度が崩壊し、主権も上皇(院)に移り、荘園からの収入・平家の貿易収入もあり、摂関時代の服装に対する倹約の意識などもなくなったのであろう。裳の引腰等も前世紀よりもかなり豪華になっている。

夏《なつ》の汗衫《かざみ》姿《すがた》

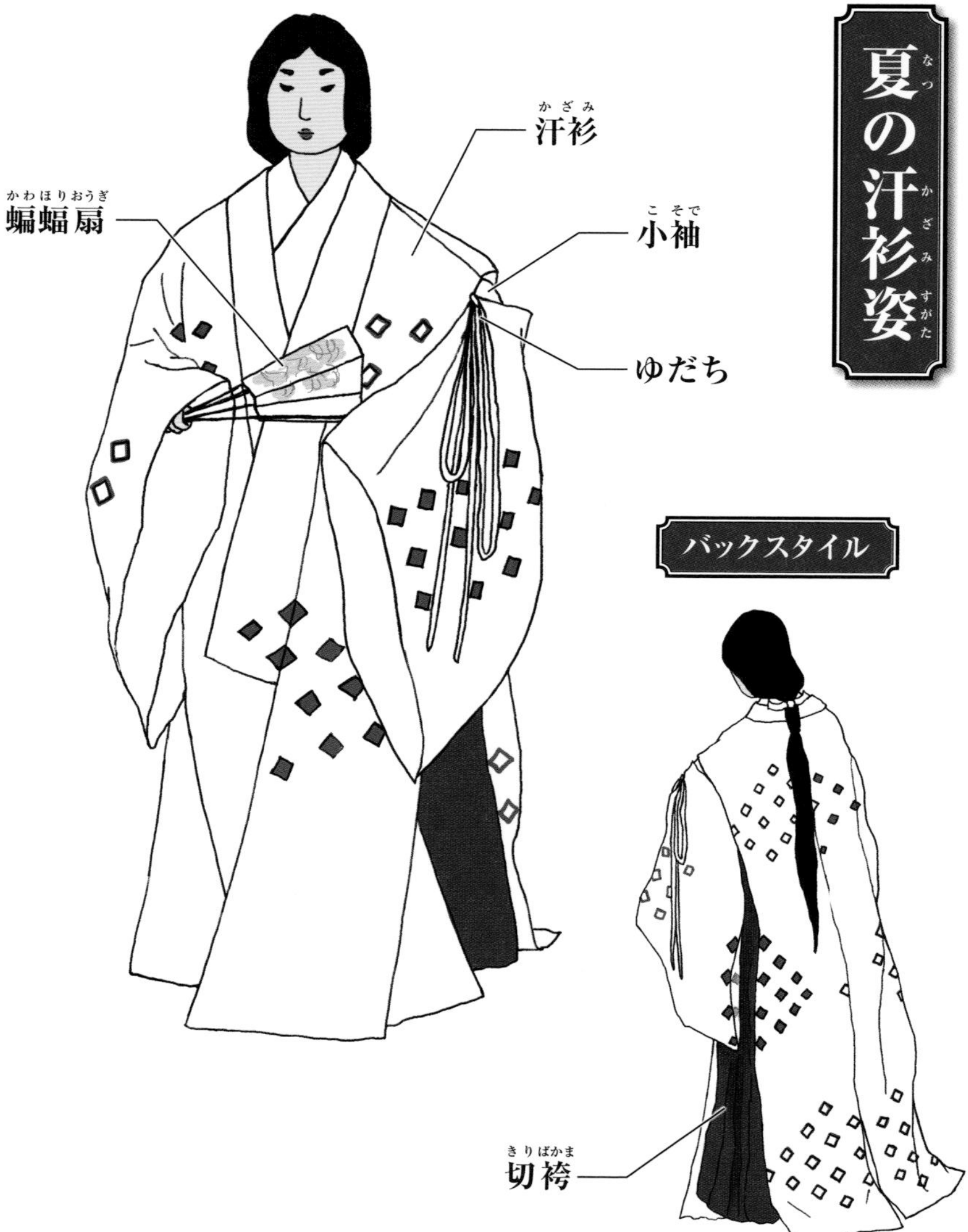

小袖・切袴に重ねて着る単仕立ての袿と、ほぼ同型の対丈《ついたけ》の上着。童女の褻衣《せつい》(普段着)の夏用汗衫は狩衣のように片肩が開いており、甚平の肩口のように紐を通して結ぶ。これを「ゆだち」という。

衣《きぬ》袴《はかま》姿《すがた》

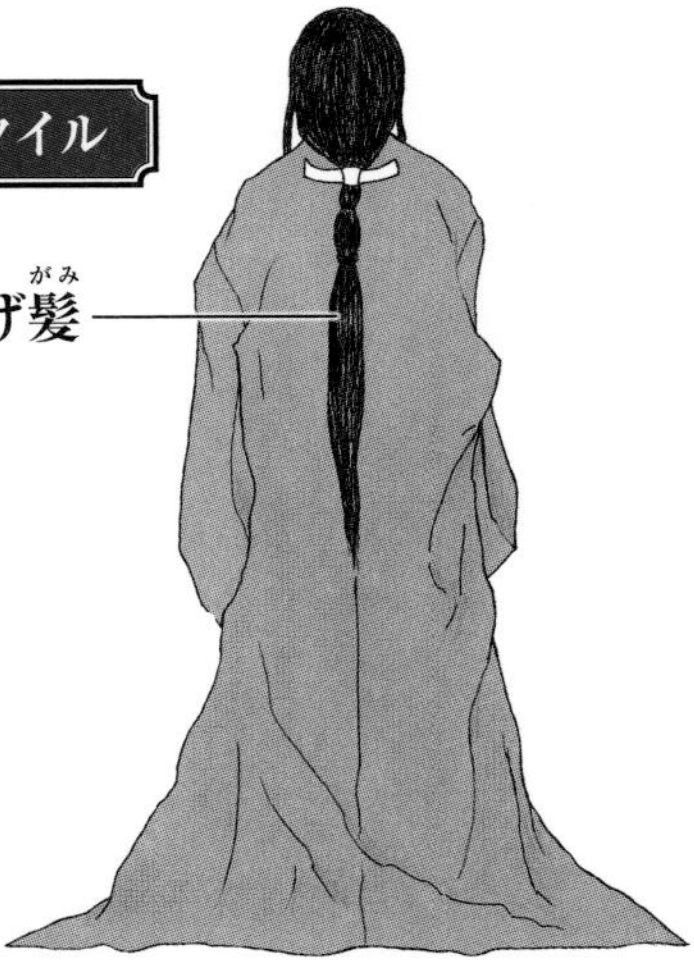

別名「はだかきぬ」とも言われる平安末期から登場した公家女性の日常着。武家風文化が公家にも影響したのだろうか。白の小袖に袿のみを重ねた簡易な姿。鎌倉時代末期にはこの姿が公服となっていく。

院政末期《いんせいまっき》・小袖重《こそでかさ》ねの細長姿《ほそながすがた》

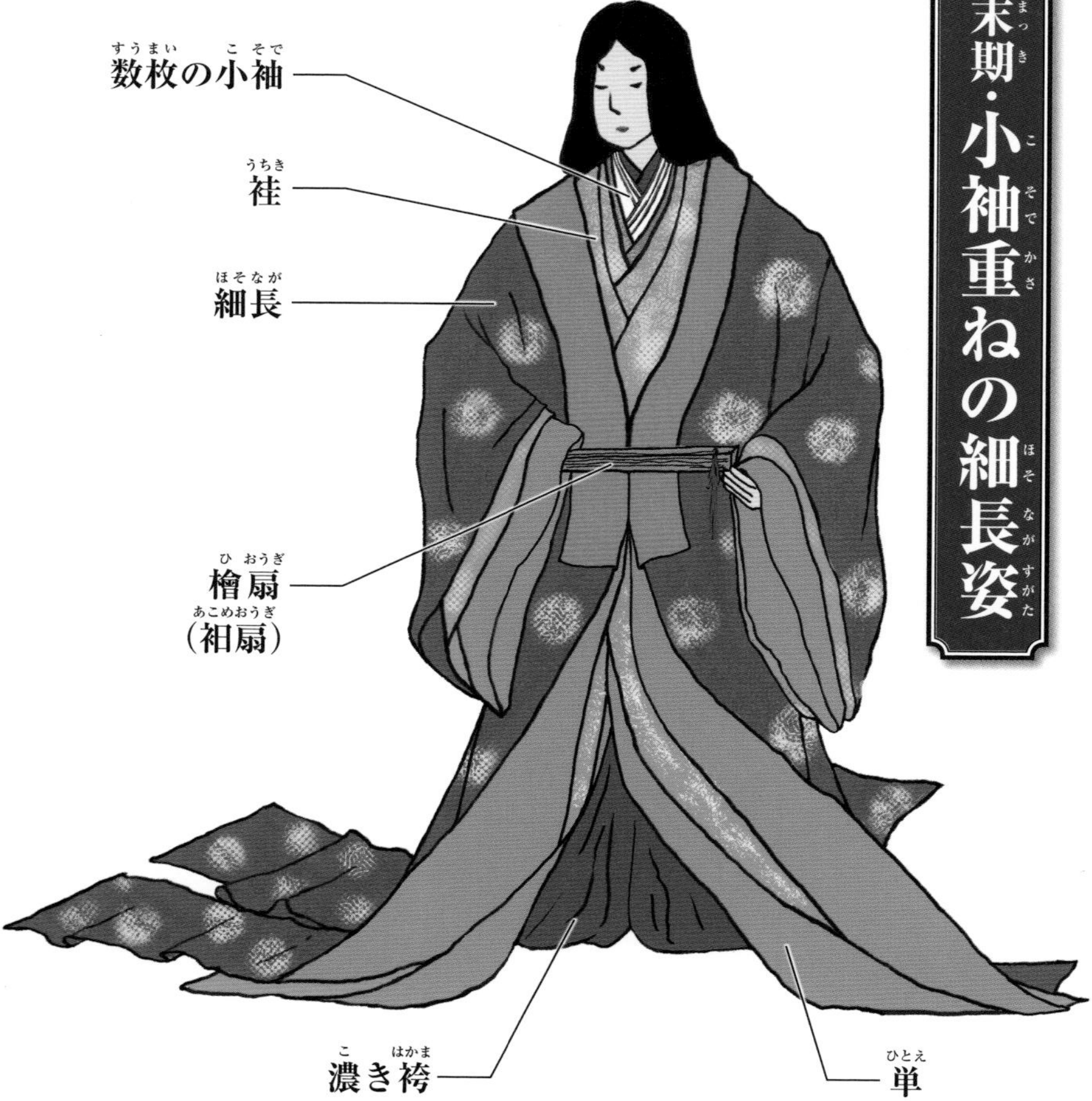

諸説ある細長だが、公家女子の晴れ着として着用されている。院政期になると下着として着用されていた「小袖」が、装束の一部として表舞台に出てきた例がこのスタイルである。

公家女子が幼時から若年まで用いた上着である。平安時代の形式は定かでないが、女子のものは唐衣の裾を長く伸ばしたような衣服で衽《おくみ》がない形。私邸での宴などの晴れ着として着用された。

サイドスタイル

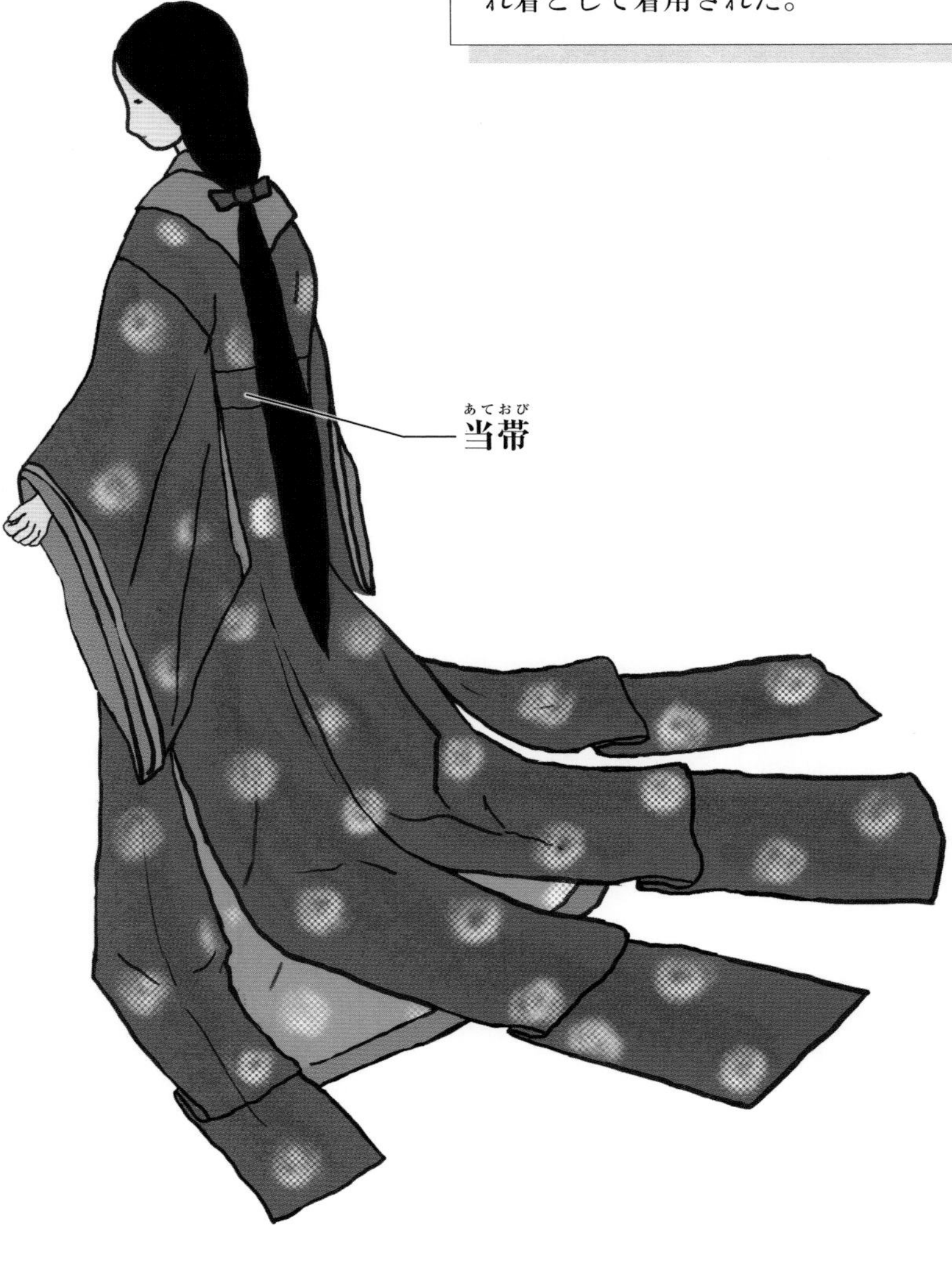

壺装束《つぼしょうぞく》

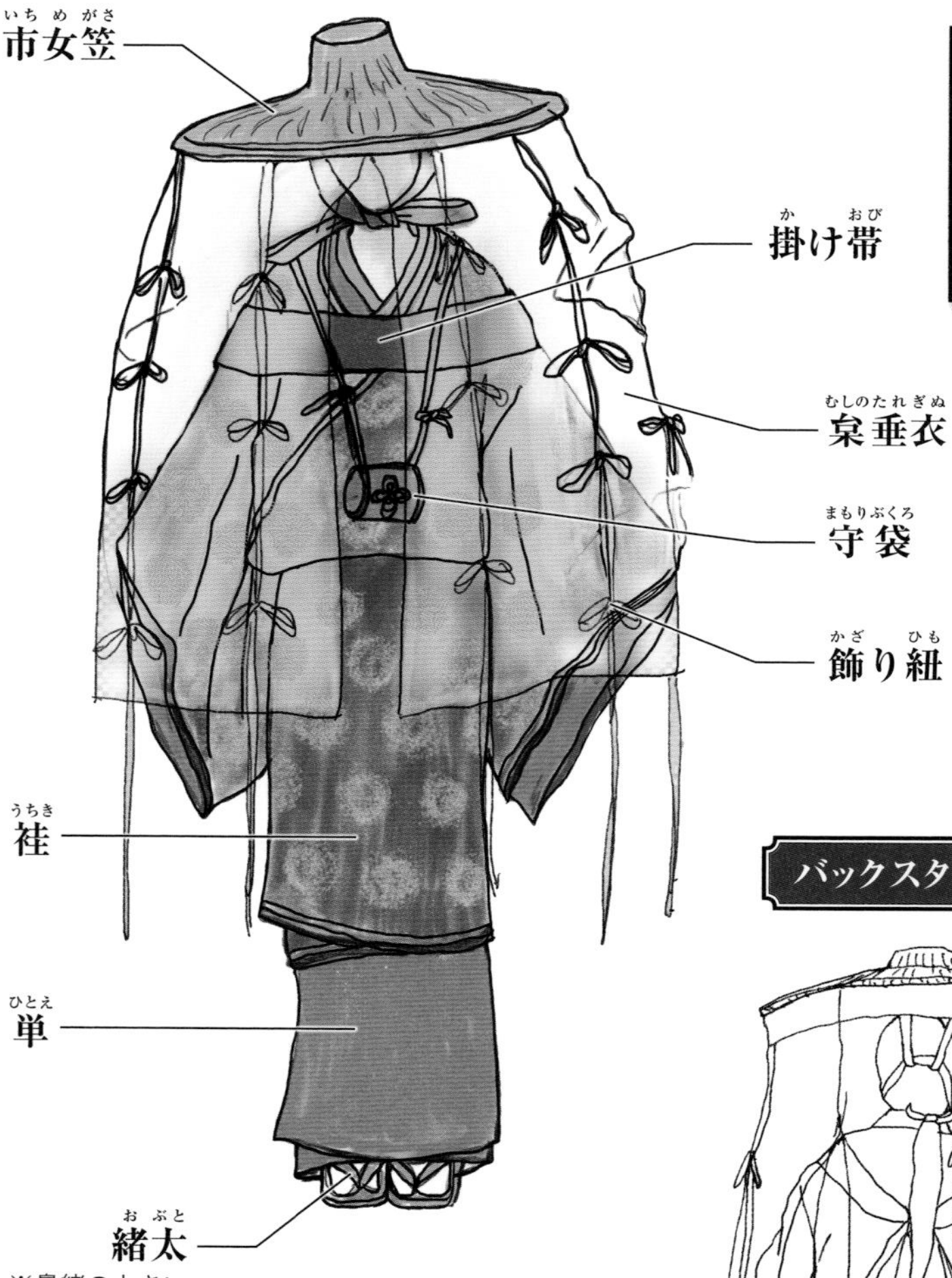

摂関時代後半からの末法思想の浸透により、公家女性も寺社に「物詣《ものもうで》」に出向くことがあった。袿をからげ、裾を窄《すぼ》めるため「壺装束」という。藺笠（市女笠）に虫除けにもなる「からむし（麻）」の布を垂らし、顔を隠した。

バックスタイル

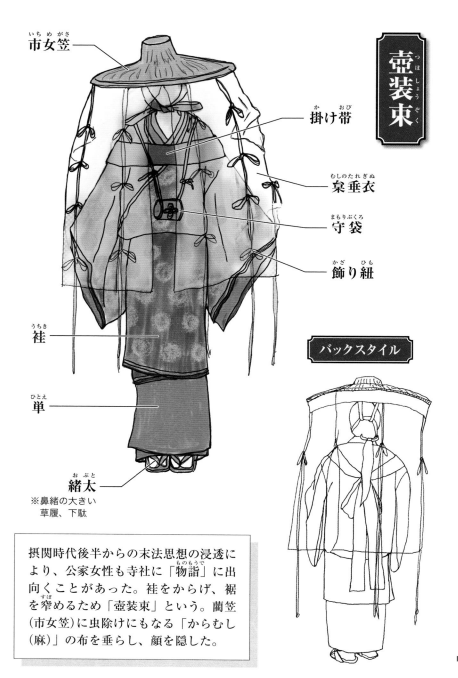

平安時代末期から始まった男装の舞妓で、祇王《ぎおう》・妓女《ぎじょ》の姉妹、静御前などが有名。当初は立烏帽子と太刀を佩《お》びて舞っていたが、荒々し過ぎるとの事から、それらを省略し、髪を結い上げ、白袴で舞うこともあった。

白拍子《しらびょうし》

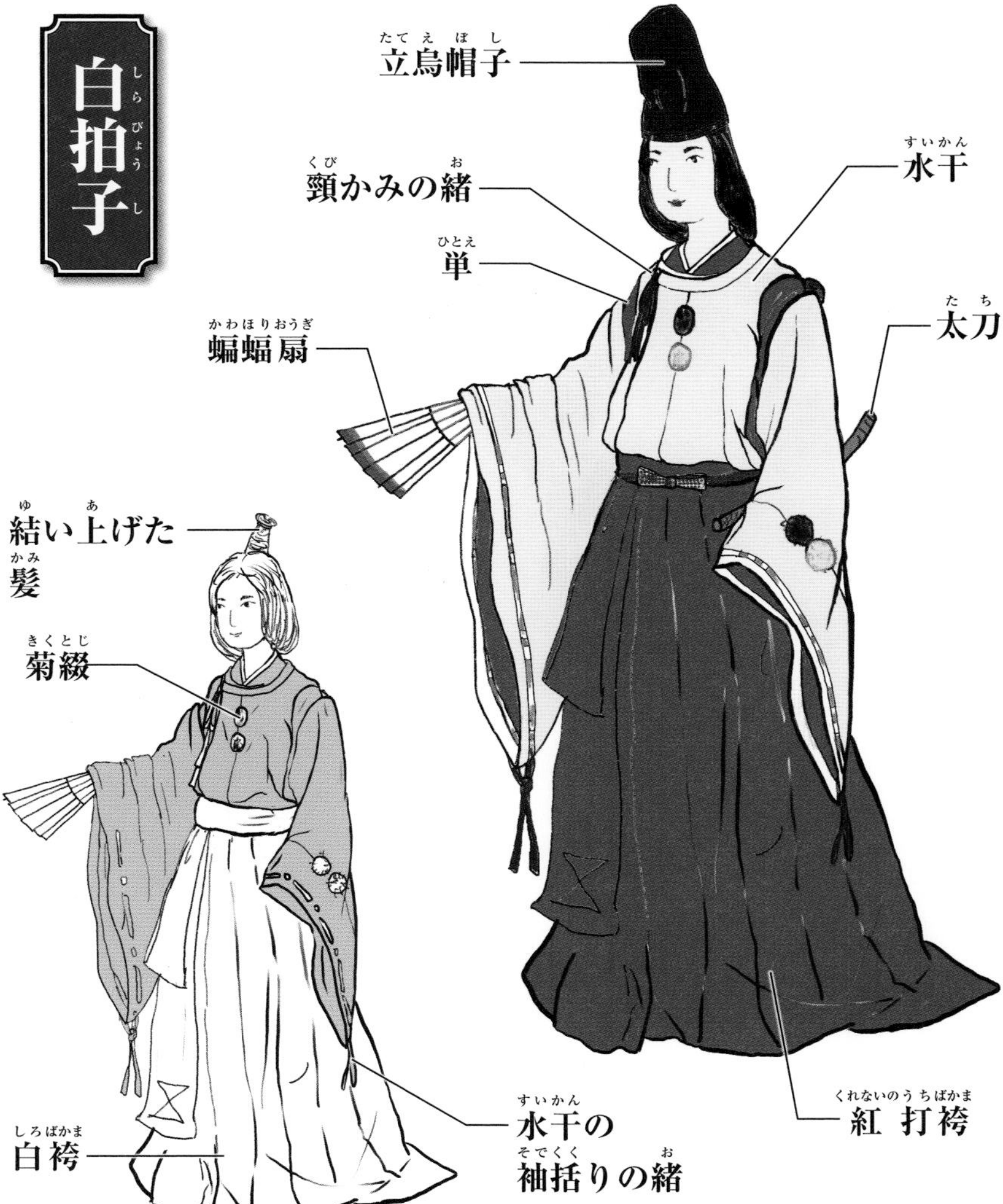

遊《あそ》び女《め》

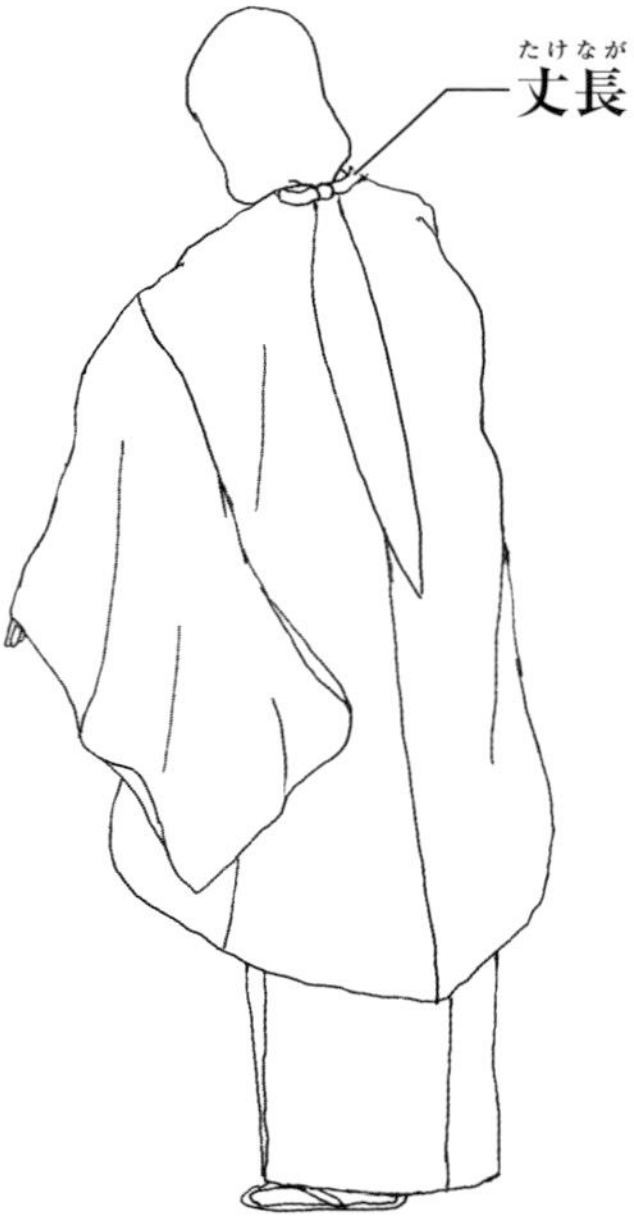

バックスタイル

「うかれめ」とも言われた奈良時代の遊行女婦《ゆうこうじょふ》が平安時代以降、「遊び女」と呼ばれたが、彼女らは教養もあり、和歌を嗜《たしな》み、勅撰《ちょくせん》和歌集に入っているものもあるほど。

武家の台頭により始まった強装束《こわしょうぞく》は、束帯以下、衣冠・直衣等にも及び、生地に糊《のり》を強くつけて張りをもたせたものである。1人では着用できなくなり、衣紋《えもん》方《かた》という着付専門の部署もできる。武家・公家両方で着られ、鎌倉時代にはさらに強化されていった。

強装束《こわしょうぞく》

平安時代末期の公家の束帯姿である。肩の直線的な輪郭線、袖の膨《ふく》らみ、蟻先の横に張った様子から相当強く糊を貼っていることが見て取れる。下襲《したがさね》の裾《きょ》には糊は貼っていなかったのだろう。外での移動時は裾を右図のようにからげている姿が絵巻等で描かれている。

※『春日権現験記絵』より著者作画

藤原道長の直衣《のうし》姿として描かれているが、道長の時代はまだ強装束ではなかったため、絵巻が描かれた当時（1220-1240年頃）の着装法がこのようなスタイルであったと推測される。

※『紫式部日記絵詞』より著者作画

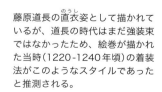

半尻《はんじり》

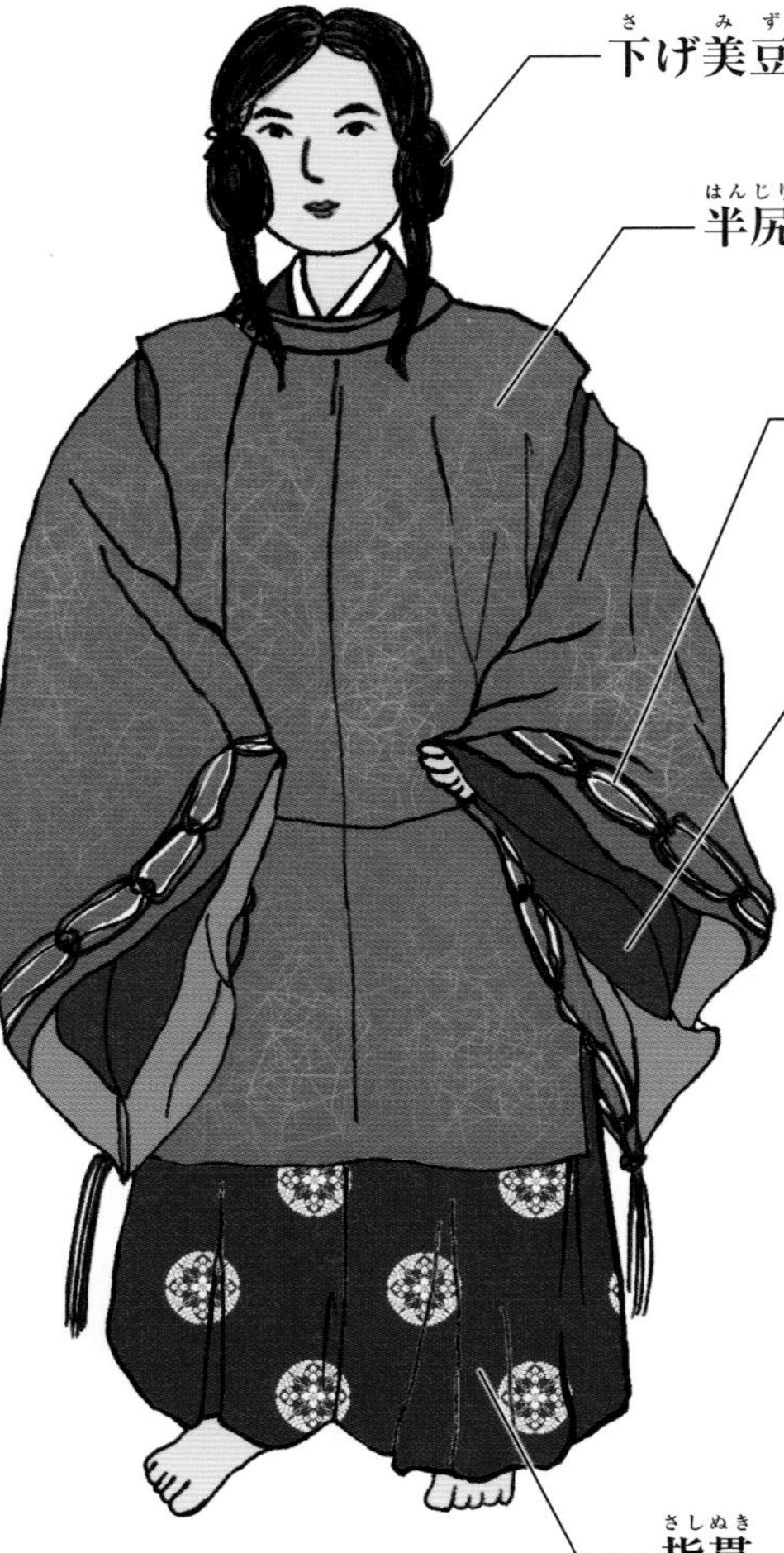

バックスタイル

半尻は、模様の糸の部分を浮かせた、華やかな浮織物《うきおりもの》の生地で仕立てられる。形が「狩衣」に似ているため、「小狩衣《こかりぎぬ》」ともいわれる。後身を狩衣よりも短くするため、半尻の名前がついたとされ、上流階級の公家童子が着用した。袖括りの緒は形式的な装飾となって、「毛抜き形」とした。

童子《どうじ》の水干《すいかん》

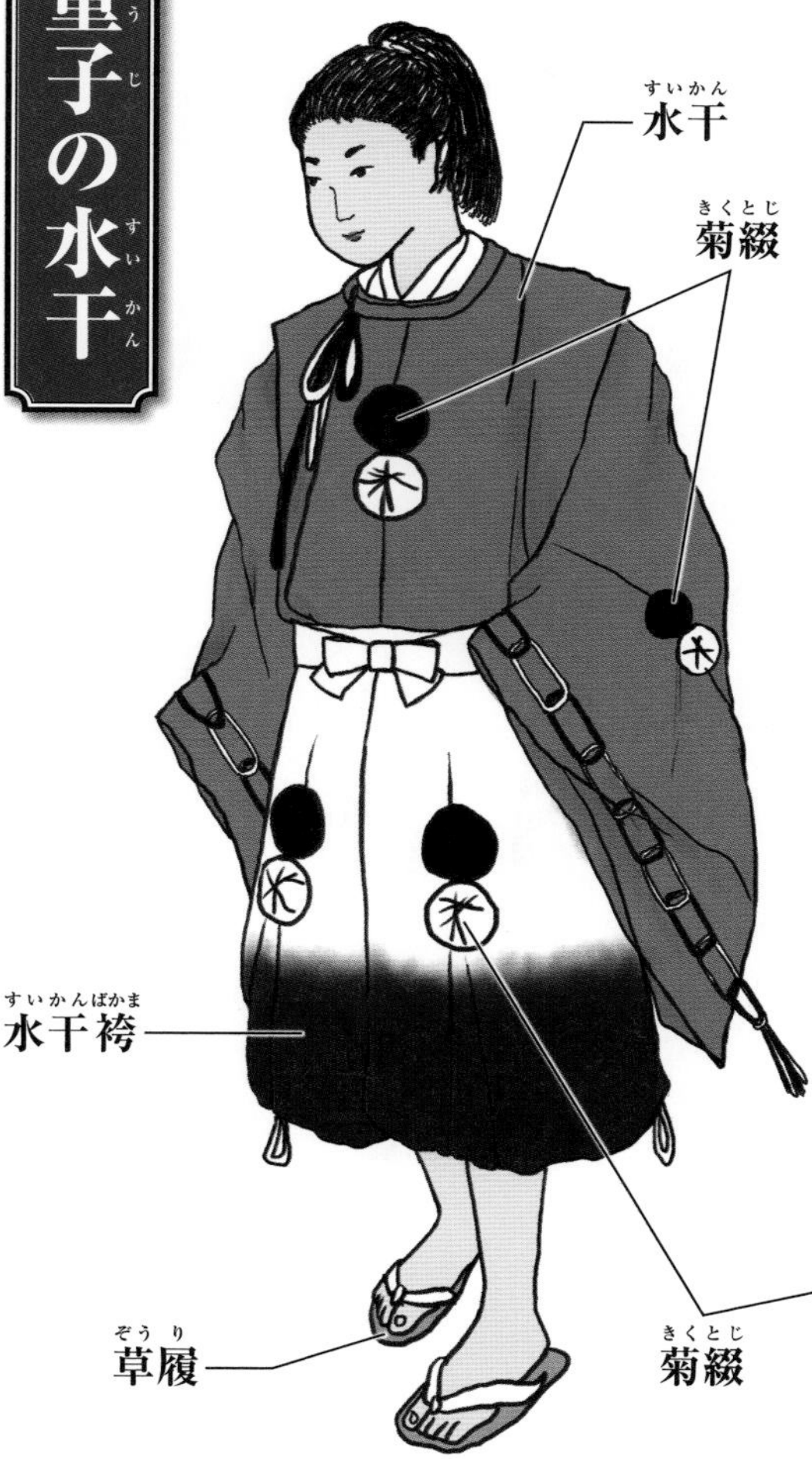

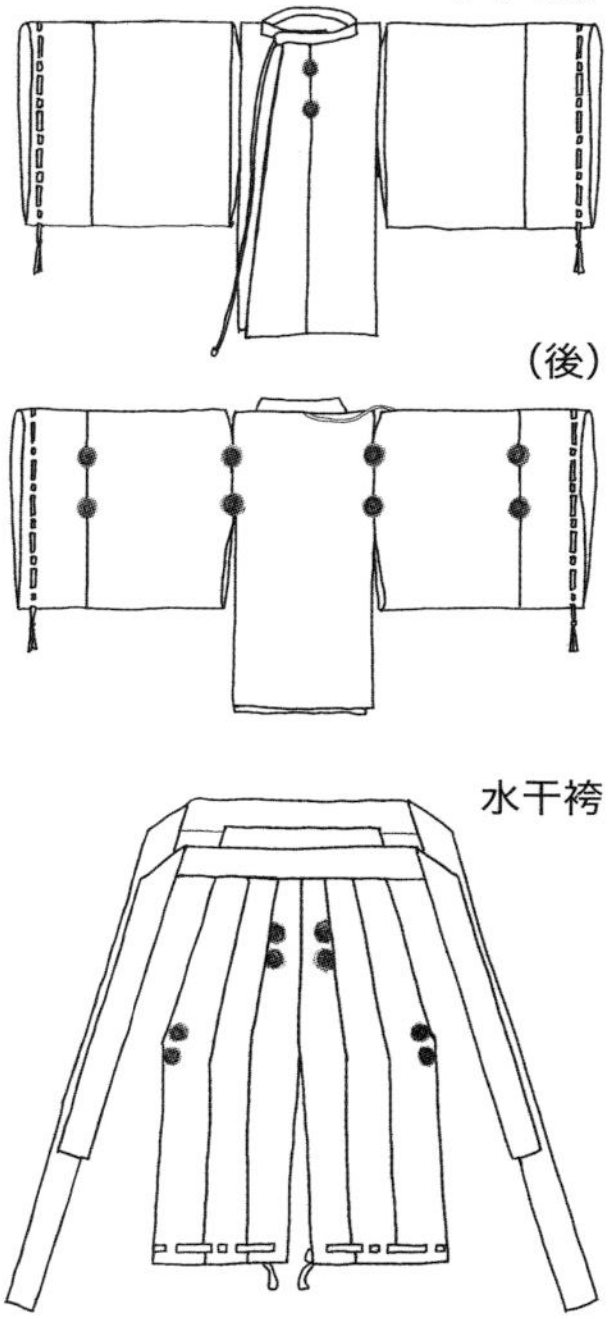

最もポピュラーな童装束であるが、牛車《ぎっしゃ》の「居飼《いかい》」は童扱いだったため、高齢でも水干を着用した。貴族の水干は、絹製、鎌倉中期には武家の礼服となった。

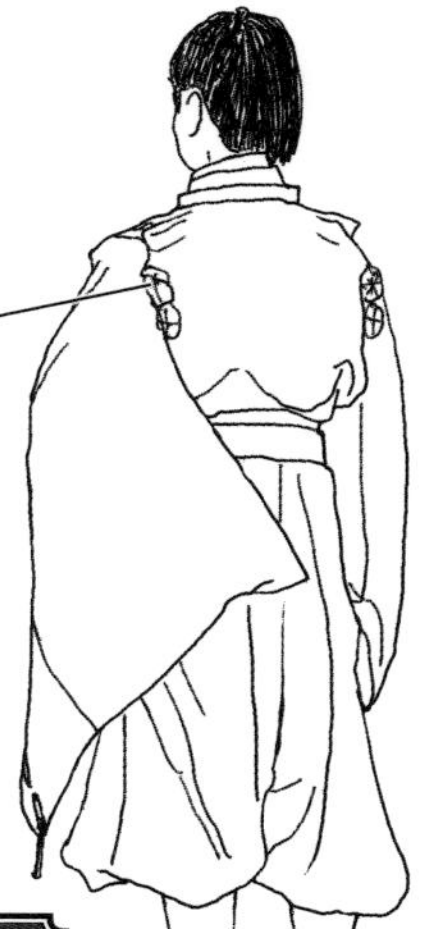

バックスタイル

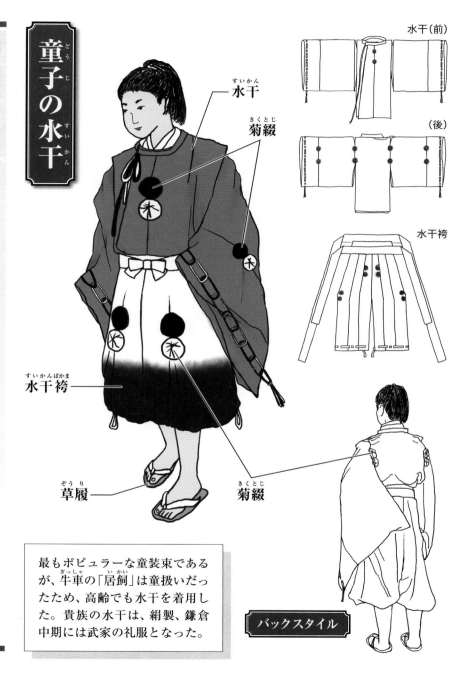

水干《すいかん》・垂領《たりくび》

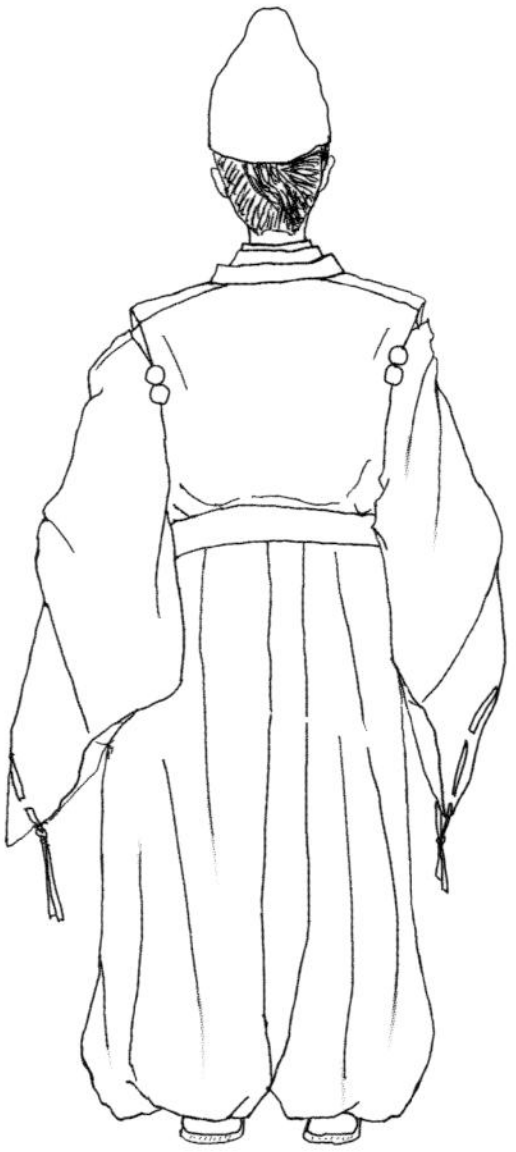

バックスタイル

一般庶民の装束が下級官人や武士も用いるようになり、鎌倉中期には狩衣と並び武家の礼服となる。平安後期より、襟を内側に折りこむスタイルが武家の間では多々見られ、北面の武士の間では水干の色彩や装飾が優美になっていった。

直垂《ひたたれ》

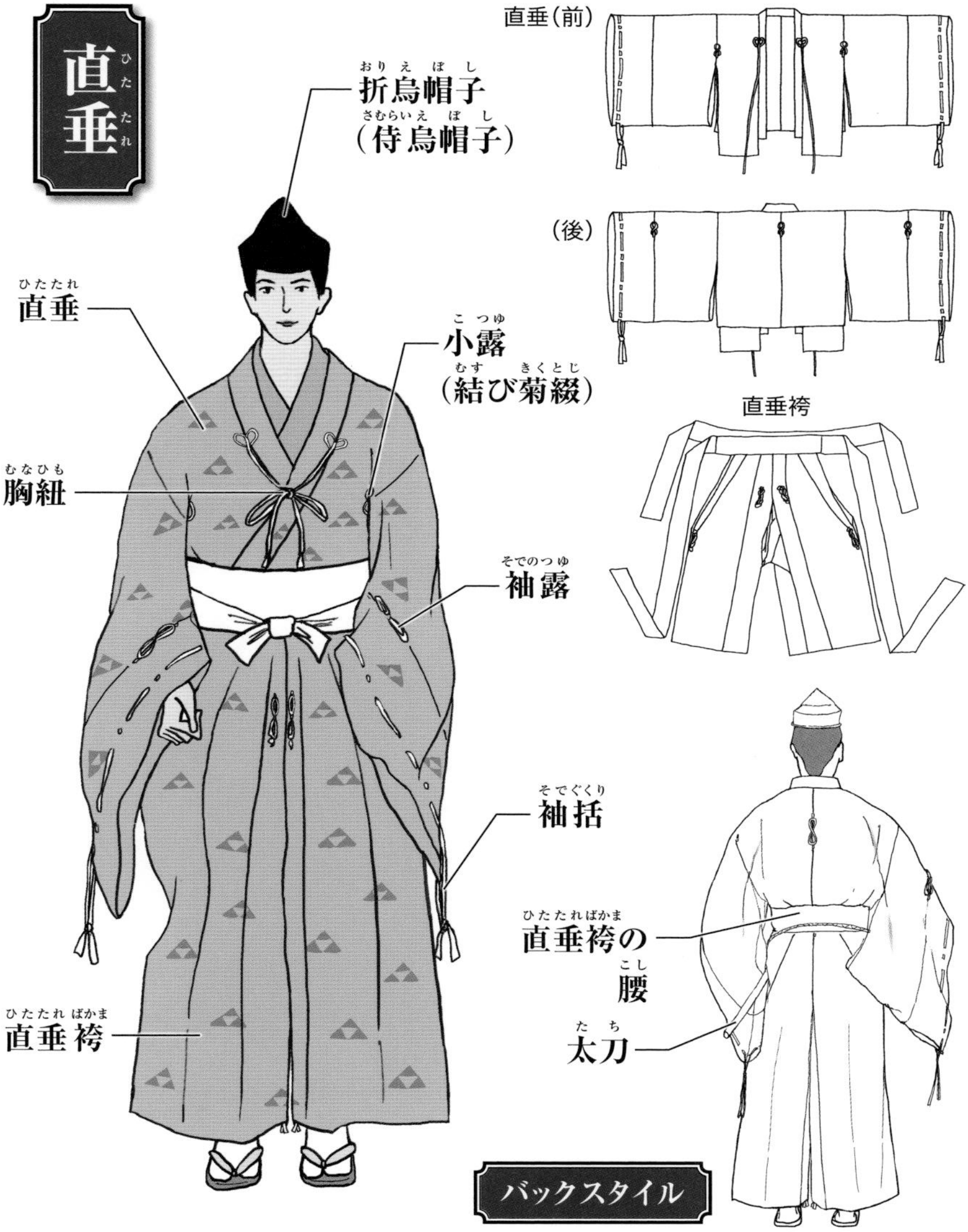

庶民服より転じた武士の常装で、公家の袍《ほう》と違い、垂領《たりくび》・上下共裂《ともぎれ》で袴の腰が白であることが特徴。袖露がつく場合は、高貴を示す。鎌倉時代・執権政治になると直垂を礼装用に用いることもあった。

袿袴《けいこ》

バックスタイル

出家した女性は肩までの長さに髪を揃えた

袿《うちき》と袴の組み合わせた袿袴《けいこ》の姿で、出家した上流階級の女性が袈裟を付け、公の場で着用した。出家後の平時子《たいらのときこ》のスタイル。近代の袿袴姿とは別物である。

労働着《ろうどうぎ》の水干《すいかん》

※『年中行事絵巻』より著者作画

※『伴大納言絵詞』より著者作画

労働着の水干の素材は麻や葛《くず》。庶民が労働着として着用した水干は、『伴大納言絵詞』に多く登場するが、上下で違う色や柄物の水干や水干袴も描かれている。

庶《しょ》民《みん》男《だん》性《せい》

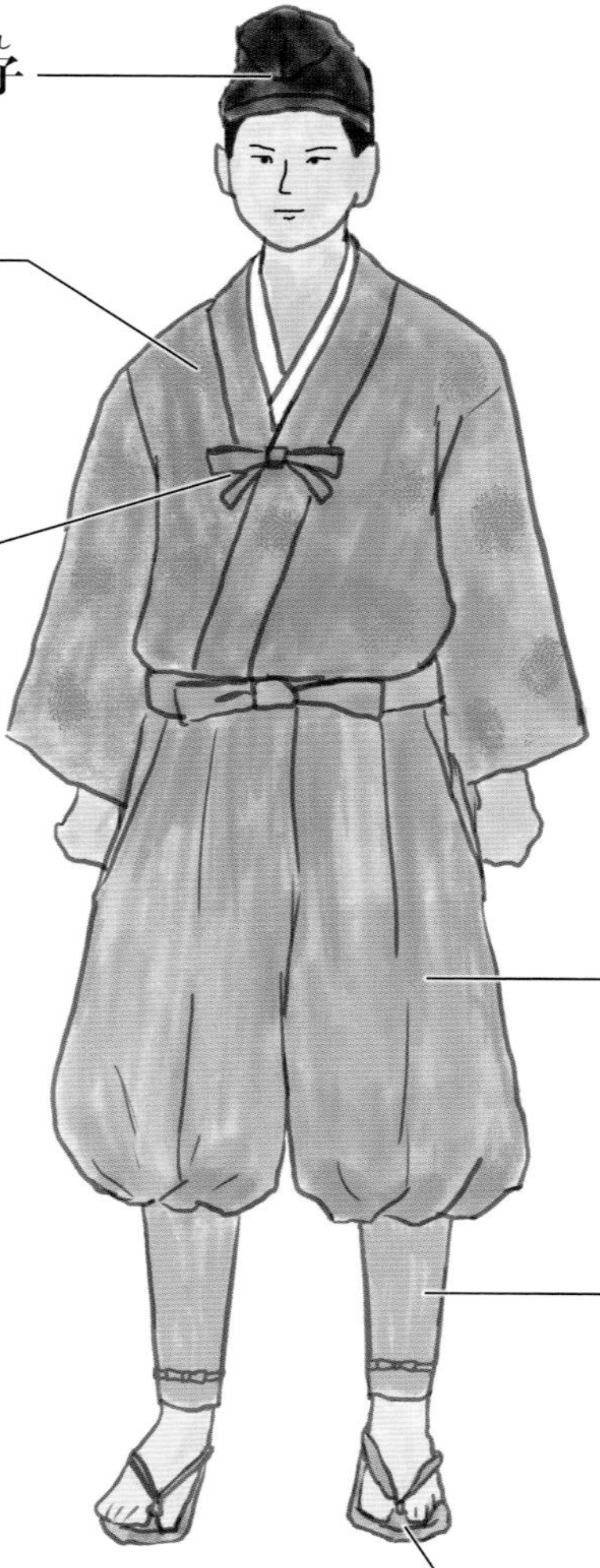

バックスタイル

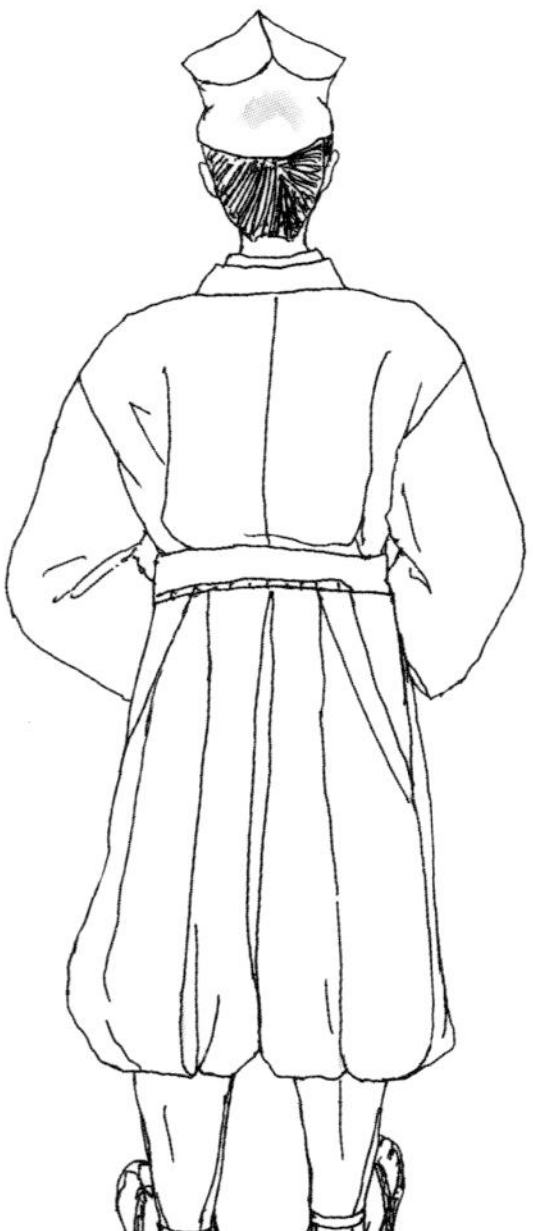

筒袖に衽なしの垂直の前合わせに胸紐をつけた括袴《くくりばかま》姿。

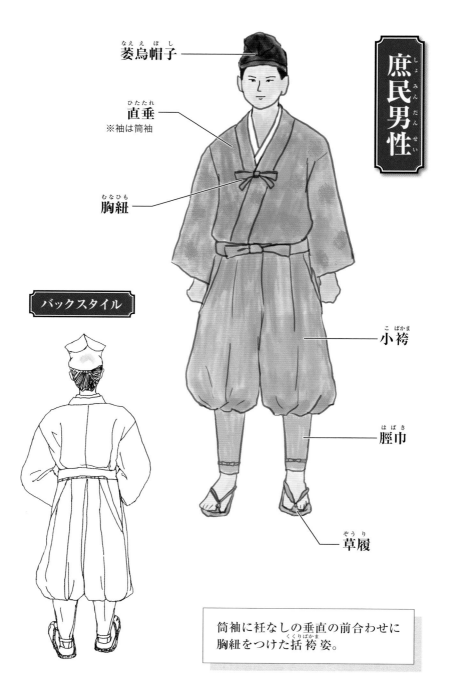

庶民女性《しょみんじょせい》

バックスタイル

舟底袖《ふなぞこそで》に細帯を纏《まと》う。または褶《ひらみ》だつもの(腰布《こしぬの》)を腰に巻く。平安時代の庶民は、基本は裸足だった。

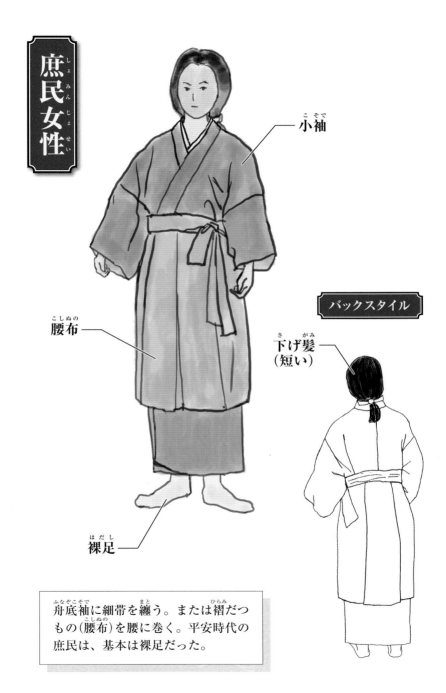

庶民《しょみん》の手《て》無《な》し（袖《そで》無《な》し）

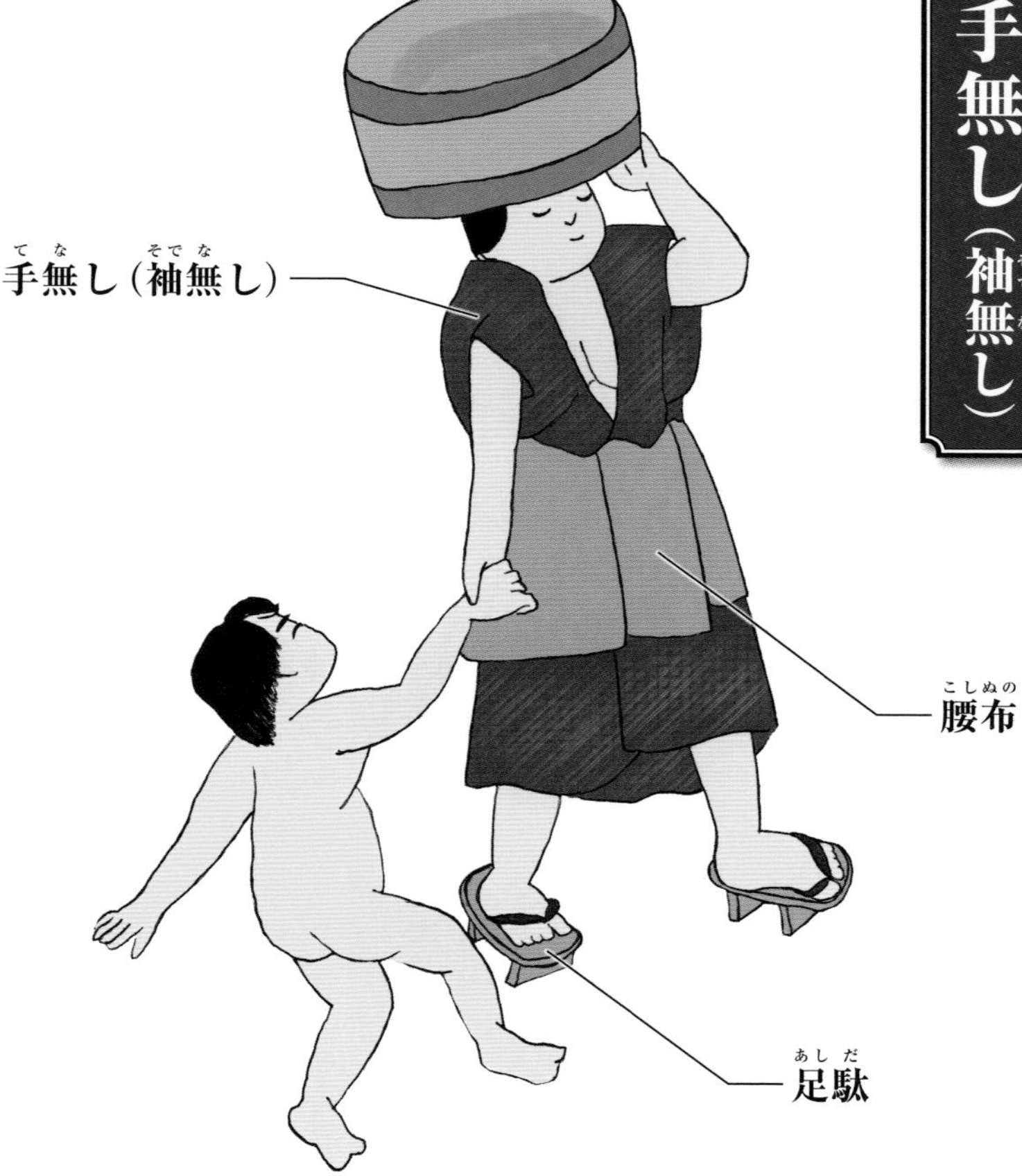

※『扇面古写経下絵』より著者作画

庶民の女性に多いスタイルで、袖の無い身丈の短い着物を細紐で締め、腰布を巻く。色は生成りか藍地の無地が多く、柄物は男性ほど多くない。水仕事をする時は足駄や下駄を履いている。

裹頭《かとう》姿《すがた》の僧《そう》兵《へい》

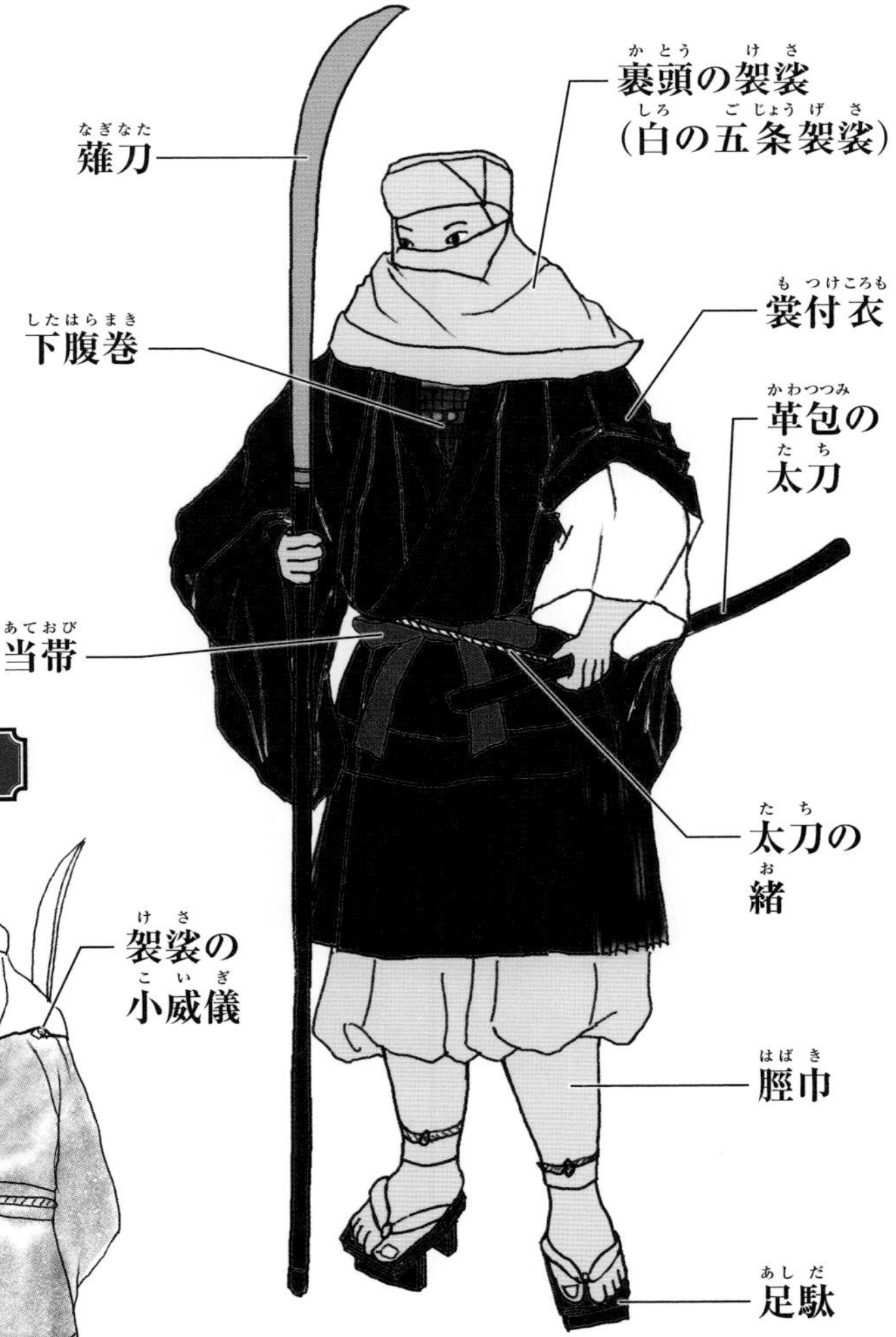

バックスタイル

仏教の国教化で寺院自体が武装した僧団を持つようになる。このイラストは山法師と呼ばれた僧兵の姿で、五条大橋の牛若丸との伝説で有名な弁慶のスタイルでもある。

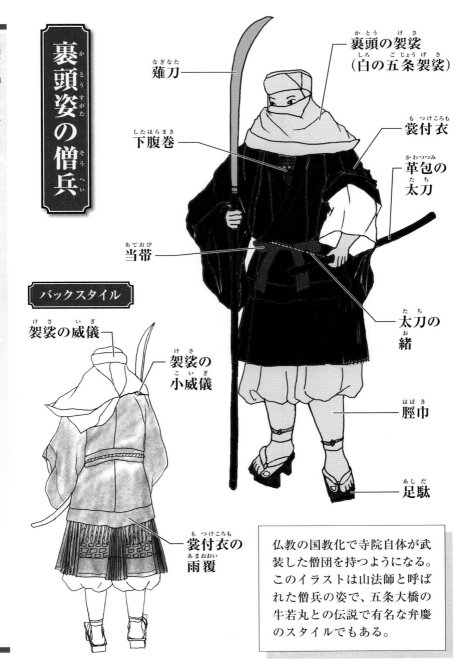

裲襠《りょうとう》式《しき》挂甲《けいこう》

バックスタイル

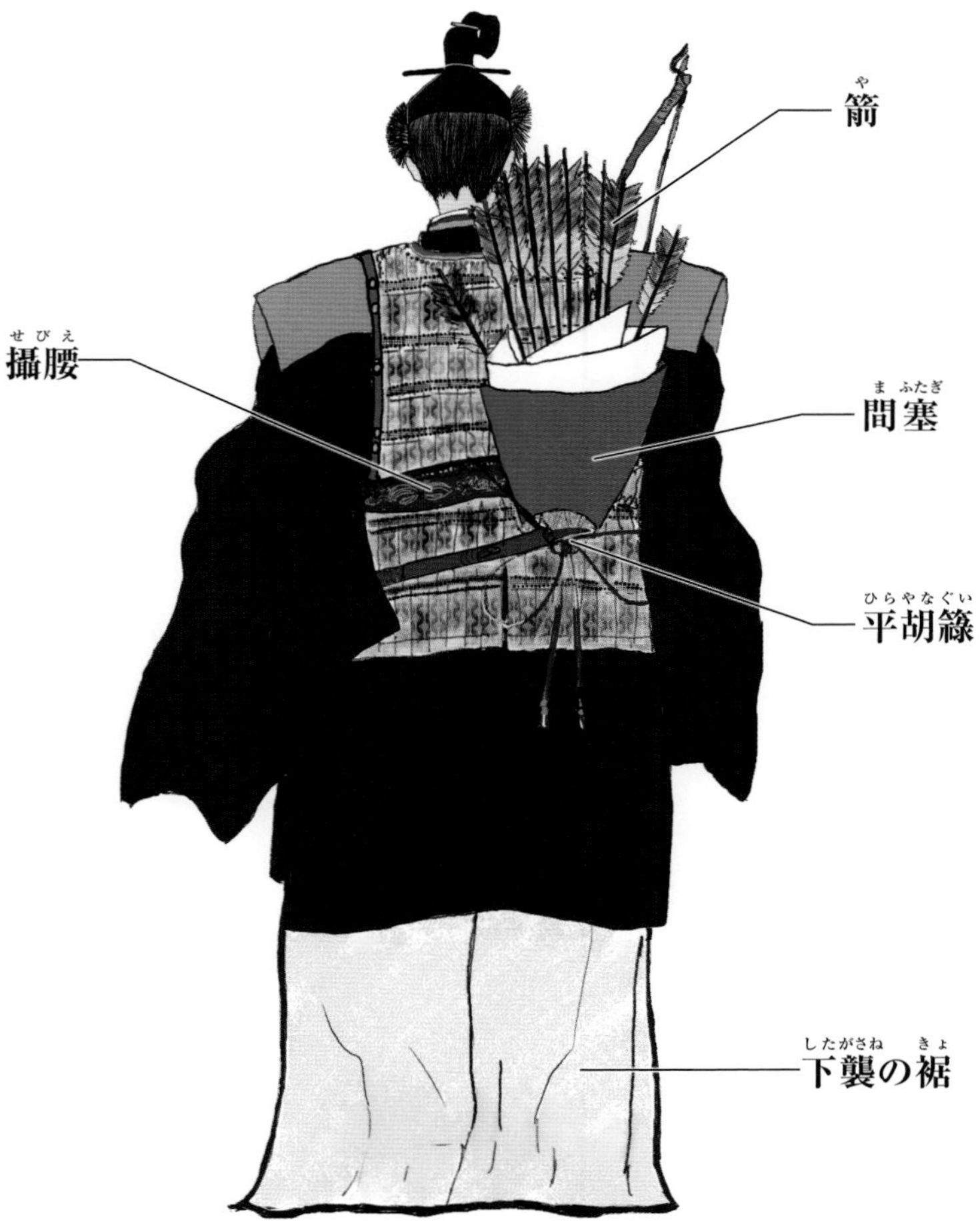

挂甲は奈良時代には高級武人用として用いられていたもので、平安時代末期頃には胴丸式へと繋がる。裲襠式挂甲は、伝統を重んじる朝廷の武官の武装に用いられた武装スタイルだが、形式化し、近代の天皇即位の御大典で近衛の次将が武官の闕腋《けっけきの》袍《ほう》の上に裲襠《りょうとう》を着用し、形式は現代にも受け継がれている。

大《おお》鎧《よろい》をつけた有力《ゆうりょく》武将《ぶしょう》

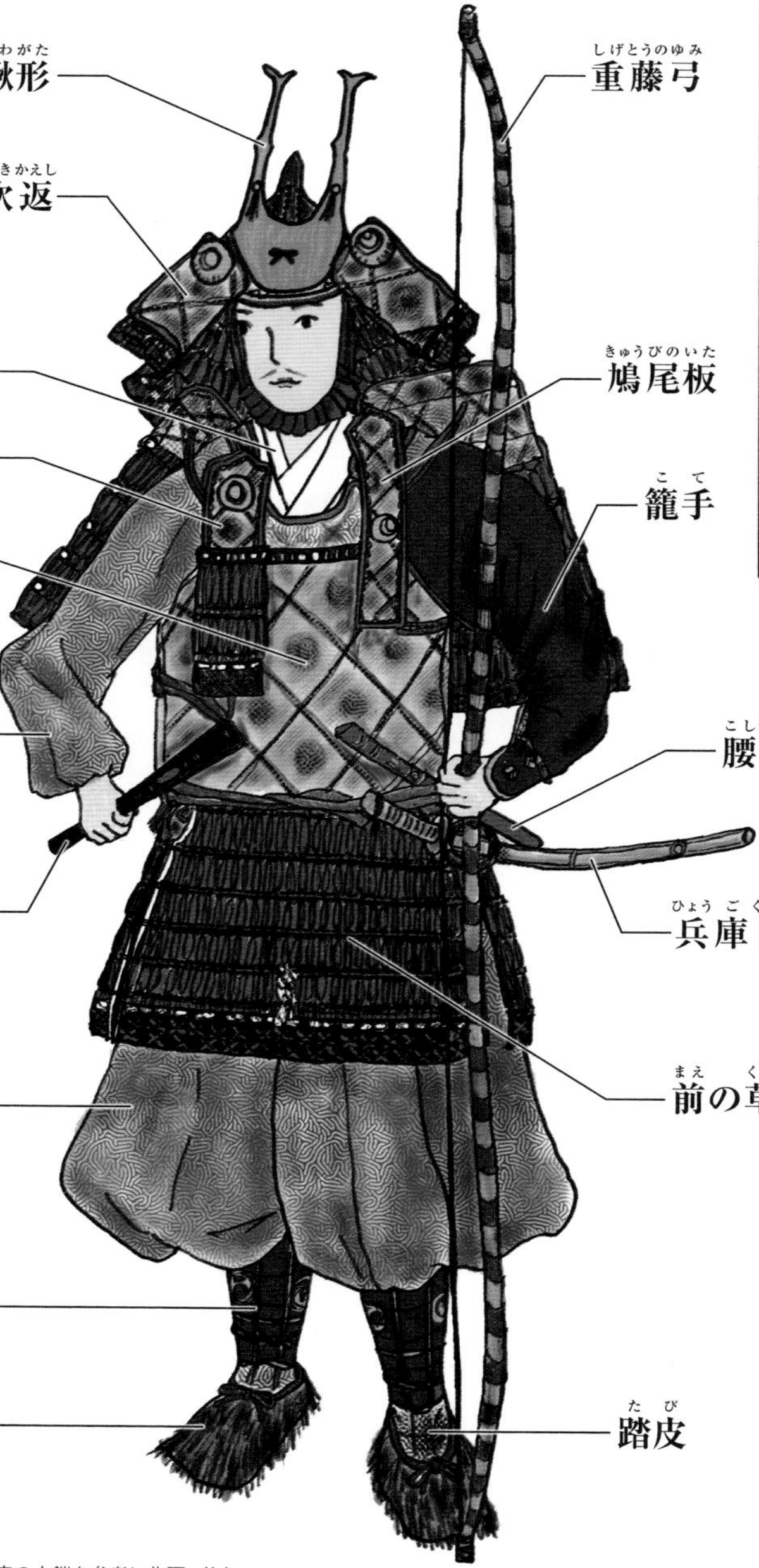

※武将・畠山重忠の伝来の大鎧を参考に作画・着色

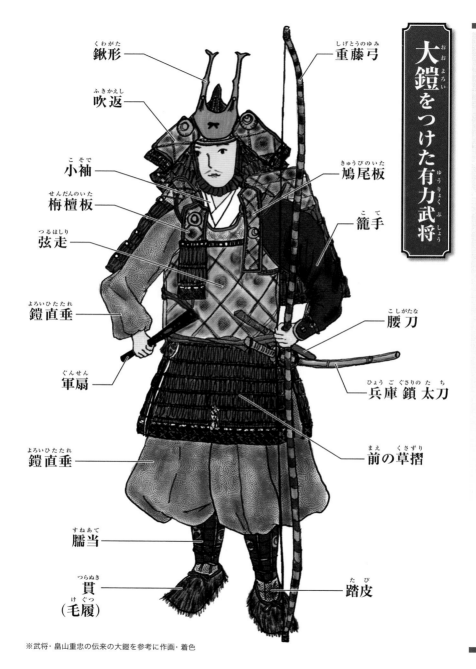

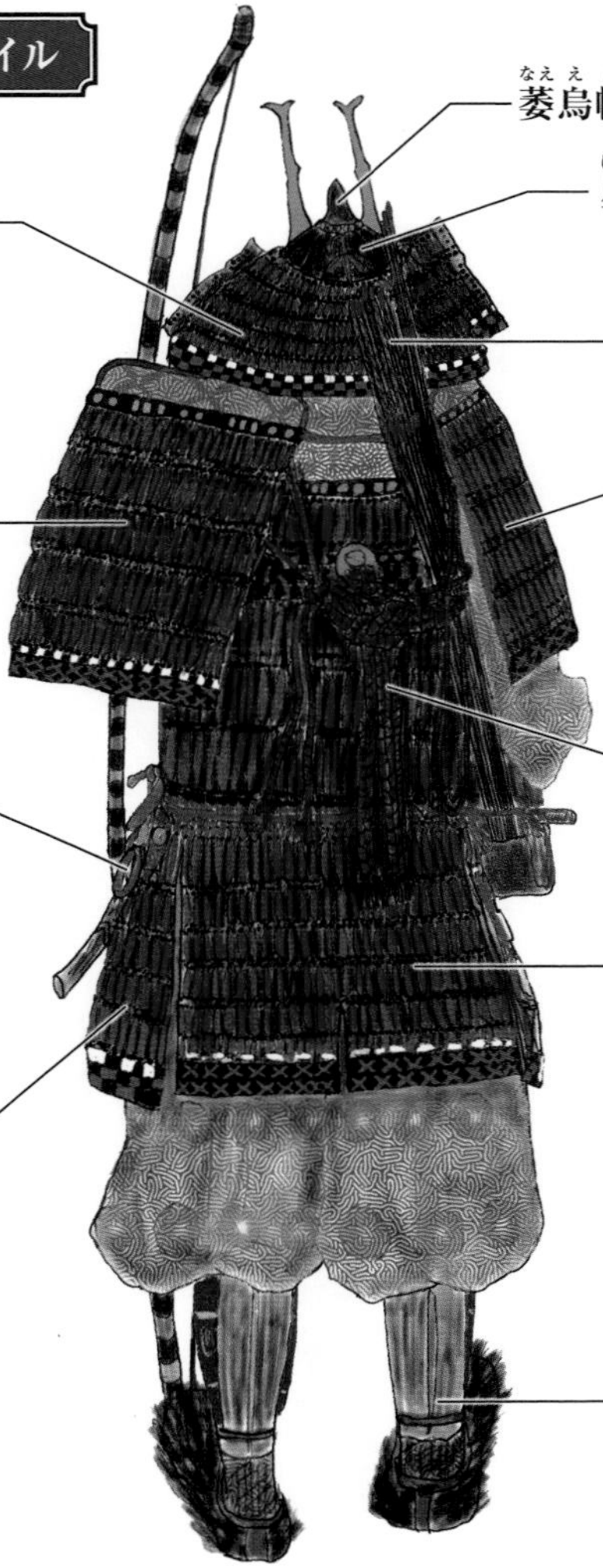

武家が台頭してきた平安時代末期、それまでの武具に改良を重ねた大鎧や胴丸が成立し、日本の甲冑《かっちゅう》の歴史の大転換期となった。上図の大袖で赤色の部分を威《おどし》という。これは「赤絲威《あかいとおどし》」だが何色も使用した非常に美しいものもある。「威」は絹糸・鹿の皮の緒・唐綾《からあや》製など。

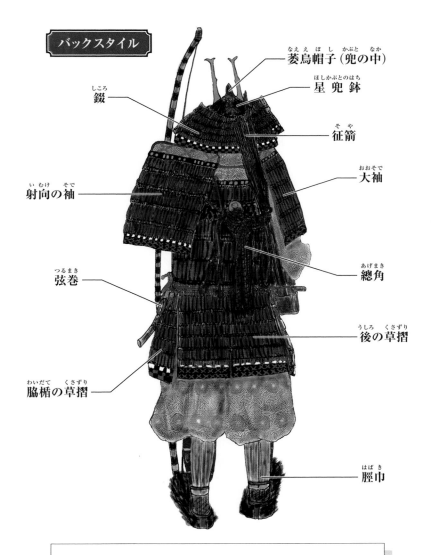

【50音順】難読ファッション用語の読み方と意味①【あ】

【あ】

襖袴（あおばかま）……狩襖《かりあお》を着るときの括袴《くくりばかま》。指貫《さしぬき》に似ており狩袴《かりばかま》ともいう。

盤領（あげくび）……袍《ほう》や狩衣《かりぎぬ》などのえりを立てること。

足駄（あしだ）……歯のついた木の台に鼻緒をすげた履物。下駄は足駄の歯を低くしたもので、江戸中期から庶民に広まった。

衵（あこめ）……衣服の間に込めて着る衣の意味で、表衣と肌着の間に着る衣の総称。

衵扇（あこめおうぎ）……宮廷の女房が礼装のときに用いた檜扇《ひおうぎ》の一種。女性が用いるもの。

当帯（あておび）……狩衣系統の装束に用いる帯。腰にあてて前に回し、前身は繰り下げて結ぶ。

綾藺笠（あやいがさ）……藺草《いぐさ》を編み、裏に絹を張って作った笠。中央の突出部に髻《もとどり》を入れた。

［綾藺笠］

蟻先（ありさき）……縫腋《ほうえき》の袍の裾につける横ぎれの襴《らん》の両端の部分をいう。

袷（あわせ）……裏地が付いた着物のこと。

出衣（いだしぎぬ）……衣冠、直衣を着用する時、下に着る衵（衣）を袍や直衣の裾から外へ出すこと。衵が出衣になる。

五衣（いつつぎぬ）……袿を数枚重ねるのを重袿《かさねうちき》というが、5枚に制限されたものを五衣といった。

表袴（うえのはかま）……男子が束帯のとき、大口袴の上にはく袴。少女が汗衫《かざみ》装束のときに用いる袴もこう呼ぶ。

袿（うちき）……主に女性が私邸で羽織る上着。

打衣（うちぎぬ）……砧《きぬた》で打って光沢を出した衣のこと。表着《うわぎ》の下襲《したがさね》として用いた。

打袴（うちばかま）……女房装束で履く袴。砧《きぬた》で打って光沢を出している。

表着（うわぎ）……上に着る衣のこと。貴族女性が正装の時に唐衣《からぎぬ》の次に着る。

緌（えい）……冠の後ろに尾のようにつける装飾の布。あるいは、冠が脱げないようにあごの下で結ぶひもをいう。

緌（おいかけ）……武官の正装の冠につけて顔の左右を覆う飾り。

衽（おくみ）……和服の前幅を広く作るため、前《まえ》身頃《みごろ》に縫いつける細長い布。

緒太（おぶと）……草履や下駄などで、鼻緒の太いものをいう。

小忌衣（おみごろも）……神事などに使用される上衣のこと。

第1章

唐風・国風・武家風

——平安時代のファッショントレンド

唐風

——中国文化を忠実に受け入れる

◆奈良からの脱出と謎多き2回の遷都

平安時代は延暦13（794）年、現在の京都（山城国《やましろのくに》）に遷都《せんと》したことにより始まる。時の桓武天皇（柏原《かしわばら》天皇とも称す）はその10年前の延暦3（784）年に同じく山城国の長岡京に遷都している。

奈良からの遷都の理由はいくつかあった。仏教勢力から距離をとること、父・光仁《こうにん》天皇の代からの天智天皇流への皇統変化にともなう人心の一新。また、桓武天皇の母方の百済《くだら》系渡来人氏族の和《やまと》氏《うじ》との関係が深い土地であった長岡京の水陸の交通が至便であったことなどが挙げられる。

長岡京には、平城京や平安京同様の都城もあったようだが、現在は京都府向日《むこう》市に長岡京跡が残るのみである。

では、桓武天皇はわずか10年でなぜ平安京に再遷都したのか？　和気清麻呂《わけのきよまろ》の建議によるものとされているが、天災（相次ぐ河川の氾濫《はんらん》）や造長岡宮使《ぞうながおかぐうし》・藤原種継《ふじわらのたねつぐ》暗殺事件に関わる怨霊《おんりょう》への恐怖が原因だとする説が有力視されている。10年間に2度もの遷都のために、国家財政が困窮したことはいうまでもない。また、官人達にとっても大きな負担であったに違いない。

延暦24（805）年には藤原緒嗣《ふじわらのおつぐ》の進言もあり、桓武天皇は遷都前から行なっていた38年にわたる蝦夷征討《えみしせいとう》と平安京造営を停止したため、都城の外郭をなす羅城《らじょう》は未完成のままとなった。桓武天皇はその後まもなく崩御《ほうぎょ》するが、天皇がこれらの大規模な造営を可能にできたのは、出自から天皇になる可能性が低く、青年期に官僚としての教育を受けていたことや、経験豊富な壮年期(45歳)での即位が背景にあると考えられる。

◆ファッションは奈良時代を引き継ぐ

時代も場所も変わったが、天皇が同じだったこともあり、服装は男女ともに平安時代前期は奈良時代とほぼ同様の唐風《とうふう》文化の色濃いスタイルであった。その後も弘仁《こうにん》文化の代表的な人物でもある嵯峨《さが》天皇(桓武天皇の第二皇嗣《こうし》)に、舶来の文物への志向が強かったことも影響しているのだろう。

嵯峨天皇の弘仁年間(８１０－２４年)は唐風文化の全盛期で、建物の名前・朝廷での儀礼・日常の衣服に至るまで唐風化されていったようだ。奈良時代からすでに礼服《らいふく》・朝服《ちょうふく》などの儀式服や制服は唐制寄りだったが、ついに弘仁９(８１８)年には「天下の儀式、男女の衣服皆唐法に依《よ》れ」と日常の勤務服も全て唐風にするようにとの令が発せられた。弘仁11(８２０)年には、天皇・皇后・皇太子の大礼服・中礼服なども唐制を参考にして定められた。聖武天皇のときから即位や元旦(朝賀)の儀に着用されていた**袞冕十二章**《こんべんじゅうにしょう》が、明文化された。天皇の中礼服は、黄櫨染衣《こうろぜんい》が定められ、現在はこの**黄櫨染御袍**《こうろぜんのごほう》が即位の礼で着用されている。

また、即位後に行なわれる御一代一度の大嘗祭《だいじょうさい》と悠紀《ゆき》・主基《すき》両殿の儀、および年中恒例の祭祀《さいし》中にて最も重い儀式である新嘗祭《にいなめさい》の時のみ用いられる**御斎服**《ごさいふく》があり、今上《きんじょう》天皇の即位の際の「悠紀殿供饌《きょうせん》の儀」でも着られている。皇后の中礼服には、大小の諸会で着る鈿釵礼衣《でんさらいい》が定められた。

※第１章では、巻頭イラストがあるファッションの名称を太字にした。

唐制に近いものであったとされるが、詳細は不明である。後世の皇族の格式あるファッションは、このころに生まれている。

弘仁14（823）年に嵯峨天皇が譲位し、天皇となった淳和《じゅんな》天皇は即位後すぐに国家財政の立て直しのため、衣生活《いせいかつ》におよぶ財政引き締め策を実施した。四位《しい》・五位《ごい》の礼服の着用も停止し、それ以降復活していない。また、元旦の朝賀《ちょうが》も縮小され、正暦《しょうりゃく》4（993）年には廃止された。大礼服の袞冕十二章は江戸末期までは即位の儀のみで着用する装束となり、江戸末期の孝明天皇の即位の礼での着用が最後となった。その際の衣裳は現存している。

男性が朝廷に出仕するときに着用する朝服であるが、腋《わき》を縫《ぬ》い、襴《らん》のついた縫腋袍《ほうえきのほう》に表袴《うえのはかま》と頭《と》布《きん》（漆紗《しっしゃ》の冠《かん》）を着用する**文官朝服**、脇を縫わないタイプの闕腋袍《けってきのほう》に頭布を着用する武官朝服も、10世紀後半に束帯《そくたい》が登場するまで継承されたと考えられる。また、10世紀半ば頃までは、頭布と冠の名称は併用されている。

◆「薬子の変」で女性たちは家の奥へ

女性の**女官朝服**も同様で、背子《はいし》（唐衣《からぎぬ》）・衣《きぬ》・裙《も》（裳）・紕帯《そえおび》・領巾《ひれ》で構成されていた。ただし、弘《こう》仁《にん》元（810）年に嵯峨天皇が蔵人所《くろうどどころ》を設置したことにより、従来、女官が担っていた奏請《そうせい》や伝宣《でんせん》などの役職が男性の蔵人に移行する。10世紀になると、貴族などの上流階級の女性達が表に出ることが減少し、大半を家で過ごすことになっていった。これは、同じ弘仁元年、「薬子《くすこ》の変（平城太上《へいぜいだいじょう》天皇の変）」を招いた平城上皇の寵愛を受けた女官・藤原薬子の存在によるところが大きいだろう。

藤原薬子は藤原式家《しきけ》、造長岡宮使・藤原種継《たねつぐ》の娘である。平城上皇はわずか3年で弟の嵯峨天皇に譲位後、平城京へ移り、薬子を寵愛する余り、その兄・仲成《なかなり》も重用して嵯峨天皇の政治に干渉をするようになる。嵯峨天皇は藤原冬嗣《ふゆつぐ》（北家）を蔵人頭《くろうどのとう》に任じて抵抗し、平安京と平城京との二所《にしょ》朝廷と呼ばれる政治的混乱を生み出す。平城天皇が平城京遷都を命じたことで、嵯峨天皇は仲成を射殺し、さらには蝦夷《えみし》征伐の征夷大将軍・坂上田村麻呂《さかのうえのたむらまろ》を平城京に派遣する。ついに平城上皇は観念して出家し、薬子が自害したことで事変は収束するが、この事変により式家を排除した北家（藤原冬嗣）が藤原家の実権を握ることとなる。

この事件が女官を要職から遠ざけ、「女性は家の奥にいてみだりに外へ出ず、外出時は顔を隠す」という風習が作られたきっかけになったといっても過言ではないだろう。

この頃、奈良時代の礼服の形を残しつつも、公家女房の厳儀《げんぎ》の際の衣装として袿《うちき》を重ねる「**公家女房の物の具装束**」が登場する。後の女房装束（十二単《じゅうにひとえ》）と唐風スタイルをミックスしたような形に見える。しかし、財政立て直しを継続した仁明《にんみょう》天皇は承和《じょうわ》７（８４０）年に倹約令を発令し、「女の着る裳《も》は1枚とし、重ねてはいけない」（『続日本後記《しょくにほんこうき》』）とした。表舞台から家の奥に入った女性たちが服装に楽しみを見出し、裳を重ねていたのだろうか。

◆唐文化のトレンドを追いかけた時代

薬子の変（平城太上天皇の変）で藤原北家《ほっけ》が藤原一族内の権力を握ることになり、対抗勢力の有力氏族を排除していく。まず、承和《じょうわ》９（８４２）年の承和の変で橘《たちばな》氏、貞観８（８６６）年の応天門の変で伴氏《ばんし》、仁和《にんな》3(887)年のいわゆる「阿衡《あこう》の紛議」において当時の関白・藤原基経《もとつね》(藤原良房《よしふさ》の甥で養子となり、清和天皇から宇多《うだ》天皇までの4代の天皇の下で摂政関白)が宇多天皇までも屈服させ、宇多天皇に藤原氏の力を見せつけたのである。

しかし、基経の死後、宇多天皇は藤原氏の対抗馬として菅原道真《すがわらのみちざね》を抜擢《ばってき》し、寛平《かんぴょう》3(891)年には蔵人頭に任命する。そして寛平6(894)年に道真によって遣唐使の停止が建議され、「唐風文化」も終わりを告げることとなる。

唐風文化は、嵯峨・清和天皇時代の年号から「弘仁・貞観文化」と称された。平安遷都から9世紀末までの約100年間にわたり、平安京を中心に貴族によって担われた文章経国《もんじょうけいこく》(文芸を中心として国家の隆盛を目指す)思想が広まった。この時代は、宮廷における漢文学の発展、仏教における密教の興隆が特色として挙げられる。

最澄・空海が遣唐使として唐に渡り、帰国後、最澄が天台宗、空海が真言宗を開き、空海は弘仁14(823)年に嵯峨天皇より京都・教王護国寺《きょうおうごこくじ》(東寺)を賜っている。空海は三筆《さんぴつ》の一人としても有名で、『風信帖《ふうしんじょう》』(最澄に宛てた手紙)を残している。

三筆とは嵯峨天皇、空海、橘逸勢《たちばなのはやなり》を指し、遣唐使だった空海・橘逸勢が当時、唐で流行していた東風の書風を学び日本に持ち帰り、空海と交流のあった嵯峨天皇もその空海風の書風となったとされる。嵯峨天皇は、小野篁《おののたかむら》・菅原道真とともに弘仁・貞観期の代表的な文人としても知られる。嵯峨天皇の勅で『凌雲集《りょううんしゅう》』(814年)、『文華秀麗集《ぶんかしゅうれいしゅう》』(818年)等の勅撰《ちょくせん》漢詩文集が編《あ》まれ、菅原道真の編では『類聚国史《るいじゅこくし》』(892年)等がある。

また、仏教では密教が盛《さか》んになり、『教王護国寺両界曼荼羅《りょうかいまんだら》』などの絵画が有名である。

国風――遣唐使廃止と藤原全盛による独自文化

◆日本的なものが次々生まれる200年

寛平６（８９４）年、遣唐大使に任命された菅原道真は滅亡寸前の唐の混乱を見て、朝廷に遣唐使廃止を建議《けんぎ》した。道真は危険を冒《おか》してまで使節を送る必要性がないと判断したのではないかと推測される。しかし中止は決定されたが、私貿易は続き、中国の文化の所産は「唐物《からもの》」としてもてはやされていた。

10世紀に入ると仮名文字が誕生し、住まいも唐風建築から徐々に日本の気候風土に適した（平安時代は平安温暖期で現代に近いほど暑かったとされる）寝殿造《しんでんづくり》建築に移り変わっていった。10世紀前半頃まで、貴族達は唐風建築では中国や朝鮮のように靴・椅子・ベッドを使用していたが、10世紀半ば頃からは靴を脱いで上がり、床の上に畳を敷いて座ったり寝たりする現在の日本人と同様の生活様式に変わっていく。

また、朝廷の儀式も大極殿《だいごくでん》や豊楽院《ぶらくいん》で行なわれず、和風建築の紫宸殿《ししんでん》や清涼殿《せいりょうでん》で行なわれるようになり、立礼《りつれい》よりも座礼《ざれい》に変わり、貴族の衣服も全体に大きくゆったりと長くなっていった。

このころから約２００年にわたり、平安中後期の大陸文化を消化し、日本的な情緒にかなう優雅で洗練された文化が成熟していく。これを平安初期の「唐風文化」に対し、「国風文化」という。藤原摂関家の全盛、かな文字の普及による女流文学の発達など、まさに平安時代の中核を担った文化である。

◆男女とも正装が簡略化される

まず男性が朝廷に出仕するときに着用する朝服が大きく寛容になり、形を整えて束帯《そくたい》（天皇以下の公家男子の正装）として成立し、承平《じょうへい》６（９３６）年の『九条殿記《くじょうどのき》』ごろから登場したとされる。束帯には縫腋袍《ほうえきのほう》（脇の縫ってある有襴《うらん》の袍）の**文官用束帯**と闕腋袍《けってきのほう》（脇を縫い合わせていない袍）の**武官用束帯**の2種類があり、文官の束帯の構成は垂纓冠《すいえいのかん》・縫腋袍・半臂《はんぴ》・下襲《したがさね》・重袙《かさねあこめ》・単《ひとえ》・表袴《うえのはかま》・大口袴《おおぐちばかま》・襪《しとうず》・靴・石帯《せきたい》・笏《しゃく》である。

これに対して女性の束帯にあたるのが**女房装束**（**唐衣裳装束《からぎぬもしょうぞく》**）で、宮中の正装にあたる。これは奈良時代の朝服に直接つながって誕生した物ではなく、「唐風文化」時代に誕生した女官の礼服ともいえる物の具装束で装われるようになった袿をベースに成立したとされる。衣服の構成は唐衣《からぎぬ》、裳、その下に表着《うわぎ》、打衣《うちぎ》、袿《うちき》、単《ひとえ》、紅《くれない》の袴、袙扇《あこめおうぎ》、帖紙《たとうがみ》、足には襪《しとうず》をはく。

詳細については、「第3章 平安貴族のスタンダードな正装」で、また色や柄については「第2章 官位があったから色彩豊かに」で紹介させていただく。

◆権力争いの果てに藤原氏一強時代へ

２００年間に近い国風文化の時代を担《にな》ったのは、皇族と貴族たちである。もちろん中心的な貴族とは、皇族との外戚関係で他氏を徹底的に排除していった藤原氏だ。

その国風文化のきっかけを作った菅原道真は、醍醐天皇の治世も右大臣として支え、自身が皇族と外戚関係を築いて藤原氏を遠ざけようとしていた。しかし、左大臣の藤原時平《ときひら》が道真の急速な出世に反感を持つ人々と共謀し、昌泰《しょうたい》４（９０１）年に菅原道真を讒訴《ざんそ》して大宰府《だざいふ》に追放してしまう。

時平は最大のライバル排除には成功したが、道真の死（９０３年）後、都で皇族・貴族の死や天災が続いた。承平５（９３５）年には平将門の乱が坂東《ばんどう》で起きた。将門を新皇にするという八幡大菩薩の神託を、道真の霊が取りついた巫女《みこ》が将門に宣託したという伝説がある。将門が新皇を名乗り独立政権の樹立を画策したのとほぼ同時期に、伊予の日振島《ひぶりしま》で藤原純友《すみとも》の乱が起こっている。

これらが菅原道真の怨霊のせいではないかと噂されるようになり、天暦《てんりゃく》元（９４７）年、神様のお告げ（御神託）により、平安京の天門（北西）にあたる北野の地に梅の花や学問の神様として有名な北野天満宮が創建される。

その後、安和《あんな》２（９６９）年に藤原氏の最後の他氏排斥となる安和の変が勃発《ぼっぱつ》したが、左大臣の源高明《みなもとのたかあきら》（醍醐天皇の子）を排除しようとした藤原北家の藤原伊尹《これただ》、師尹《もろただ》の陰謀と見られている。

雅《みやび》で華やかに見える平安貴族の時代だが、実は利権争いによる陰謀が渦巻く時代でもあった。こうしてライバルを蹴落として貴族のトップに躍《おど》り出てきた藤原北家は、同族での争いを始めた。藤原兼通《かねみち》・兼家《かねいえ》（道長の父）・伊尹の兄弟間で、主導権をめぐる氏長者《うじのちょうじゃ》争いが勃発するのである。

貴族のファッション――男性

◆私服の「直衣」が天皇の日常着になる

国風文化は主に、藤原氏をはじめとする貴族達のファッションである。先程、正装である束帯・女房装束については述べたが、公服としては他にどのようなものがあったのか？

まず、男性では**布袴**《ほうこ》だが、これは束帯装束の表袴《うえのはかま》を指貫《さしぬき》に代えたスタイルで、足首を縛った袴となる。天武朝では麻布での袴だったので布袴と称されたが、平安時代には絹製となった。元来、束帯の略式のもので私的な行事等で着用されたが、のちに高位の者の参内《さんだい》服としても用いられるようになった。

次に**衣冠**だが、本来は宿直《とのい》の際の装束で宿直装束とも称された。構成としては束帯から半臂《はんぴ》・下《した》襲《がさね》を取り去り、表袴《うえのはかま》に変えて指貫《さしぬき》をはき、石帯《せきたい》に代えて腰を紐《ひも》で結んで止めた姿となる。笏《しゃく》の代わりに檜扇《ひおうぎ》をもち、襪《しとうず》も履かない。下襲《したがさね》を付けないため、裾《きょ》がなくなり活動的な姿になるため、宿直だけでなく行幸《ぎょうこう》の供奉《くぶ》や葬列の装い等に着用された。

男性の私服としては、**直衣**《のうし》と**狩衣**《かりぎぬ》がある。直衣の構成は烏帽子《えぼし》・直衣・衵《あこめ》（袿《うちき》）・単・指貫（奴袴《ぬばかま》）

となる。当時は髷《まげ》を露出することは恥ずべきこととされていたので、就寝時も被っていたようだ。『扇面古写経《せんめんこしゃきょう》』（『扇面法華経冊子』とも称される）にも、烏帽子をつけたまま床に伏している姿が描かれている。文官束帯の縫腋袍と同形だが、私服のため材質や色・紋様は自由であったことから、雑袍《ざっぽう》とも呼ばれた。

天皇と姻戚関係にある者や関白・大臣クラスの一部の公卿は「雑袍聴許《ちょうきょ》」（雑袍許し・直衣許し）が出され、直衣での参内《さんだい》も許されたが、冠を必ず被《かぶ》る**冠直衣**《こうぶりのうし》スタイルだった。この冠直衣は特権階級の象徴であった。下の階級の貴族にとってはきっと憧れであり、出世欲を駆り立てる要因になったに違いない。少し改まった時は下襲と着用し、裙を引いた。「出衣《いだしぎぬ》」「出袿《いだしうちき》」として直衣の前襴の裾から袙や袿の裾を三角に覗《のぞ》かせる。直衣との配色は、男性貴族の楽しみの一つとされた。また天皇の日常着も直衣姿とされる。

◆鷹狩りの「狩衣」が上流貴族の私服に

狩衣は名前の通り、本来は鷹狩りの際に着用したもので、狩衣は大きな動きにも適したスタイルだ。麻布《あさぬの》であったため、布衣《ほい》とも呼ばれた。狩衣姿で有名な平安時代の人物といえば、２０１８年の平昌《ピョンチャン》オリンピックで金メダルを受賞されたフィギュアスケートの羽生結弦さんの演目のテーマにもなった安倍晴明《あべのせいめい》だろう。競技用コスチュームにアレンジされているが、狩衣のポイントがきちんと取り入れられていたので流石《さすが》である。安倍晴明（ＳＥＩＭＥＩ）は藤原道長よりも世界的には有名かもしれない。

少し横道に逸《そ》れたが、この麻布の布衣が時代の推移に従い、上流貴族の私服となり、そして六位以下（地下《じげ》）の正装ともなり、地質《じしつ》の絹が綾や紗《しゃ》が用いられるようになった。基本構成は、烏帽子・狩衣・衣・指貫であったが、地下（昇殿を許されない六位以下の官人）や武士は指貫ではなく狩袴（幅が狭く丈も短い）を付けた。

上流貴族がお忍《しの》びで外出の際には、狩衣を着て身分を隠したそうだ。階級によって服装が分かれているのは、そういった面でも都合が良かったようである。

貴族のファッション——女性

◆女官に教養とセンスが求められた時代

女性ファッションについて紹介する前に、当時の時代背景について説明をしておきたい。前述した薬子の変をきっかけに女房・女官達はもっぱら後宮《こうきゅう》（天皇の妃達や皇女達が住まう平安京内裏の七殿五舎《しちでんごしゃ》）の中で生活をするようになる。奏請・伝宣などを行なっていた内侍司《ないしのつかさ》など役目は蔵人所に移行され、内侍司の長官である尚侍《ないしのかみ》は関白や大臣の娘が就き、東宮妃《とうぐうひ》（皇太子妃）への道となった。

もちろん女房・女官にも階層があり、男性同様、階層に応じて着用できる素材・柄などの規定があった。そのあたりは『紫式部日記』にも記されているが、詳細は次章で述べたい。

後宮には十二の役所(後宮十二司)があり、前述の内侍司は天皇の身近に支えて天皇のお言葉を伝えるなど秘書的な役割で、後宮十二司の中でも最も重要な仕事であった。藤原道長の娘、威子《いし》・嬉子《きし》もここから皇太子妃となっている。

他に縫司《ぬいのつかさ》は宮中で用いられる衣装の裁縫を担当する役場で、帯や組紐の制作を行なった。いわば、現在のファッションデザイナーのアトリエのような場所といえば良いだろうか。

膳司《かしわでのつかさ》は御膳の係を担う職場で配膳や試食などを担当した。薬司《くすりのつかさ》は天皇が服用する薬を調合したり、毒味も行なったりしたが、処方に関しては内薬司《うちのくすりのつかさ》の職務であった。書司《ふみのつかさ》は書物や文房具、楽器の管理を行なった。他に蔵司《くらのつかさ》、兵司《つわもののつかさ》、闈司《みかどのつかさ》、殿司《とのもりづかさ》、掃司《かもりつかさ》、水司《もいとりのつかさ》、酒司《さけのつかさ》があった。

他に皇后、皇族に対して学問の講義を行うのも女官の役割で御進講《ごしんこう》というが、『紫式部日記絵詞』で中宮彰子《ちゅうぐうしょうし》に『白氏文集《はくしもんじゅう》』を進講する様子が描かれている。

じつは、この御進講は現代の宮中でも行われている。『新しい時代とともに――天皇皇后両陛下の歩み』で、永積寅彦元掌典長《もとしょうてんちょう》から「宮中祭祀」についてご進講を受けられる皇后陛下のお写真が紹介されている。このような職務内容から、後宮に仕える女性達には高い教養が要求されたのだ。

『源氏物語』の紫式部、『枕草子』の清少納言、『和泉式部日記』の和泉式部たちはかなり高い教養があったからこそ、国風文化を代表する文学や日記を後世に遺《のこ》すことができたのだろう。

◆紫式部の観察眼が伝えてくれるもの

女性の礼服は男性と違い、即位の時の高御座《たかみくら》の御帳《みちょう》を揚げる役の者に限られ、正月の節会《せちえ》の供奉《ぐぶ》女房や五節《ごせち》の舞姫などのような晴れの儀式の際の装いでも前述の唐衣裳装束となる。すべてを備えた礼装となるので**物の具の唐衣裳装束**という。構成は髪上げ・簪《かんざし》・唐衣《からぎぬ》・裳・表着《うわぎ》・打衣《うちぎぬ》・重袿《かさねうちぎ》・単・張袴《はりばかま》・領布《ひれ》・裙帯《くたい》・檜扇で、髪上げと簪は奈良時代の礼服を継承している。唐衣と裳は一番上になるアイテムとなるので、素材や色には階級により制限があったが文様は自由であったため、女房たちの教養や美意識の表現の題材とされた。

それをよく表したのが、藤原道長の娘・彰子が一条天皇の親王を出産した際の「産養《うぶやしない》」と呼ばれる誕生パーティーの5日目の模様を記した『紫式部日記』の記述である。皇室関係の場合、3日目は宮司(中宮職)、5日目は実家(道長)、7日目は皇室(一条天皇)が主催者となる。

この当時、紫式部は中宮彰子に仕えており、女房らしく同僚達の衣装に注目をしている。主人の出産前後は女房達も清浄を保つ理由で衣装を白一色に統一することが決められていた。

その制約の中で、女房大式部は裳・唐衣に「小塩山《おしおやま》」を大きな続き模様にして刺繍《ししゅう》をした。小塩山は大原野神社が鎮座し藤原氏の氏祭が行われる場所であり、主家への心遣いも見せるデザインで、きっと絶賛されるデザインであったと推測される。

弁内侍《べんのないし》の衣装は銀で裳に州浜形《すはまがた》の地模様を刷ったもので、そこに鶴をブローチのように裳につけるか鶴を刺繍するデザインだが、祝儀ものの柄の鶴と松を合わせる心遣いを紫式部は褒めている。やはり教養高い女房達は美しさも計算ができたということだろう。

ただし、パッとしないデザインの衣装だった古株の「少将のおもと」について女房達がコソコソ話している姿を描写しているところから、当時後宮に仕える女房達が如何にファッションに敏感で、また楽しみにしていたかが窺《うかが》える。紫式部の観察眼の高さに感謝したい。物の具の唐衣裳装束は天皇・中宮に仕える女官・女房の盛装だったが、妃や姫君も成人儀礼である裳着《もぎ》などの時には物の具装束となり、髪上げをして花釵《かさい》を挿した。領布・裙帯は省略されることが一般的だったようだ。

応仁の乱により装束文化が一時途絶えた後、江戸時代にその形を整えて今日でも宮中での祭事の際に装われている「十二単《じゅうにひとえ》」となった。ちなみに、十二単の名称が書物に最初に登場したのは鎌倉時代後期で、その名が広まったのは江戸時代である。いわば女房の装束の構成の俗称なのだ。

上流階級の童女の盛装に**汗衫**《かざみ》があり、童女たちの出仕服でもあった。構成は、汗衫・袿・衵《あこめ》・単・表袴・長袴となる。男性のアイテムである袙・表袴があることが興味深い。

唐衣裳装束（女房装束）は平安時代の女房達の日常的な出仕服でもあり、その場合の構成は垂髪《すいほう》・唐衣・裳・表着・重袿・単・長袴（平絹製）であるが、唐衣は省くこともあったようだ。ただし、裳は必須アイテムであったようである。

女性の私服はどのようなファッションだったのか？　天皇の妃《きさき》以下、上流の貴族女性たちの日常着は、**袿姿**だ。構成は、長袴の上に単と袿を数枚重ねたものである。私邸での少し改まった装いとしては**小袿姿**で、表着の身丈や袖幅を小さく仕立てたものを来客時などに袿姿の上に着用した。小袿の上に**細長**を重ねたファッションが細長姿となり、私邸で宴《うたげ》などの催しがある時に着用した。闕腋で衽《おくみ》がなく細く長く仕立てられた衣と考えられているが、細長の形態は定かでない。

国風文化のまとめ

◆摂関政治の全盛と末法思想の流行

ここで「国風文化」とはどんなものだったのか振り返ってみよう。担い手は、前述したが、皇族・貴族である。大陸文化（唐風文化）を消化した日本人の人情・嗜好《しこう》にかなう優雅で洗練された文化で、仮名文字と国文学の発達、浄土信仰の普及などが特徴として挙げられる。仮名文字の成立はその中でも大きな特徴といえよう。

平仮名は11世紀には字形が固定し、当初は主に女性が使用し女手《おんなで》ともいわれた。片仮名も同じく11世紀には字形が固定し、漢文訓読体を含む文章表記に使用された。

国風文化の代表的な物語文学としては、『竹取物語』『伊勢物語』『源氏物語』などがある。『伊勢物語』『源氏物語』の内容は、江戸時代に多くの小袖の柄のテーマとして重宝されている。『源氏物語』は１０００年経った令和の現代でも、30以上の言語に翻訳されている世界的大ベストセラー小説といえる。

また、日記・随筆では、紀貫之《きのつらゆき》『土佐日記』、藤原道綱の母『蜻蛉《かげろう》日記』、清少納言『枕草子』、『紫式部日記』、『和泉式部日記』、詩歌・その他として『古今和歌集』、百科事典としての源順《みなもとのしたごう》『和名《わみょう》類聚抄《るいじゅしょう》』、『和漢朗詠集』などがある。「六歌仙」として僧正遍昭《へんじょう》・在原業平・小野小町・僧喜撰《きせん》・

文屋《ふんや》康秀《やすひで》・大友黒主《おおとものくろぬし》がいる。

信仰面では、病は物の怪、天災なども人間の怨霊が引き起こすと考えられたこの時代は、祈祷《きとう》により現世利益を求める貴族層と強く結びつき、怨霊・疫神《えきじん》を祀《まつ》り厄災から逃れようとする御霊会《ごりょうえ》が各地で催された。現在の祇園祭の元となった祇園御霊会《ぎおんごりょうえ》も、貞観11（869）年に京都を始め日本各地で疫病が流行した際、京都祇園社（現在の八坂神社）に祀《まつ》られる疫神・牛頭天王《ごずてんのう》の祟《たた》りとされ、神泉苑で牛頭天王を祀《まつ》り、神輿《みこし》を担ぎいれて盛大な御霊会が行なわれたのが始まりである。

また、仏教と神祇信仰が融合した本地垂迹説《ほんちすいじゃくせつ》（神は仏の守護神である」という思想が生まれ、次第に「神は仏の化身として存在する」という思想となり、神仏習合がますます進展していく。世界遺産でもある春日大社は藤原氏の氏神様であり、またその隣には藤原氏の氏寺である興福寺がある。春日大社で行なわれる「餺飥《はくたく》の宴」のため、興福寺の別当《べっとう》他僧侶が準備をし、袈裟で頭を包んだ興福寺の宗徒が並ぶ姿が『春日権現験記絵《かすがごんげんけんきえ》』でも描かれている。

摂関政治が全盛期を迎えた11世紀になると、末法思想から終末観が漂い、浄土思想が流行していった。浄土教は来世での幸福を願う教えを説くもので、民間布教者の空也《くうや》（服装は**裳付《もつ》け衣**で鹿の角を頭につけた杖を持っていた）や比叡山の源信《げんしん》により説かれた。源信が著した『往生要集《おうじょうようしゅう》』から「阿弥陀来迎図《らいごうず》」が描かれ、極楽浄土を願う藤原氏の権力者達が財を注ぎ込んで、数々の寺を建立《こんりゅう》していった。

中でも、藤原道長・藤原頼通親子は京に摂関家最大の法成寺《ほうじょうじ》、宇治に平等院鳳凰堂（国宝）を建立している。その内陣には寄木造《よせぎづくり》の技法を完成させた仏師・定朝《じょうちょう》の阿弥陀如来像（国宝）も残されている。

◆藤原氏の落日と武士の台頭

では、藤原兼家の第4子(5男とも)であった藤原道長と、その嫡子《ちゃくし》・頼通親子は、どのようにして氏長者の座に就いたのだろうか?

まず、藤原兼家と兄・兼通が兄弟間で摂関を巡る争いを激化させ、兼家が策略を用いて花山《かざん》天皇を退位に追い込み、孫の一条天皇を即位させることで外祖父《がいそふ》となり、摂政の地位を得る。兼家の死後、長男・道隆に継承されたが彼が早世《そうせい》したため、道隆の弟である道長と道隆の子・伊周《これちか》の間で争い、やがて道長が勝利して藤原北家の氏長者となったのである。そして、道長はなんと4人の娘を中宮や皇太子妃に入内《じゅだい》させ、天皇の外祖父として摂関政治の全盛期を築く。

寛仁《かんにん》2(1018)年、三女・威子《いし》が後一条天皇の中宮に入ることで自分の娘たちを三后《さんこう》(太皇太后《たいこうたいごう》・皇太后・中宮)として並び立たせ、絶頂期を迎える。そして威子の入内を祝う宴の席で絶頂にある思いを月に準《なぞら》えた、かの有名な「望月《もちづき》の歌」を詠《よ》んだのである。

「この世をば わが世とぞ思ふ 望月の 欠けたることも なしと思へば」

その前年の寛仁元(1017)年、道長は息子・頼通に摂政の座を譲っていた。藤原頼通は3代の天皇に50年近く摂政・関白として仕えた。都では大きな政争もなく藤原文化はさらなる隆盛を極め、宮中の年中行事の整備が行われたのである。しかしながら、頼通・教通《のりみち》の兄弟は娘を入内させたものの皇子に恵まれず、ついに後冷泉《ごれいぜい》天皇の後、藤原氏を外戚としない後三条天皇が治暦《じりゃく》4(1068)年に即位し、関白の座は教通に譲られた。

後三条天皇は自ら国政改革をはじめ、荘園整理令などを出すがわずか5年で白河天皇に譲位し、「院政」の世への足掛かりを作った。関白は教通の子・師実《もろざね》となるが、天皇の外戚ではないことで藤原氏隆盛の時代はここで終わりを告げることとなる。

またこの間、長元《ちょうげん》元(1028)年、房総半島で平忠常《たいらのただつね》の乱が起きるが、摂関家に仕える源満仲《みつなか》の子・源頼信《よりのぶ》に平定させ、武士団との間に主従関係を築く。

こうして時代は貴族中心の「国風文化」の時代から、院政下で政界に進出する武士の「武家風」へと移っていくのである。

武家風——女子は豪華に、男子は威風堂々

◆武士の台頭と日宋貿易の莫大な利益

白河天皇は在位14年でわずか8歳の堀河天皇へ譲位後、白河上皇として「院政」を開始する。これにより「薬子の変(平城太上天皇の変)」を教訓に、嵯峨天皇が823年の譲位後は内裏から退き、現天皇が至高の権力を持つことを示したことが無意味にされてしまう。

その後も摂政関白制度は存続したが、幼帝が続いて天皇には実権のない状態が続いた。約100年間、政治が混沌とした院政時代が始まる。

前時代からの仏教信仰の普及により権力を持った寺院の僧侶（僧兵）や、軍事貴族として地方へ派遣された桓武平氏や清和源氏などが、任務終了後も土着して地方豪族と結び反乱を起こした。また貴族・皇族間の利権争いなども続いていく。

永保《えいほ》３（１０８３）年から寛治《かんじ》元（１０８７）年の後三年《ごさんねん》の役《えき》（永承《えいしょう》６〔１０５１〕年から康平《こうへい》５〔１０６２〕年の前九年《ぜんくねん》の役を受けてこう呼ばれる）では、この戦いにより源義家の支援を得た藤原（清原）清衡《きよひら》が陸奥《みちのく》での実権を握った。その子・基衡《もとひら》、孫・秀衡《ひでひら》の三代は、約１００年にわたり奥州の支配者となる。

また、白河上皇は嘉保《かほう》２（１０９５）年に、院御所の北面で院の警衛にあたる北面の武士を設置する。比較的下位（四～六位）の者を任命し、上皇に直属させて院政を支える武力としたため、結果的に武士の中央進出の契機になったとされる。

その後、12世紀に入ると、義家の二男・源義親《よしちか》の乱が起こり、嘉承元（１１０８）年に平正盛《まさもり》によって鎮圧される。この功により、伊勢平氏は急速に力を伸ばし、子の忠盛、孫の清盛を経て源氏をしのぐようになった。さらに保元《ほうげん》の乱、平治《へいじ》の乱と反乱が続く中、絶大な権勢を握ったのが、白河法皇崩御後に院政をとった鳥羽上皇に活用された武士の棟梁《とうりょう》・平清盛である。平清盛は武門の棟梁でありながら、日宋貿易でも実利をあげる広い視野を持っていた。

平治の乱で棟梁の源義朝《よしとも》（頼朝・義経の父）を失った源氏は弱体化し、勝利した平清盛が平氏政権を築く事になる。そして永暦元（１１６０）年、参議に任官されて武士で初めて公卿となり、後白河上皇の信任を得て、仁安２（１１６７）年、ついに太政《だじょう》大臣にまで登り詰める。その後、天皇家とも外戚関係を結び、藤原氏のような貴族政権を踏襲する。

だが、一つ大きな違いがあった。ビジネスセンスも持ち合わせた清盛は日宋貿易で宋銭を大量に輸入し、日本経済にも大きな影響を与えるほど、莫大な利益を上げた。その利益が後宮にも回っていたのであろう。公家女房達のファッションは、武士の力が中央政治を動かし始めた11世紀末から12世紀末に至る100年の間は、服装の面でも最も絢爛豪華《けんらんごうか》な時代となった。公家女房装束が異様なまでに飾られ、身につけて居ならぶばかりでなく、邸内の装飾としてまで装束を用いるようになったのである。

◆常識が大きく変わる女性ファッション

この時期になると、女房装束の唐衣に花結びなどをした紐をつけるようになる。構成自体はこれまでのものと変わりはないが、重ねる袿の枚数は増えているようである。冬場は寒さ対策もあったであろうが、やはり他より綺麗に見せたいという女心か、見栄の張り合いだったのだろうか。その後、女性の重袿の枚数は5枚と制限されていく。

童女の正装としての**汗衫**《かざみ》(汗のつく内衣［肌着］であって、単《ひとえ》のものとされる)は、前時代から登場していたが、やがて下級者の表衣《うわぎ》となり、さらに長大化して公家の童女の正装に用いられたようだ。本来の汗衫とは形も異なるが、単である点は共通している。構成は、衽《おくみ》つき・闕腋《けってき》・盤領《あげくび》を垂領にした汗衫、衵《あこめ》、五つ衣、打衣、単、白の表袴、濃き長い張袴となる。

また院政時代に入る少し前から、男女ともに装束の一番下に小袖を着用し始めていたのだが、院政時代も終盤あたりには、公家女子のファッションで**小袖重ねの細長姿**が登場している。一番下に着るものから、小袖が装束の一つのアイテムとなったのである。驚くべき変化といえるが、小袖に関する詳しい話は、「第7章　武士の登場で身軽になった衣裳」で紹介する。

院政時代では、貴族女性も時には外出や旅に出ることもあったようだ。行幸や主人の宿下がりのお供や自分自身の宿下がり、賀茂祭等の祭り見物、夫の任地への同行など様々な状況があったと考えられる。

上級女房クラス(例：清少納言や紫式部)以上は牛車《ぎっしゃ》で移動していたが、中級女房達は徒歩で供をしていた。その際のファッションが、袿姿の裾を歩きやすいように引き上げて腰を紐で結び、頭に市女笠《いちめがさ》を被る**壺装束**か、衣を一枚頭から被る被衣《かずき》スタイルだった。ただし、神社仏閣に参詣する時は徒歩で参拝しなければご利益《りやく》がないとされ、上流階級の女性も顔や身体を覆い隠すスタイルで出掛けた。この壺装束や被衣スタイルは、『扇面古写経』や『年中行事絵巻』の中に多数登場している。

その他にこの平安時代末期の院政時代に始まった男装の舞妓《まいこ》、**白拍子**《しらびょうし》のファッションも注目すべきだろう。妓王《ぎおう》、妓女《ぎじょ》、仏御前《ほとけごぜん》、また鎌倉時代へと導いた武者の一人、源義経との悲恋で有名な静御前等が知られる。スタイルの構成は、立烏帽子《たてえぼし》、水干《すいかん》、単、紅長袴に太刀佩《お》び、手に蝙蝠扇《かわほりおうぎ》。やがて太刀と烏帽子を外すスタイルへと変化し、静御前が髪を結い上げて、白袴を着けて舞ったとされる。

◆鎌倉時代につながる男性ファッション

男性の場合、女性ファッションのように絢爛豪華ではなく、束帯の袍に強く糊を張り、角張った面を強調する**強装束**《こわしょうぞく》が流行り、蟻先《ありさき》も袍の裾から強く張り出すようになった。台頭して来た武家に対しての貴族達が威厳を見せようとしたことの表れといえよう。そしてこの強装束の流行と前述した女性の重袿《かさねうちき》の枚数制限が思わぬところでそれ以降の日本被服文化史上の大きな一歩を踏み出す一因となるのだが、詳しくは「第７章」で説き明かしていく事とする。

柔装束《なえしょうぞく》から強装束への変化は束帯だけでなく、他の装束でも起きたようだ。鎌倉時代前半に『紫式部日記』を絵で著した『紫式部日記絵詞』が制作されたのだが、貴族が着用している装束が強装束で描かれているのだ。

おそらく、院政時代に発生したスタイルは鎌倉時代でも継承され、絵師もその時代の貴族のファッションを見て書いたのだろうと推測される。実際の紫式部や藤原道長が生きた国風文化の時代は、雅で柔らかな曲線が美しいとされた時代で、装束も柔装束であった。

この時代、新たな貴族男性のファッションは登場していないようだが、**半尻**《はんじり》と呼ばれる、東宮・親王などの皇族の童子用の狩衣のようなスタイルが登場する。構成は、下げ美豆良《みずら》・半尻・指貫《さしぬき》・後身に半尻の当帯《あておび》、形式的な装飾のあわび結びの袖括りの緒がつけられている。童子用だけではなかったという説もあるようだ。

また、**童子の水干**《すいかん》が庶民や下級貴族の間で着用されるようになる。水干は日常時または出仕時の武家ファッションとしても着用された。他に鎌倉時代に発展していく**直垂**《ひたたれ》も武家の日常時または出仕時のファッションとして登場する。水干の構成は水干・水干袴・いちび脛巾《はばき》(付けていない場合もある)・乱緒《みだれお》に折烏帽子姿。

直垂は庶民服より転じたもので、上下共裂《ともぎれ》で袴の腰は白、胸紐、小露《こつゆ》、袖に高貴を示す袖露《そでのつゆ》、腰刀をさし、武家様式の猿手《さるて》のある太刀、扇子を持ち、革足袋をはくスタイルに折烏帽子《おりえぼし》(侍烏帽子)をつける。

◆絵巻物が伝える庶民ファッション

貴族ファッションを中心に取り上げてきたが、人口の大多数を占める庶民がどのようなファッションをしていたのか気になるところである。

男性の多くは、頭に萎烏帽子《なええぼし》を被り、膝下で縛る短い丈の小袴に盤領の**水干**形式の上着を着て袴の中に入れた姿が『伴大納言絵詞《ばんだいなごんえことば》』に描かれている。『春日権現験記絵』には工事現場のような場所で労働に勤しむ男性たちの絵が描かれているが、彼らは筒袖(小袖)に膝下で縛る短い丈の小袴姿である。ほとんどが無地だが、ボーダー柄の男性も描かれているのが驚きである。

女性の髪の長さはまちまちで、肩あたりで切り揃えた者・長めの髪を首あたりで縛っている者など、髪型に大きな決まりはなかったと推測される。衣服は基本的には筒袖(小袖)か少し広めの袖口の筒袖の着流しに腰布を巻いた姿、また「**手無し**」といわれる袖無しの着流し姿も『扇面古写経』に散見される。中でも栗拾いをしているシーンで手無しの着流し姿の女性達が描かれており、平安時代がかなり温暖であったことも推測される。

庶民の子供は、裸のままで母親と思われる女性に手を引かれる幼児の姿が『扇面古写経』に描かれており、ある程度の年齢までは服を着せていなかったのではないかと推測する。現在の小学生くらいの年齢の子供は、裸足で筒袖の紐つき衣の着流し姿で『年中行事絵巻』に多く描かれている。乳児の場合は、貴族であっても裸でいたようで、その姿も『扇面古写経』に描かれている。

院政時代の文化の特徴は浄土思想の広まり、今様《いまよう》・田楽・のちに狂言に発展する猿楽の流行などがあり、絵巻などにも舞楽の様子が描かれているものが少なくない。また、武士が表舞台に登場したことで歴史・軍記物語、何度も取り上げた『扇面古写経』『年中行事絵巻』『伴大納言絵巻』や『源氏物語絵巻』『鳥獣戯画』など、絵巻物などが多く作られているのもこれまでと違う平安後期の特徴だろう。文化の担い手も上皇・貴族中心から武士・庶民に広がり、京都だけでなく地方へ普及し、奥州を平定した藤原氏による世界文化遺産に指定された中尊寺金色堂や大分県には富貴寺大堂《ふきじおおどう》が建立されている。

栄華を極めた平家だったが、やがて源氏の挙兵により源平合戦となり、文治元(1185)年に壇ノ浦で当時8歳の安徳天皇と祖母・二位尼《にいのあま》(平時子)が入水《じゅすい》し、滅亡する。この時、三種の神器も海に沈み、八《や》咫鏡《たかのかがみ》と八《や》尺瓊勾玉《さかにのまがたま》は後に見つかっているが、草薙剣《くさなぎのつるぎ》は海に沈んだままとされる。そして、源頼朝が鎌倉幕府を開き、約400年間続いた平安時代は終わりを告げたのである。

【50音順】難読ファッション用語の読み方と意味②【か】

【か】

重袿（かさねうちき）……女性貴族が日常着として、単《ひとえ》の上に袿《うちき》を数枚重ねて着ること。

汗衫（かざみ）……奈良時代は貴族女子の下着だったが、国風文化のころは貴族の童女の上着になった。

花鈿（かでん）……女性の額の中央に紅で描く模様。特に唐代に流行した。

裹頭（かとう）……僧の頭を袈裟《けさ》などで包み、目だけを出して頭巾のようにしたもの。

鞾（かのくつ）……朝賀などの儀式の際、束帯に用いられた靴。黒塗りの革で作られていた。

唐衣（からぎぬ）……公家女房の晴装束で、一番上に着るもの。袖幅の短い半身の衣である。

狩衣（かりぎぬ）……狩に行く時の衣から、公家の普段着になったもの。

狩袴（かりばかま）……狩衣のときに付ける袴。殿上人でない地下人のファッション。

蝙蝠扇（かわほりおうぎ）……骨の片面または両面に紙を張った扇。名の由来は、蝙蝠が羽を広げた形に似ているため。

貫頭衣（かんとうい）……布の中央付近を開けて頭から被って着る布。

裘代（きゅうたい）……法皇または大納言など、参議以上で出家した人が参内などの折に着た法服。

裾（きょ）……平安時代中期ごろからの裾とは、束帯《そくたい》の下襲《したがさね》の後ろに長く引いたものを呼ぶ。

紅袴（くれないのはかま）……腰から下に着用する赤系統の袴。「ひばかま」ともいう。

闕腋袍（けってきのほう）……束帯《そくたい》の表衣《うわぎ》である袍《ほう》でも、腋を縫わないもので、襴は付かない。

小袿（こうちぎ）……袿《うちき》でも形の小さいもので、身分の高い公家の女性が私的な晴れ着として用いた。

巾子（こじ）……巻き立てた髻《もとどり》を納めるため、冠《かんむり》の頂上後部にある高く突起した部分。

腰刀（こしがたな）……腰に差す、鍔《つば》のない短い刀をいう。

巻纓冠（けんえいのかん）……纓《えい》を後ろに巻き込んだ冠で、武官の束帯用。

冠直衣（こうぶりのうし）……直衣《のうし》をつけ、冠をかぶること。公家はふだん烏帽子、威儀を正す場では冠を被った。

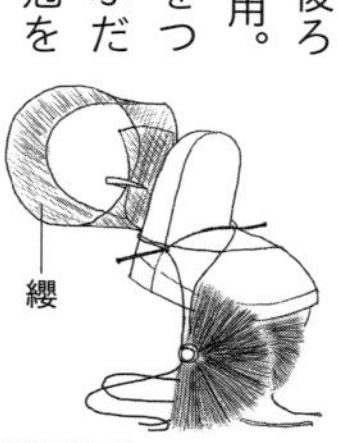

[巻纓冠]

小狩衣（こかりぎぬ）……裾の後ろが前よりも短い狩衣《かりぎぬ》で、貴族の子供が着用した。半尻《はんじり》のこと。

小袴（こばかま）……狩袴《かりばかま》の裾を短く仕立てたもの。

強装束（こわしょうぞく）……平安末期に流行した公家の装束で、絹地に糊を引き、冠帽類に漆を厚く塗って強く張った装束様式。

第2章

官位があったから色彩豊かに

公服
――奈良時代からの細やかな色分け

◆平安前期、冠位の数だけ増える色彩

日本で最初に制定された官位は、推古11（６０３）年に聖徳太子によって制定されたとされる「冠位十二階」である。約40年間続いたが、天皇・皇太子の服色（当色《とうしき》）については含まれていなかった。その後、大化３（６４７）年に「七色十三階冠《ななしきじゅうさんかいかん》」が制定されたが、大阪府高槻市の阿武山古墳から出土した藤原鎌足のものとされる大織冠《たいしょっかん》が紫であったことから、冠と服色が同一系統であった可能性が高いとされる。

２年後の大化５（６４９）年には、さらに「冠位十九階」に改訂された。上中位官人が増加したためとされる。この後、６６４年に冠位二十六階、６８５年に冠位四十八階、７０１年の大宝律令で冠位を廃止し、位階を十三階とした。奈良時代の７１８年の養老衣服令により唐の制度に倣《なら》い、礼服・朝服・制服の制度も制定され、基本的にはその制度が平安時代以降、江戸時代まで継承される。

平安時代に入った弘仁元（８１０）年、蔵人所《くろうどどころ》が設置された年、それまでは浅紫《あさむらさき》だった二位・三位も深紫をつけるようになった。これは奈良時代から最上位の色が深紫であったことから、公卿達の深紫への志向によるものと推察される。深紫の袍を直用できることは上級貴族にとっても憧れで

あり、ステータスであったに違いない。そして、前時代から続く位色制度は下位の貴族達にとっても出世欲を掻き立てたであろう。結果、平安前期（唐風文化時代）は、男性ファッションが日本の男性ファッション史上、最も色彩豊かで華やかな時代であったといえる。

余談だが1967年に、アメリカのディヒター博士が雄孔雀《おすくじゃく》にたとえて「ピーコック革命」（男性も色彩を個性的に取り入れて着飾ろうとする運動）を提唱した。1970年前後、日本では自由と芸術を愛し既成の価値観に縛られず、髪の毛を伸ばしたヒッピーがカラフルな花柄のシャツやTシャツを着用していたが、彼らは社会的には高評価ではなかった。男性のカラフルなファッションはビジネスマン達には浸透せず、スーツの下にカラーシャツを着るに留まった。

平安前期の800年代の宮中の式典で、カラフルな当色の袍を身につけた貴族が一堂に会した状況を想像すると、実際に見てみたいという思いが募る。129頁の810年以降の平安時代の「官位・位色一覧表」を参考に当色（身分や位階に相当する色）を確認していただきたい。

◆摂関期に色分けが減少した理由

一覧表にあるように、摂関期（900年代以降）に入ってから上位貴族の当色が黒に変更されていく。大きな理由の一つが、紫染めに使用する紫草《むらさき》の紫根《しこん》が染料として使用できるまで成長するのに最低でも4〜5年かかり、着用者が増えて、紫根の栽培が追いつかなくなった。やむなく黒を混ぜるようになり、結果として黒になっていった。

三位と四位の位色が統一されたのは、参議に命じられた場合は四位でも公卿となり、三位と四位を位色で分ける必要性が薄らいだためだとされる。当時の貴族達が上位の位色の袍を着ることが増えたこと、つまり地道な出世よりも、もっと早く上位の大納言・中納言などの官職に移行していたためだとされる。また、下級官位の区別の必要性が薄れた背景から六位以下の叙位が稀《まれ》になり、六位以下の位色は深縹《こきはなだ》（藍染で最も深い色）に統一されたようだ。

階級制度は色だけでなく、袍など衣服の素材にも及んだ。五位以上で冬は表は綾で裏が平絹《ひらぎぬ》、夏は表が綾で裏はこめ織という薄物、六位以下は夏冬ともに無文のこめ織である。「綾」とは斜めに糸が走っている絹生地、「平絹」は経緯《たてよこ》に糸が走っている絹生地、こめ織とは細い糸で硬く織った生地で紬《つむぎ》の薄物の感じである。

束帯の下に付ける表袴が白、裏地は紅で三位以上には文様が許された。下袴の大口袴は表裏地とも紅で、束帯着用時は必ず着用しなければならなかった。

私服とルール――「許し」と「禁色」の間で

◆出世すると高まる自由度

これまで述べた位色は公服に対してのもので、私服であった直衣には同じ形であれど材質や色・紋様も自由だった。第1章でも述べたが、そのため直衣のことを「雑袍《ざっぽう》」と称した。そして、「雑袍聴許《ちょうきょ》（雑袍許し・直衣許し）」という直衣でも参内《さんだい》できる特別待遇が、天皇と姻戚関係にある者や関白・大臣クラスの一部の公卿には天皇から与えられた。

位色・素材他の規制がない自由な衣服である直衣での参内こそが特権階級の象徴で、「許し」を得られない階級の貴族達にとっては出世欲を掻き立てるものであったに違いない。また、何とか天皇家と姻戚関係を結べないかと画策した者も多かったのではないか。ただし、何の規制もないといっても、先にも述べたが、髷《まげ》の露出は恥ずべきことだったので、冠を必ず被る冠直衣スタイルは守らなければならなかった。

他に、平安貴族が心得なければならない「禁色《きんじき》」というルールがあった。これには2種類あり、一つは天皇の赦《ゆる》しがなければ着てはいけないもの、もう一つは自分の位よりも上の色や材質を着てはいけないというものであった（代わりに下位の当色の着用は自由であった）。これは、奈良時代の衣服令からきているが、四位以上の位色が黒になってからは特権階級を助長させるものではなくなったようだ。しかし前者は、平安朝で特権意識を著しくさせる原因となった。

禁色とは元々、平安時代の服制による赤・青・黄丹《おうに》・支子《くちなし》・深紫《こきむらさき》・深緋《こきひ》・深蘇芳《ふかきすおう》の7色および有文の織物をいうものである。青は天皇、赤は上皇、黄丹は皇太子、深紫は一位（皇族）の袍の色とされていて、他の3色はそれらの類似色であるため、また、霰地《あられじ》に窠《か》の紋のある表袴の着用が禁じられた。

赤色とは赤白橡《あかしろつるばみ》のことで少し茶色を帯びた赤色である。上皇とともに天皇が内宴時等で着用したもので、この赤白橡は内宴に同席する公卿の第一のものだけに着用が許された。

青色とは青白橡(別名：麹塵《きくじん》)のことで、青みを帯びた黄緑色である。青といっても現代人が想像する色とはかけ離れている。この青色は天皇が賭弓《のりゆみ》(1月に行われる年中行事の一つ)や野行幸《のぎょうこう》時に着用したが、親王以下公卿と殿上人《てんじょうびと》も同じ青色を身につけた。また六位でも殿上人となった蔵人は無文《むもん》に限定されるが青色の着用を許された。こうして特定の官人に上位の衣服を天皇の許可することを「禁色勅許」といった。ただし、勅許は天皇一代限りのもので代替わりの際に無効となる。

また、蔵人以外への禁色勅許は原則として大臣・近衛大将の子か孫に与えられる特権で、この特権を与えられた殿上人を「禁色人」と称した。やがて、この禁色勅許の対象者は摂関家か、それに次ぐ清華家《せいがけ》に相当する家の出身者に限定され、摂関家嫡流の者には元服時か直後に禁色が許される慣例となったようだ。そして、天皇のみが許される「黄櫨染《こうろぜん》」、皇太子の「黄丹《おうに》」は「絶対禁色」となった。

男性官人が許されたのは、公卿と同様の文様のある綾や色を下襲《したがさね》や半臂《はんぴ》、表袴に使用することだが、直衣《のうし》や指貫、青色袍《あおいろのほう》にも使用されていた。許可されていない四位以下の官人(参議除く)は無文の平絹であった。

このように平安時代は、男性も上流階級になれば色だけでなく、より光沢のある絹の綾の生地に地紋が浮き出て、上級男性貴族の装束はさぞ華やかであったに違いない。

◆「自宅」で決まるステータス

女性については後ほど述べるとして、ここでファッションとも大きな関係のある平安時代、特に

官位・位色一覧表

<table>
<tr><th colspan="2">官位名称</th><th>主な官職</th><th>平安初期
弘仁元年
(810)</th><th>平安中期
摂関期以降</th><th>摂関期
色彩名</th><th>官位等級</th></tr>
<tr><td colspan="2">天　皇</td><td></td><td></td><td></td><td>黄櫨染</td><td></td></tr>
<tr><td colspan="2">東　宮</td><td></td><td></td><td></td><td>黄丹</td><td></td></tr>
<tr><td colspan="2">太上天皇</td><td></td><td></td><td></td><td>赤</td><td></td></tr>
<tr><td colspan="2">親王・孫王
源氏の子孫</td><td></td><td rowspan="2">深紫</td><td rowspan="3"></td><td rowspan="3">黒</td><td rowspan="2">1～6</td></tr>
<tr><td colspan="2">公卿(上達部)
正一位～
従三位</td><td>摂政・関白・太政大臣
左大臣・右大臣・内大臣大
納言・中納言・近衛大臣
参議は四位だが上達部</td></tr>
<tr><td rowspan="2">殿上人</td><td>正四位～
従四位</td><td rowspan="2">弁官・中宮大夫・小納言
近衛中将・衛門督
近衛少将
蔵人は六位でも殿上人</td><td>深緋</td><td>7～10</td></tr>
<tr><td>正五位～
従五位</td><td>浅緋</td><td></td><td>蘇芳</td><td>11～14</td></tr>
<tr><td colspan="2">正六位～
従六位</td><td rowspan="3">外記・中宮大進
博士・陰陽師・舎人
地方官（一部上位社は
殿上人）</td><td rowspan="4">深緑</td><td rowspan="4"></td><td rowspan="4">深縹</td><td>15～18</td></tr>
<tr><td colspan="2">正七位～
従七位</td><td>19～22</td></tr>
<tr><td colspan="2">正八位～
従八位</td><td>23～26</td></tr>
<tr><td colspan="2">大初位</td><td>少属・大令史
小令史・令史</td><td>27～30</td></tr>
<tr><td colspan="2">無位</td><td>無官</td><td></td><td></td><td>黄</td><td>31</td></tr>
</table>

※『地図でスッと頭に入る平安時代』(昭文社)／『ビジュアル資料 原色シグマ新国語便覧 増補三訂版』等を参考に著者作図

国風文化が華やかであった摂関期の平安京の街の構造を、平安京平面図、内裏《だいり》平面図、前述した摂関期に栄華を極めた藤原道長の父である公卿、藤原兼家《かねいえ》邸（東三条殿）の寝殿造の平面図、そして同時期の平安京の下級役人や貴族の邸宅の下働き「雑色《ぞうしき》」や、貴族に仕えた「下僕《げぼく》」達の住居であった平安京の町屋の大きさなどを図表で紹介する（１３２頁「平安京平面図」／１３３頁「寝殿造平面図（東三条殿）」「平安京　町屋の大きさ」／１３４頁「内裏平面図」）。

　東三条殿の寝殿造の館は南北二町の広さで、藤原道長の土御門殿《つちみかどどの》も同じ広さである。息子で摂政・関白職を約50年にわたり務めた藤原頼道の住居は、嵯峨天皇退位後の離宮となった冷泉院《れいぜんいん》と同規模の東西南北二町ずつの四町分の広さを誇る高陽院《かやのいん》である。

　ちなみに下級官人など庶民の町屋は一町の中に四行八門制《しぎょうはちもんせい》で32戸あり、彼らは官人といっても半農であったため、そのなかに菜園や家畜小屋も必要であり、住居自体は８×６メートルほどの間取りに６人くらいの家族で生活していたと推測される。１区画に何世帯も暮らしていた例もあり、住環境は決して快適ではなかったであろう。

　それに対し、上流貴族は屋敷内に舟を浮かべることのできる池まであったのだから、その格差には驚愕《きょうがく》するばかりである。住居は片側住居の家の中の一方が床、一方が土間という現在の京町家のスタイルに近いものだったようだ。

　農民に関しては、『信貴山縁起絵巻《しぎさんえんぎえまき》』の絵には壁が描かれておらず、竪穴式住居であった可能性もある。

　では、１３２頁の平安京平面図を見ていただきたい。権力者ほど大内裏に近い場所に住居を構えられたようである。したがって左京の二条から四条は住宅密集地となったようだ。二町を超える邸宅は数少なく、ほとんどの貴族邸宅は一町以下だ。

階級による規制は服装だけでなく、住居にも及んでいたようで、貞観《じょうがん》12（８７０）年の官符に参議と三位以上の高官のみに大路に面して家の門を建てても良いという特権を与えることが決められている。

その後、長元《ちょうげん》３（１０３０）年に六位以下の築垣《ついがき》禁止令が出され、

「諸国の官吏の住居は、四分の一町を越えた広さをもってはいけない。（中略）また六位以下の者が垣を築いたり檜皮葺《ひわだぶき》の邸宅をもつのも禁止すべきである」（『日本紀略』）

と規制された。この発令から読み解くと、ほとんどの国司が六位以下にもかかわらず規定以上の住宅を持てるほど経済力を得ていたことの裏付けとなり、門構えのある住居を持つことは、平安時代からステータスの象徴だったといえよう。もしかしたら、下級貴族や官人たちは１階級上の当色の装束を着用するよりも、大きな敷地や住居を持つことの方が関心事であったのかもしれない。

では、平安時代の貴族人口はどれくらいだったのかが気になるところである。諸説あるが、なんと２００人ほどだといわれている。10世紀初めに日本の人口が約５５０万人、平安京の人口は約10万人ほどなので全人口の約０・００３パーセント、平安京の人口でも０・２パーセントに過ぎない。

これを見ても平安時代は、本当にごく一部の特権階級の人間によって動かされていた時代といえるだろう。

平安京平面図

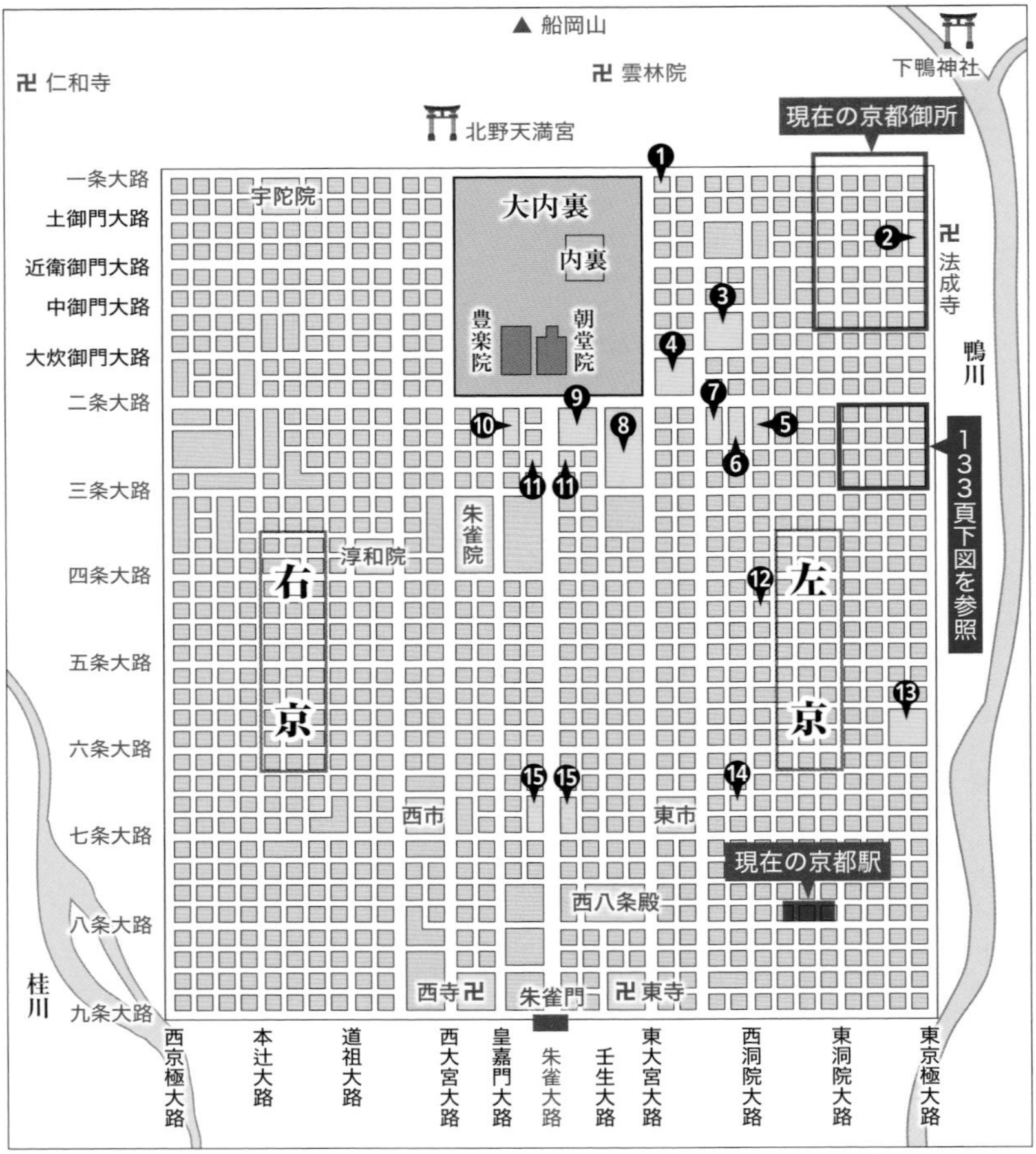

1. 一条院《いちじょういん》　藤原伊尹邸
2. 京極殿《きょうごくでん》　藤原道長邸　「土御門殿」ともいう
3. 高陽院《かやのいん》　藤原頼通邸
4. 冷泉院《れいぜいいん》　嵯峨天皇の退位後の離宮
5. 東三条殿《とうさんじょうでん》　藤原兼家邸
6. 閑院《かんいん》　藤原冬嗣邸
7. 堀河院《ほりかわいん》　藤原兼家邸 円融天皇の臨時の御所
8. 神泉苑《しんせんいん》　朝廷直轄の禁園。一般人の立入禁止　天皇・皇族の庭園
9. 大学寮《だいがくりょう》　官吏養成のための学校。貴族の子弟が入学する
10. 穀倉院《こくそういん》　朝廷の穀物を収納する倉庫と、管理する役所
11. 左京織《さきょうしき》・右京織《うきょうしき》　左京・右京の司法・警察・行政を担当する役所
12. 紅梅殿《こうばいどの》　菅原道真邸
13. 河原院《かわらのいん》　源融邸　融は「河原左大臣」と呼ばれた
14. 亭子院《ていじのいん》　宇多天皇の退位後の離宮
15. 鴻臚館《こうろかん》　外国使節の接待・宿泊の為の館舎

※『地図でスッと頭に入る平安時代』(昭文社)／『ビジュアル資料 原色シグマ新国語便覧 増補三訂版』等を参考に著者作図

寝殿造平面図（東三条殿）

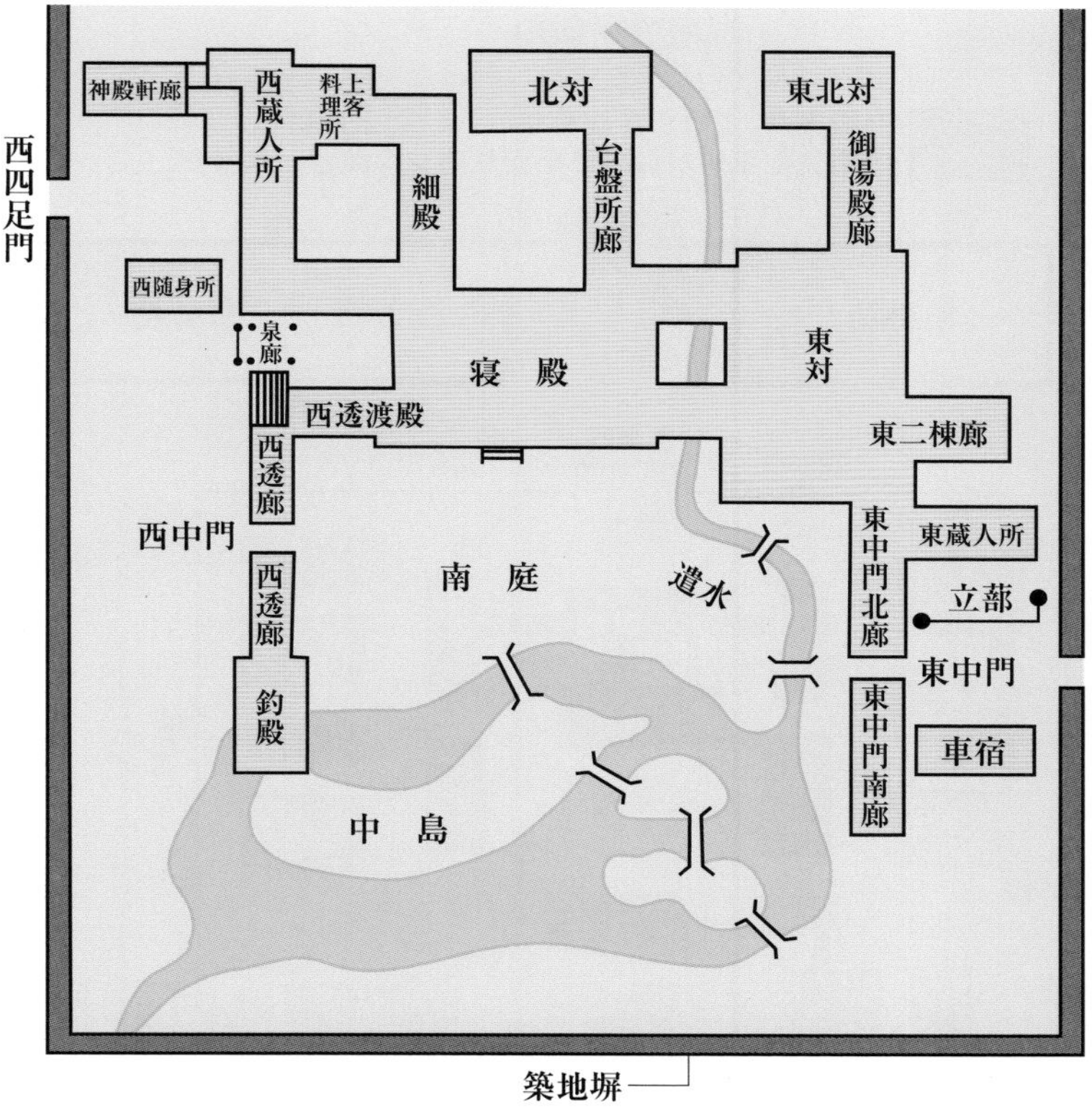

※『ビジュアル資料　原色シグマ新国語便覧　増補三訂版』より　著者作図

平安京　町屋の大きさ

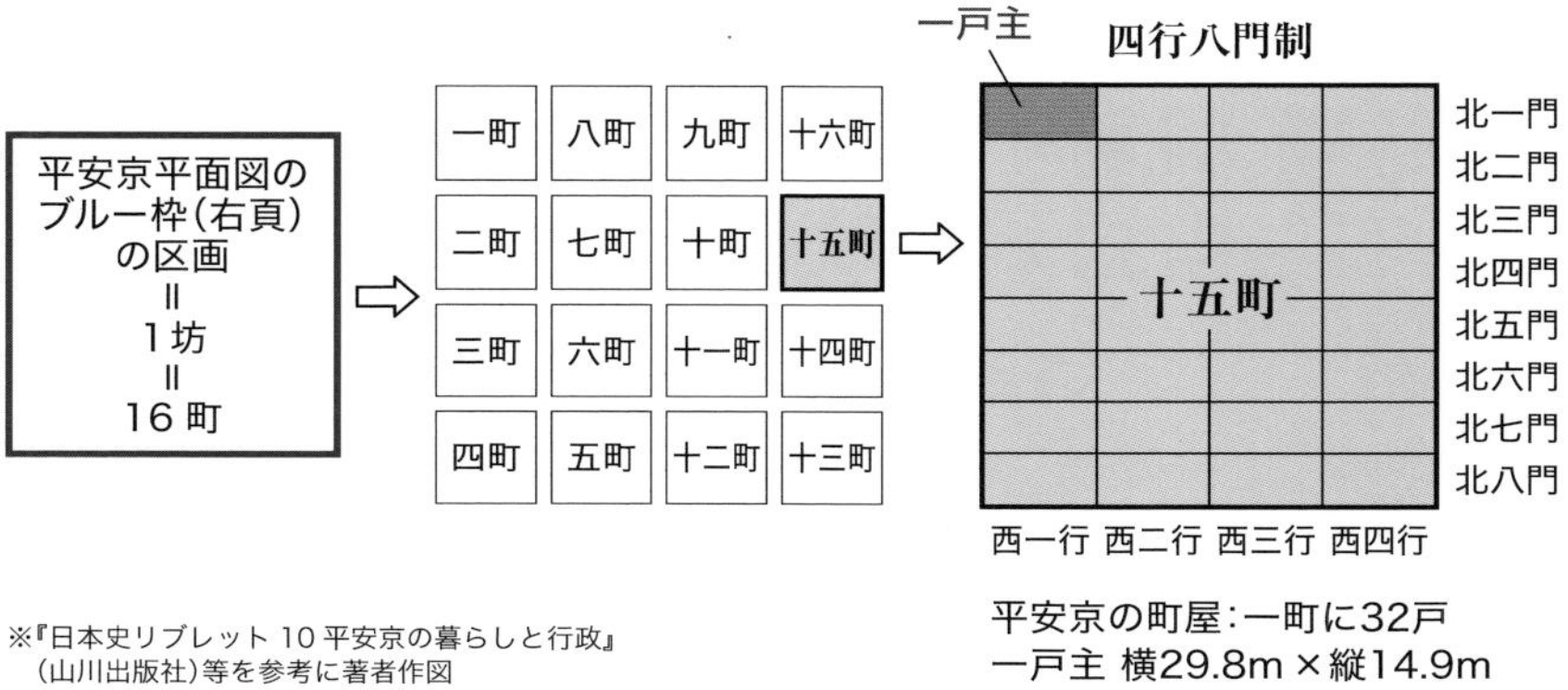

平安京の町屋：一町に32戸
一戸主 横29.8m×縦14.9m

※『日本史リブレット 10 平安京の暮らしと行政』
（山川出版社）等を参考に著者作図

内裏平面図

■ 七殿五舎。これらを総称して「後宮」と呼ばれ、
国風文化華やかな頃に平安サロンの舞台となった

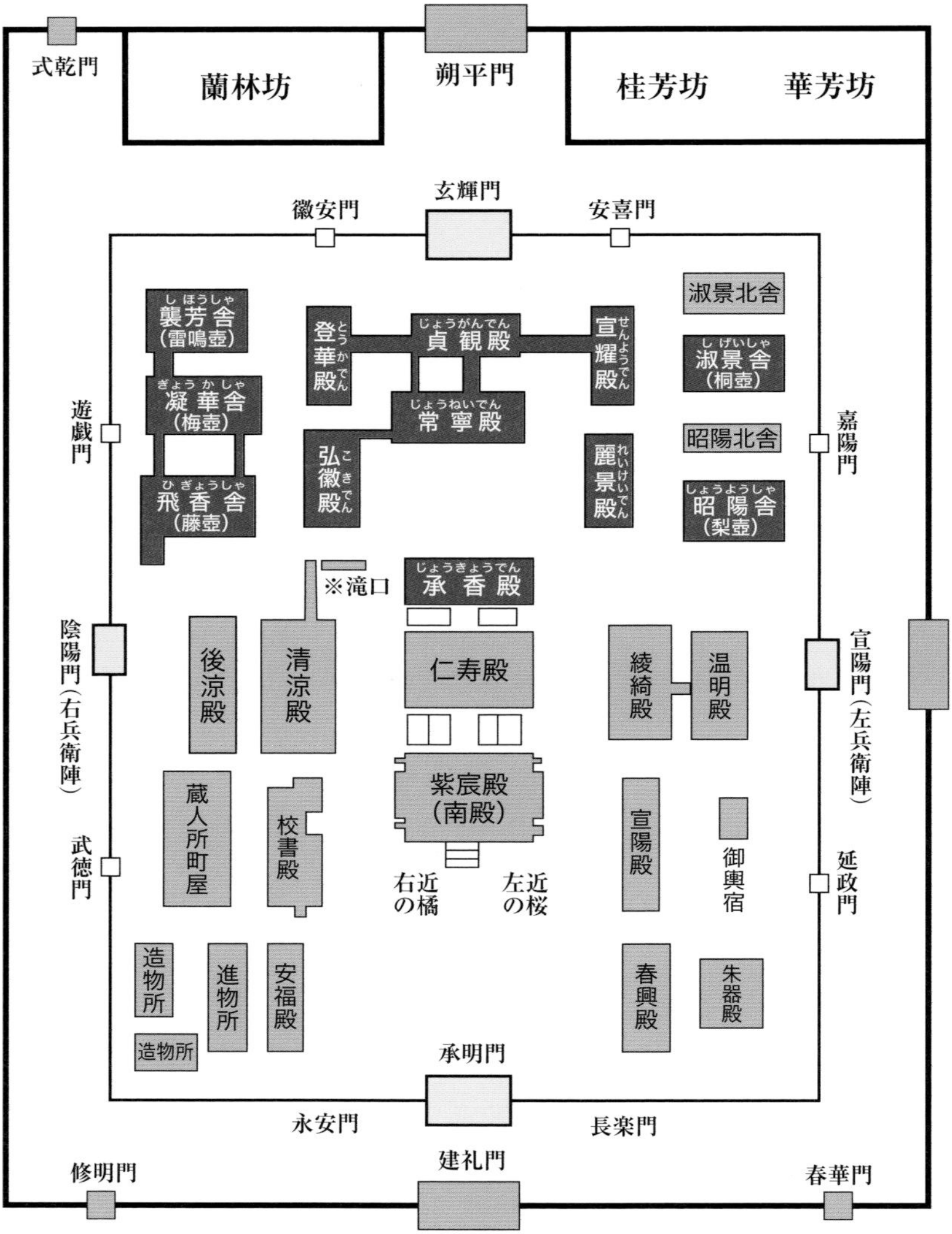

※『地図でスッと頭に入る平安時代』(昭文社)/『ビジュアル資料
原色シグマ新国語便覧 増補三訂版』等を参考に著者作図

女房たちの色彩――男性たちに増してカラフル

◆誰でも着られる「２色」とは？

次は、女性貴族たち（女房・女官）の階層について見ていく。

女性は第１章で述べた弘仁元《こうにん》（８１０）年に起きた薬子の変以来、女官が担っていた奏請《そうせい》・伝宣《でんせん》などの役職が男性の蔵人に移行し、女性は表舞台に立つことはほとんどなくなり、後宮（天皇の后妃《こうひ》や、親王・内親王が住まう場所。日本では平安京内裏の七殿五舎《しちでんごしゃ》、のちの江戸城大奥に該当する）内で皇后などに仕える女官・女房の仕事を担った。内侍司《ないしのつかさ》が後宮の中心で天皇と臣下の取り次ぎを果たした。後宮の場所、配置に関しては前頁の「内裏平面図」を、また後宮内での身分・階層・担う役割については１３７頁の「女房女官階層一覧」をご覧いただきたい。

女性の唐衣裳装束《からぎぬもしょうぞく》は男性の束帯に相当する公服でありつつも、後宮内という私服的性格を帯びていき、男性のように位階により当色が決められるような厳密なルールはなかったが、前述の男性の「禁色」のルールは父親の位階に準じていたようだ。

上﨟《じょうろう》の女房は青色（青白橡のことで青みを帯びた黄緑色）、赤色（赤白橡のことで少し茶色を帯びた赤色）の織物の唐衣、地摺《じず》り（ステンシルの要領で草木の汁などで模様を染め出したもので、宮中では金泥《こんでい》や銀泥を用いた豪華なものもあった）の裳を許された。「禁色勅許」として、天皇の乳母と一部の女房にもこの2色が許された。ただし、薄紫と薄紅色は「聴色《ゆるしいろ》」といって、男女とも位階関係なく着用ができたとされる。よって、四位から五位の身分である中﨟以下のものが着用できたのは、本来なら男性の四位以下の官人と同様で文様のない平絹と考えられる。

◆『紫式部日記』『枕草子』が描く華やかさ

ここで注目したいのが、中宮彰子《ちゅうぐうしょうし》付きの女房たちである。彼女らに対する禁色勅許の様子が、第1章の物の具の唐衣裳装束の説明でも紹介した『紫式部日記』の「敦良《あつなが》親王の五十日の祝い」で、それぞれの女房達の衣装から伺える。紫式部は大輔《たいふ》の命婦《みょうぶ》の装束を「裳を白銀の泥にして、いとあざやかに大海に摺りたるこそ……」と記述している。大輔の命婦は官位で言うと五位に当たり、本来なら地摺りの裳は許されないので、禁色勅許を得ていたことになる。

また、同じく『紫式部日記』の「敦良親王の五十日の祝い」では、小少将《こしょうしょう》の君の衣装について「桜の織物の袿、赤色の唐衣、例の摺裳着給へり」とあり、織物・赤色の二つの禁色を許されたものであることが記されている。また紫式部自身も「紅梅に萌黄、柳の唐衣、もの摺目などいまめしければ……」と刷り模様などの流行をとりいれたことを語っている。やはり最高官位の太政大臣・藤原道長の娘で親王を出産された中宮彰子付きの女房は特権階級であり、ファッションも大いに楽しむことができたようだ。

『紫式部日記』で実際に禁色と当時の上流貴族達がいかに女性のファッション・カラーコーディネートを意識していたかが分かる場面がある。同じく「五十日の祝い」の記述であるが、「その日

女房女官階層一覧

<table>
<tr><th colspan="2">身分＼職務</th><th>女性の身分は、基本的に親の身分によって決まる</th></tr>
<tr><td colspan="2">皇后</td><td rowspan="2">本来は皇后が天皇の妃の名称で、中宮は別称であったが、平安中期には皇后・中宮とも同資格の后として並立した</td></tr>
<tr><td colspan="2">中宮</td></tr>
<tr><td colspan="2">女御</td><td>皇后・中宮に次ぐ天皇の夫人</td></tr>
<tr><td colspan="2">更衣</td><td>女御に次ぐ天皇の夫人</td></tr>
<tr><td colspan="2">御息所《みやすんどころ》</td><td>女御・更衣、その他の天皇の夫人の総称
親王・内親王を産んだ女性や皇太子妃・親王妃を指す場合もある</td></tr>
<tr><td colspan="2">斎宮
斎院</td><td>伊勢神宮に奉仕する皇女、天皇の即位ごとに未婚の内親王か女王（天皇の娘以外の皇族女性）から選ばれる
賀茂神社に奉仕する内親王か女王</td></tr>
<tr><td rowspan="3">女官・内侍司</td><td>尚侍《ないしのかみ》</td><td>内侍司（後宮の役所）の長官
後宮の中心で、天皇と臣下との取り次ぎ役を果たす</td></tr>
<tr><td>典侍《ないしのすけ》</td><td>内侍司の次官</td></tr>
<tr><td>掌侍《ないしのじょう》</td><td>内侍司の三等官</td></tr>
<tr><td rowspan="4">女房</td><td colspan="2">宮中に与えられた部屋（曹司・房）に起居して仕える女官</td></tr>
<tr><td>上臈《じょうろう》</td><td>官位：三位以上
中宮の食事の給仕を務める役目、髪をすいたり化粧をする役目、中宮を楽しませる役目のものなどがいて、中宮と直接言葉を交わすことができる</td></tr>
<tr><td>中臈《ちゅうろう》
（命婦《みょうぶ》）</td><td>官位：四〜五位
女童《おんなわらわ》（中宮や姫君の身の回りの世話をする未成年の少女）や下臈の女房達の仕事を監視し、雑用もこなす。中宮とは直接対話ができない</td></tr>
<tr><td>下臈《げろう》</td><td>官位：摂関家の家司や神社の家の娘たち
下級の女官で後宮十二司に勤務。中宮、上臈とも会話する機会はほとんどない</td></tr>
<tr><td>下女</td><td>その他</td><td>官位：なし
采女、刀自老女《とじろうじょ》、雑仕《ぞうし》、女童などの下級の女官</td></tr>
</table>

※『地図でスッと頭に入る平安時代』（昭文社）／『ビジュアル資料 原色シグマ新国語便覧 増補三訂版』等を参考に著者作成

の人の装束、いづれとなく尽くしたるを、袖ぐちのあはひわろう重ねたる人しも、御前の物とりいるとて、そこらの上達部《かんだちめ》・殿上人に、さしいでて真《ま》ぼられつることとぞ、…(中略)…織物ならぬをわろしとにや。それはあながちのこと。顕証《けそう》なるにしもこそ、鳥過《とりあやま》ちのほの見えたらむそばめをも選《え》らせ給ふべけれ、衣の劣りまさりは言うべきことならず」とある。

現代語訳は「当日の女房たちの装束はどれもみな美麗を尽くしたものだった。だが、御前《ごぜん》のものを下げる役として大勢の公卿や殿上人がたの前に出たのは、たまたま袖口の色合わせが良くない人だった。…(中略)…唐衣の素材が織物でないのが良くないと？　それは無理なこと。織物は天皇のお許しがおりた人でなければ着られないのだもの。失敗は、それがあまりにも露わな時ならば、小さなものも見逃さずに指摘なさるべきだけれど、今の場合素材のよしあしは取り沙汰するべきではないと、私は思う」(紫式部著　山本淳子編　『ビギナーズ・クラシックス日本の古典　紫式部日記』〔角川ソフィア文庫〕より引用)

また、『枕草子』でも装束については、まず色・素材について言及している。やはり官位による当色や禁色勅許が如何に重要であったかの証明であろう。『枕草子』第20段に大納言(藤原伊周《これちか》、中宮定子《ていし》の兄)が「桜の直衣のすこしなよらかなるに、濃い紫の固紋の指貫、白で御衣ども、上には濃き綾のいとあざやかなるをいだして参り給へるに……」と桜がさねの直衣に濃い紫の織模様が入った指貫、袙に白、濃い紅色の綾織の袿を着て「出衣」とし、直衣の裾から覗《のぞ》かせたファッションでお見えになったと表現されている。濃き紫が入手し難くなった頃に、しかも織模様の素材で生地をたくさん必要とする指貫袴をはいている点で、いかに権力を持っていたかがわかる。また、そのカラーコーディネートを想像するだけでも、彼自身も配色を楽しめるお洒落な男性であったことが証明されるだろう。

このように、平安時代が男性も女性も上流階級(特権階級といった方が良いのかもしれないが)ほど色彩豊かで素材もしなやかな綾の絹で、より鮮やかにファッションを楽しめたことが分かっていただけただろうか。しかしながら、雑袍聴許《ざっぽうちょうきょ》・禁色勅許などの特権意識を助長させるような仕組み、さらには住居にまで及んだ階級制度が度重なる権力争いの要因の一つになったことは否めないだろう。

【さ】

細纓冠（さいえいかん）……幅の狭い纓で、先端を後ろに巻いてさしこんだ冠。

釵子（さいし）……女房装束着用時の髪飾り。

下げ美豆良（さげみずら）……髪を真ん中で左右に分け、耳のわきで束ねて下にたらす髪型。古墳時代に登場した。

指貫（さしぬき）…… 袴の一種。裾口に紐を指し貫いて着用の際に裾をくくって足首に結ぶもの。

雑袍（ざっぽう）……直衣《のうし》のこと。天皇・摂家・公家が平常時に着用した。

雑袍聴許（ざっぽうちょうきょ）……雑袍である直衣の着用が勅許され、参内服として着用できること。

糸鞋（しがい）……絹糸を編んで作った履物のこと。貴族の子弟や楽人・舞人などが用いた。

地摺り（じずり）……生地に文様を摺り出した布帛《ふはく》。金泥や銀泥で模様を摺り出したもの。

下襲（したがさね）……束帯や布袴《ほうこ》の時、袍《ほう》の下に着用する。裾《きょ》を背後に長く出す。

襪（しとうず）……靴下。

笏（しゃく）……束帯を着用したとき、右手に持つ細長い平板。備忘用に書き留める役割を担《にな》った。

十二単（じゅうにひとえ）……「唐衣《からぎぬ》・表着《うわぎ》・打衣《うちぎぬ》・五衣《いつつぎぬ》・単《ひとえ》・長袴《ながばかま》・裳《も》」の構成。女房装束の正装の俗称であり、必ず十二枚重ね着するわけではない。

浄衣（じょうえ）……狩衣の一種で、神事専用に白い絹で作られたもの。

白張（しらはり）……白布の表裏に糊《のり》を強くひき、仕立てた白布の狩衣。

垂纓冠（すいえいのかん）……纓が下に垂れるもので、文官用の冠。

水干（すいかん）……狩衣《かりぎぬ》の一種で、糊を使わず水張りして乾かした布などで作られたのが名の由来という。

蘇芳（すおう）……黒みを帯びた赤色のことで、蘇芳とは染料となる植物の名前。

石帯（せきたい）……正装の束帯《そくたい》や準正装の布袴《ほうこ》に用いられる革帯《かわおび》。

紕帯（そえおび）……貴族女性の晴装束として領巾《ひれ》と裙帯《くたい》をつけたが、裙帯を紕帯という。

舄（せきのくつ）……奈良時代に男女がはいた履で、爪先が高いため「鼻高履」ともいう。礼服着用の際に用いられた。

草鞋（そうかい）……草鞋《わらじ》のこと。草履も足駄《あしだ》（下駄の起源）も平安時代に始まる。

素絹（そけん）……織文のない白い生絹で造られた僧服。国家の祭祀などで僧侶が着る「清浄の衣」である。

第3章

平安貴族のスタンダードな正装

貴族の一日——宮仕えの男性と家庭の女性

◆早朝から午前で終わる宮仕え

正装とは、「晴れ」の際に着用する装束である。それに対して日常・普段着に当たるものが「褻《け》」の装束である。つまり、男性の束帯《そくたい》は現代に置き換えるとモーニングスーツ（燕尾服《えんびふく》）、女性の女房装束はアフタヌーンドレスに相当する。

つまり、フォーマルの中でも最も上のシチュエーションで着用する服装で、現代だと、内閣の組閣時の「閣僚ひな壇」での写真撮影といった感じだろうか。

では、装束の詳細を説明する前にまず、束帯・女房装束の形が整った国風文化の時代背景として、貴族の一日の生活パターンを次に挙げるので、彼らの生活を想像してみてほしい。

上流貴族（殿上人《てんじょうびと》）はいうなれば、現代の国家公務員総合職（六位以下〔蔵人は除く〕の貴族は一般職や地方公務員といえよう）であるが、令和時代とは大きな違いがある。現代は残業が多いと聞くが、平安時代はまだ電気はない。

「朝廷」の名の通り、朝の時間、つまり午前中の勤務だったのだ（位階によって異なるが、四位五位で月に11日程度、大納言以上は藤原道長でも月2、3回の宿直《とのい》があったとされる。また上流貴族は会議、宴会に参加することもあったようだ）。

❶日の出前（4時半～6時半頃）に天文・暦・占いを司る「陰陽寮《おんようりょう》」からの第一開門鼓で起床し、第二開門鼓（日の出から45分ほど過ぎた頃に鳴る）が鳴る頃までには出仕できるように支度をする。

❷生まれながらに定められたとされる星の名「属星《ぞくしょう》」を7回唱えて、鏡で顔をチェックし、暦を見てその日の吉凶を確認する。当時は全てにおいて迷信深い時代だった。

❸陰陽寮が作成し、頒布《はんぶ》していた「具注暦《ぐちゅうれき》」（吉凶判断のための様々な暦注が記載されて、奈良時代からそれに日記を書く習慣が生まれた）などに前日の日記を書く。この習慣のおかげで我々が平安時代の様子を垣間見られるので、現代人からすると有難い習慣である。ちなみに藤原道長の『御堂関白記《みどうかんぱくき》』もその一つで、国宝に指定されている。

❹粥《かゆ》など軽い朝食。

❺〈出仕〉　清涼殿の「殿上の間」にある日給簡《にっきゅうのふだ》に放紙《はなちがみ》（タイムカードのようなもの）を貼り、勤務開始。

❻〈勤務〉　ほぼ3時間半から4時間くらい（9時半～11時半頃）に退朝鼓が鳴ると勤務終了する。勤務日数は下位の者でも、月に5日の休日はあったようなので、皆勤でも25日ということになる。藤原道長に至っては、月に10日ほど出仕し、前述したが2、3回の宿直をしていたようである。一般的な勤務内容は国政に関する書類の決裁や、年中行事などの儀式の準備や執行などである。勤務時の身だしなみについて、藤原師輔《もろすけ》の日記『九条右相丞遺誡《くじょううしょうじょうゆいかい》』か

ら略式の衣冠ではなく、（儀式用の装束である）束帯の着用を促していたとことが読み取れる。

❼〔昼食〕　帰宅後、その日最初の正式な食事をとる。食事内容は、穀類、野菜、鶏肉、獣肉、魚肉など。

❽〔自由時間〕　夕食の時間まで囲碁や双六《すごろく》（禁令が度々《たびたび》出されるほど流行っていたようである）をして過ごす。

❾〔夕食〕　午後４時頃に２回目の食事。

❿宿直等がある場合は出仕し、ない場合は日没頃に就寝。

このように勤務時間、休日を考えると現代人より自由時間は多かったのかもしれない。しかし、この余暇を使い、平安貴族は管弦や碁、双六《すごろく》、蹴鞠《けまり》など雅《みやび》な遊びともいえる文化的な知識を身につけることができたのであろう。

◆夫を支える女性貴族の多忙

出仕している女官・女房ではなく、結婚をして家庭にいる女性貴族の１日はどうだったのかも気になるところである。基本的には夫である貴族男性の生活に準じるもので、起床とそれに続く夫や息子の出仕や外出の世話から始まる。

夫が帰宅する時間、午前10時から12時くらいがその日の正式な食事になるので、それに合わせて準備をし、ともに夫婦で食事をしたのであろう。もちろん、午後４時頃の夕食の準備もあり、午後は自由な時間はあまりなかったと思われる。

よって、夫の出仕している午前中に沐浴《もくよく》(温浴による洗髪を含む体を洗う入浴)や爪を切る、また化粧などをしていたと推測される。ただし、平安時代は洗髪・入浴・爪を切るに至ってもすべて陰《おん》陽《みょう》師《じ》の占いによって左右されていたようで、頻繁ではなかった。髪が長いことが美しさの表現の一つであった時代、身長と同じほどの長さの髪の洗髪や乾燥は容易《たやす》いことではなく、当然かもしれない。

また、夫の束帯など宮中で纏《まと》う服の仕立てやほつれを直すなどの裁縫《さいほう》も行なっていたようだ。藤原道綱《みちつな》(藤原道長の異母兄)母の『蜻蛉日記《かげろうにっき》』には、藤原兼家《かねいえ》(藤原道長の父)の衣装の染色までしたことが記されており、仕立てだけではなく、生地のデザインまでやっていたことがわかる。

平安時代の男性の優雅で華やかな色彩のファッションは、男性自らではなく、多くの場合、妻たちの演出によるものだったかもしれない。その他、夫から仕事についての相談を受けることもあり、藤原道綱母のように歌才のあるものは、縁のある皇族に歌を送る等、夫の政権構想にも一役買っていたようだ。

その他、もちろん子育て・教育に加え、日常の雑用もあったに違いない。平安貴族の妻は、かなり多忙であったことが窺える。

女房・女官については、仕事内容によって異なるため、前章の女房女官階層一覧で再度ご確認頂きたいが、後宮内でそれぞれの役目を果たしていたということになる。

こうした貴族たちの生活を踏まえ、10世紀半ば、国風文化の開花と共に登場した男女の正装「束帯」と「女房装束」について詳しく見ていくこととする。

束帯――男性貴族の正装

◆束帯のアイテムと着用法

第1章で、束帯は936年頃から登場し、文官用と武官用の2種類があることを述べた。ここでは、文官束帯の着用順序を、それぞれのアイテムの平面イラストと共に図解で説明してみよう。

❶小袖(肌小袖)を着て、大口袴《おおぐちばかま》を履《は》く。袴の着用前に冠を被り、襪《しとうず》(足袋)を履いておく。①のイラストの状態の足下に④の上の表袴を置いておく。大口袴の生地は、紅の平絹《ひらぎぬ》か白の精好《せいこう》と大精好の絹織物である。

❷単《ひとえ》を着る。生地は綾が基本で、色は原則的に赤、文様も横繁菱《よこしげびし》である。

❸衵《あこめ》を着る。衵は袷《あわせ》で、単と同形だが、裏付きとなる。［表地］固地綾《かたじあや》／［裏地］平絹。現在は皇族以外が着用できない。

❹表袴《うえのはかま》をはく。［表地］白の浮織物か固地綾／［裏地］紅の平絹。

❺下襲《したがさね》を着る。後に扱いが煩雑なため、皇族以外は別裾になった。冬用は袷仕立てで［表地］

固地綾、平絹／［裏地］平絹であるが、夏用は紗の単仕立て（裏無し）になる。

❻半臂《はんぴ》を着る。装飾的な意味合いが強く、省略されることが多い。生地は主に平絹、綾、羅。

❼縫腋袍《ほうえきのほう》を着る。冬用は［表地］固地綾、平絹／［裏地］平絹で、夏用は綾織の単になる。石帯で束ねるところから「束帯」と称されたといわれる。

さらに右手に笏《しゃく》を持つ（笏は身分に応じて材質が違う）。屋外では浅沓《あさぐつ》や鞾《かのくつ》を履く。他の持ち物として、檜扇《ひおうぎ》、帖紙《たとうがみ》がある。なお、剣を帯する時は飾剣《かざたち》を平緒で佩《お》びる。

武官束帯も構成と着用順は同じだが、最後に着る袍が闕腋袍《けってきほう》（脇を縫い合わせていない、襴と蟻先のない袍）となり、冠が巻纓冠《けんえいのかん》となり、顔の左右を覆う飾りの緌《おいかけ》を付ける。また、警備の際は背中に弓箭《きゅうせん》を身に付け、飾太刀ではなく、衛府の剣（太刀）を佩びる。詳細は巻頭のカラーイラスト図解を参照してほしい。

ただし、三位以上の公卿クラスは武官でも文官束帯を着用したため、四位以下の武官に限られ着用され、院政期頃から武官から武家へと役割が移行していき、徐々に着用する機会は減少していった。

なお、袍の襟元の仕様は、上図で確認していただきたい。束帯に限らず首紙《くびかみ》（首上とも書く）があるものは蜻蛉《とんぼ》という結び玉を作った紐を首紙に一方に縫い込み、反対の首紙に縫い込んだ輪にした紐（受け緒）に通して固定している。

袍の襟元の仕様

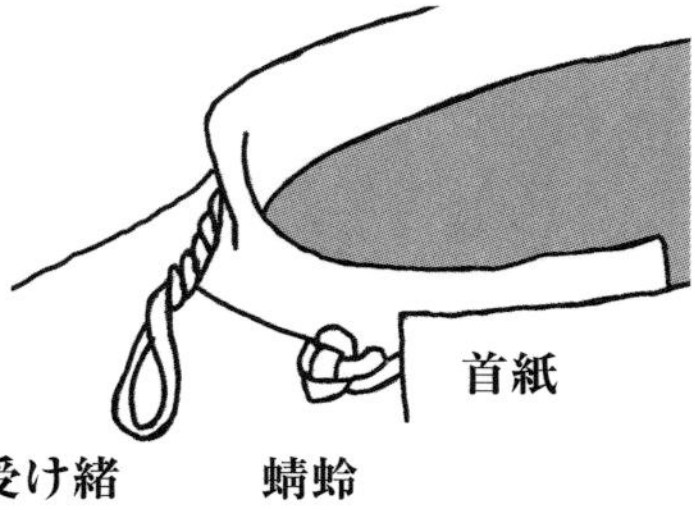

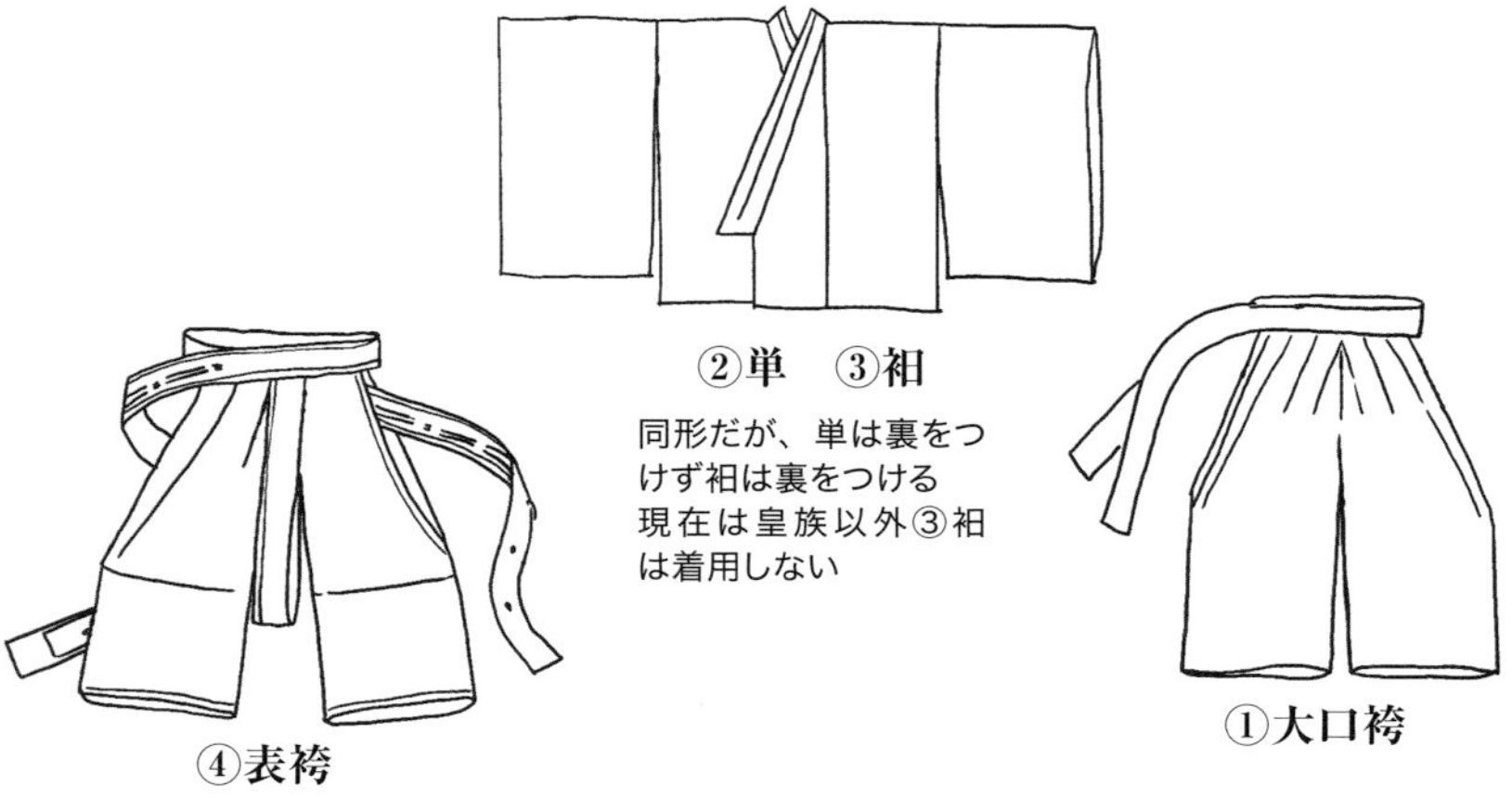

同形だが、単は裏をつけず袙は裏をつける
現在は皇族以外③袙は着用しない

上下のイラストは、番号で対照できる

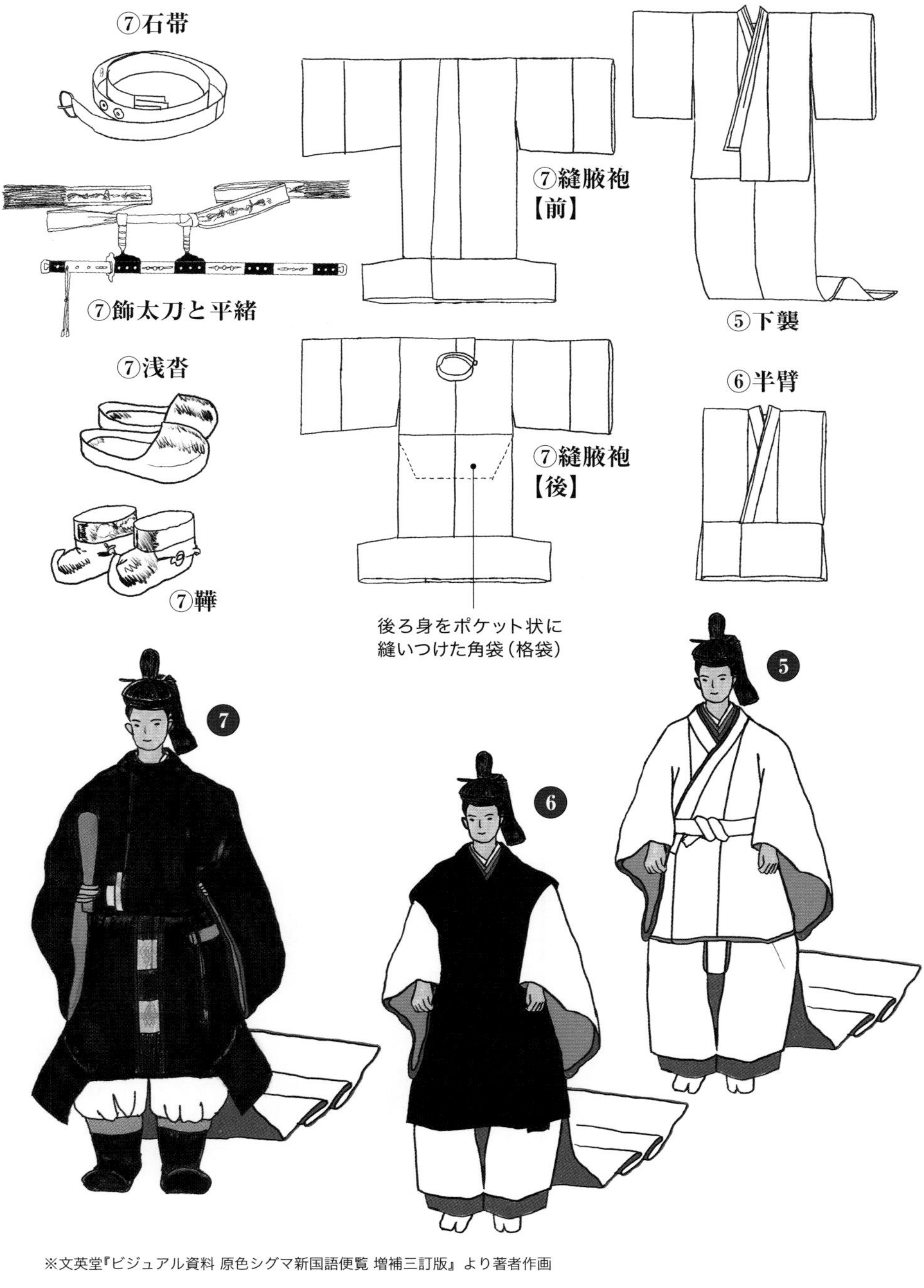

※文英堂『ビジュアル資料 原色シグマ新国語便覧 増補三訂版』より著者作画

◆裾の長さを競ってエスカレート

石帯は袍の上から締める革の帯で、黒漆塗で玉や石の飾りが付き、儀式や行事に用いる方形のものを巡方《じゅんぼう》、平常用いる円形のものは円鞆《まるとも》と呼ばれた。また、位階によって材質も異なったようである。

その他、位階によって着用ルールがあるのが、下襲の裾《きょ》である。時代が下がるごとに裾は長さを増していき、倹約令が出され、長さと材質に規制がかかったこともあるが、1世紀の間に7～8倍になっていった。

延久《えんきゅう》2（1070）年には、（諸説あるが）大臣で七尺、大中納言で六尺、参議・三位で五尺、四位五位で四尺と規定されている。その後、鎌倉時代にかけてさらに2倍くらいの長さになっているのは、お洒落というよりも台頭してきた武家に対しての貴族達の威厳の表現の一つだったようだ。

天皇の裾の長さの規定はないが、『年中行事絵巻』の清涼殿の場面に天皇が描かれている。添え書きに「コノ御袍黄櫨染ナリ」とあるので天皇であることが明らかで、地面にいる官人の裾と比べ

下襲の裾・長さ比較

※『年中行事絵巻』より著者作画

ると2倍の長さはある。下に描かれている官人の袍に「クロ」と添え書きされているので、四位(もし彼が蔵人だとすると六位の可能性もあるが)だとすると四尺の2倍で約八尺と推測される。長すぎるゆえに扱いが煩雑になったにもかかわらず、下襲と裾を別仕立て(別裾《べっきょ》)にしてまで長さを競いあい、後に登場する強装束《こわしょうぞく》の登場理由といい、階級により材質等に差をつけることは収入の差もあるので納得できるが、本来楽しむべきファッションが虚勢を張るための道具として利用されたことは、デザイナーとして長年生きてきた私は少し悲しく感じるのである。

女房装束——女性貴族の正装

◆20枚以上、重ね着した女性もいた

男性の束帯に相当する女性の公服は、正月の節会《せちえ》の供奉《くぶ》女房や五節《ごせち》の舞姫などのような晴れの儀式の際の装いも正装である唐衣裳装束《からぎぬもしょうぞく》(女房装束)である。しかし礼装として全てを備えた形なのは、平安時代初期(唐風の時代)に登場した物の具の唐衣裳装束となる。

第1章でも述べたが、構成は、髪上げ・簪《かんざし》・唐衣《からぎぬ》・裳《も》・表着《うわぎ》・打衣《うちぎ》・重袿《かさねうちき》・単《ひとえ》・張袴《はりばかま》・領布《ひれ》・裙《く》帯《たい》・檜扇《ひおうぎ》となる。詳細はカラーイラスト図解を参照していただきたいが、五節の舞姫の髪飾りは初期のものと若干違いがあるので、舞姫の姿を紹介しておこう。

唐衣は奈良時代の背子《はいし》が和装化したもので、現代では襟付きのベストのように一番上に羽織る。裳はロングスカート状の裙《も》が前まで覆えなくなり、後のみ引く引裳の形になったと考えられている。

裳は最も儀礼的な意味合いを持ち、国風文化時代には上流女性貴族の成人式のことを裳着《もぎ》と称し、13、14歳になると裳を付ける儀式を行なっている。この裳と唐衣は最も表に装うため、素材や色は前章で取り上げたように身分により制限があったが、文様はかなり自由だった。

表着・打衣は全て同じ形で垂領広袖《たりくび》である。表着は高価な材質で仕立てられ、その下の打衣は、砧《きぬた》で打って光沢を出した紅色の衣となる。華やかなアクセントとする工夫であろう。

重袿は5枚重ね一組が基本だったが、20枚以上重ねた女性もいたようだ。平安時代の絹は今よりも薄く多少軽かったが、20枚も重ねると流石に動くことは難しかった。

藤原道長の次女で三条天皇の中宮妍子《けんし》は、かなりお洒落で道長から晴れの時でも6枚重ねを限度とするよう再三注意されていたようだ。このように、唐衣裳装束の最大のポイントは袿の重ねであり、貴族たちのお洒落のポイントは「かさねの美」となっていく。「重ね」「襲」の色目については次章で掘り下げていく。

物の具唐衣裳装束の舞姫

※『年中行事絵巻』より著者作画

単は袿と同形だが、立っての移動は難しく(後宮では畳の生活が多かったため)、いざって進むことが多く、裾をひく衣は汚れやすく、洗濯しやすいように単(一重)仕立てだったようだ。『枕草子』第179段にも「いざり隠るるや遅き……」とあり、いざって移動していると表現している。

張袴は平安時代初期まで裾《も》の下にはかれていた袴が、裳が前まで回らなくなったため、表面に出て形を変えたもので長さも足首よりも長くなり、やがて糊を引いて砧で打つ張袴(打袴とも称される)へと変化したようだ。

領布は奈良時代に伝わった唐風流行であり、薄物で作られ、肩からかけて装うもので、平安初期には正装の必需品で、中期以降も物の具装束には必須の服飾品であった。

日常の唐衣裳装束

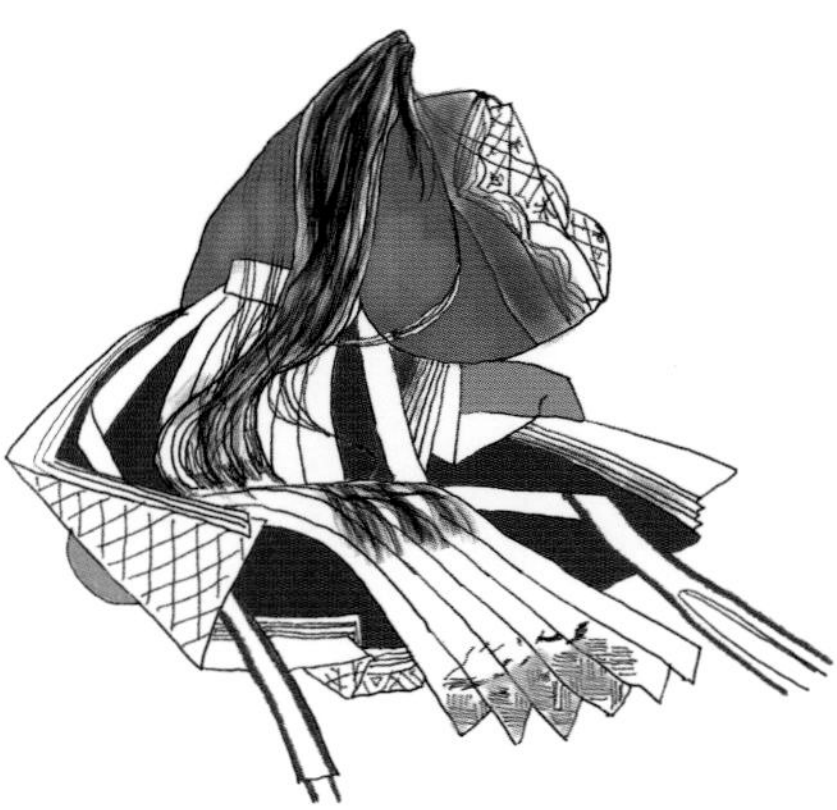

※『春日権現験記會』より著者作画

裙帯は平安初期まで胸高に裙を付けていたため、結んだあまりを胸元から下げて装飾としていた。『紫式部日記』にも皇子誕生の五日の産養《うぶやしない》の際、髪上げした女房達について記されていることから、儀礼の時は、その時代も物の具の唐衣裳装束であったようだ。ただし、その時の様子が描かれた『紫式部日記絵詞』によると花釵《かさい》は挿していないようである。次頁の図(『紫式部日記絵詞』より著者作画)を参照していただきたい。

また、『枕草子』第100段にも「御膳の折になりて、御髪上げ参りて、蔵人ども、御まかなひの髪上げて……」の表現があり、女官が給仕をする際は髪上げをしていたことが伺える。

儀礼ではない日常的な出仕の際は、領布や裙帯、髪上げ・簪を省いた形の唐衣裳装束（女房装束）であった。ただし、袴が張袴でなく平絹製の長袴であった。

唐衣と裳は出仕の際に原則として着用しなければならなかったが、唐衣は省くことも可能だったようだ。

◆靴を履くことを想定しないファッション

では、ここで日常的な女房装束の姿を見ていこう。

装いの前後のスタイルをお見せしたいので、立ち姿で全体が解るイラストを描いているが、絵巻等に残る女房装束姿の貴族女性たちはほとんどが畳の上に座っている姿である。前述したように袿を重ねた状態での移動が困難であり、排泄ですら御付きの者が「おまる」のようなものを持ってきて、貴族女性たちは自ら動いていなかったようだ。絵師も彼女らの立ち姿を見かけることがほぼなかったのかもしれない。

以前、私は拙著『イラスト年表　着物は時代を物語る』（デザインエッグ社）で、「十二単（女房装束）」の発展の理由について、その当時の京都が「平安温暖期」の影響で夏は現代と同じくらい非常に暑く、風通しの良い寝殿造に生活したことが背景にあり、開放的な空間だったため、冬の寒さ

髪上げ＋唐衣裳（女房）装束

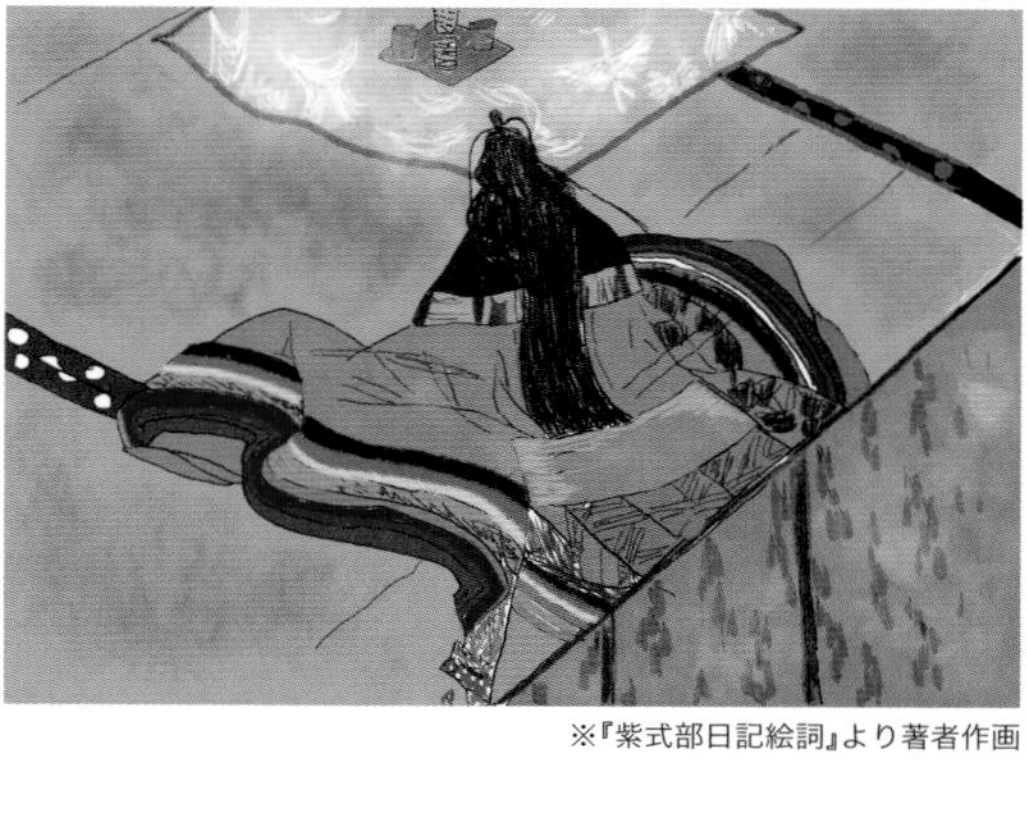

※『紫式部日記絵詞』より著者作画

には重ねる枚数により体温調節ができる便利さもあり衣を重ね始めたという説と、肉体労働をしなくても良い貴族という特権階級の象徴として非実用的な大袖を重ねていったとする説を支持した。

しかし今回、「平安時代」のみに特化して見ていくと、新たな理由が浮かび上がった。奈良時代までのベッドや椅子での暮らしから畳の上での座って過ごす生活となり、服装にも「ゆとり」が必要になったこと、これは男性貴族にもいえることであるが、大極殿の消失などもあり、政務自体も清涼殿などで座って執務をすることが多くなっていったことで、裾を引きずる下襲の裾《きょ》や女性の長袴に裾を引きずる重袿《かさねうちき》でも可能になったからであろう。

汚れ方も生地の痛み方も床で引きずる場合とは比べ物にならない程度であったはずだ。洗濯機もドライクリーニングもない時代であるし、何度も倹約令が出ていた絹織物も貴重な時代である。もし、屋外で裾を引きずるデザインが流行ったとして、何百年も続くとは考え難い。

さらに、貴族女性は「薬子の変」以来、表舞台から奥へと下がったため、靴を履くというシチュエーションさえほぼ考える必要がなかった。靴の脱着行為が毎日あると、さすがに女房装束で出仕するというスタイルは続かなかったと推測する。

女房たちは、後宮内に部屋があり、つまり外に出ることなく勤務できたことが女房装束を発展させた最大の理由ではないかと考えられる。

では、最後に女房装束の着用順(図解)を次頁にイラストで紹介しておく。襟の重ね方は5枚1組でする場合と1枚ごとに重ねる場合、着方としてはどちらもあり、1枚重ねるごとにウエストを紐で括《くく》り、上に重ねるたびに下の紐を外すため、最終的には紐は1本となる着方である。

※単は５枚重ねる袿と同型であるが、その他の装束（上に着る袿など）を汚れから守るために、一回り大きく仕立てられている。

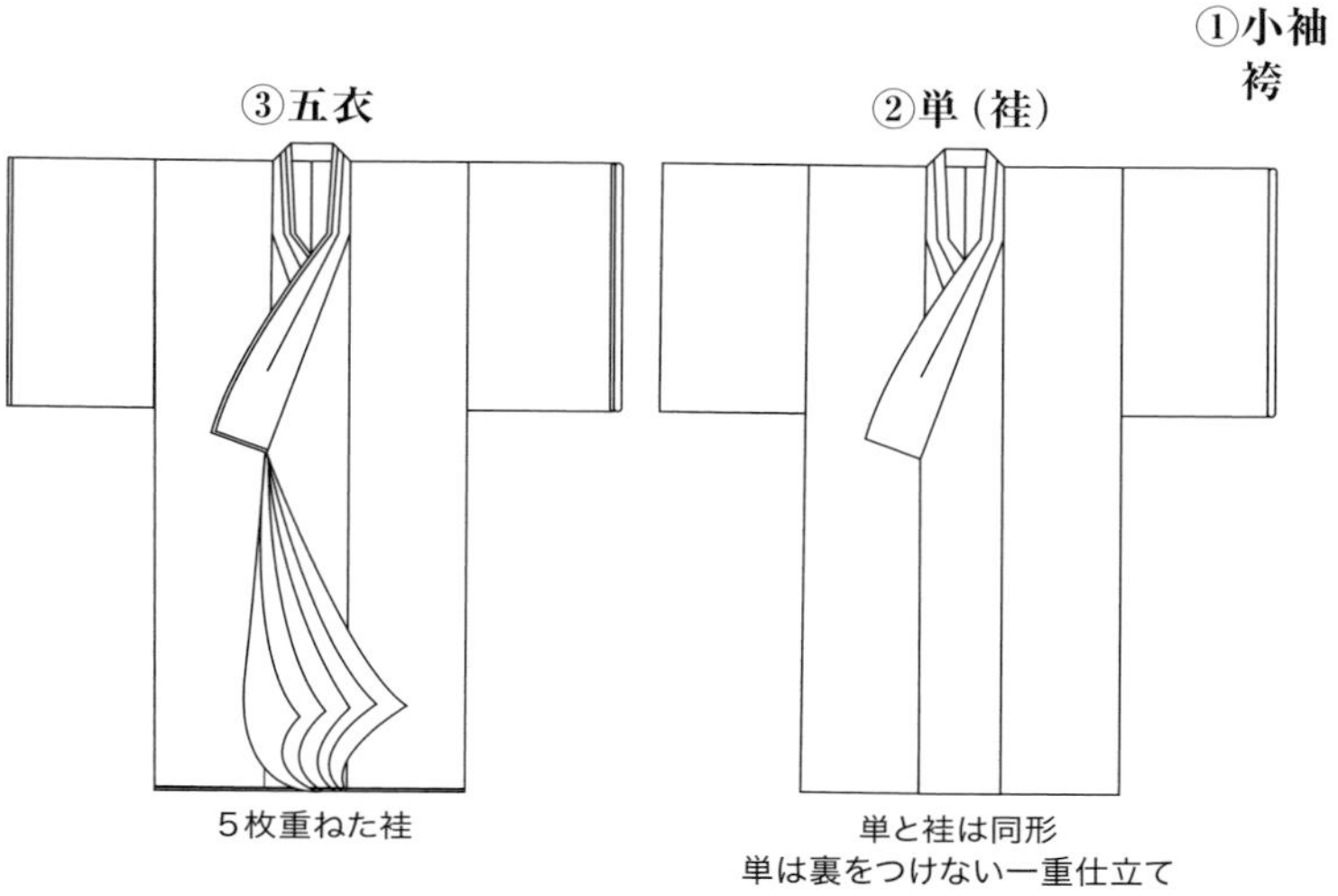

5枚重ねた袿
単と袿は同形
単は裏をつけない一重仕立て

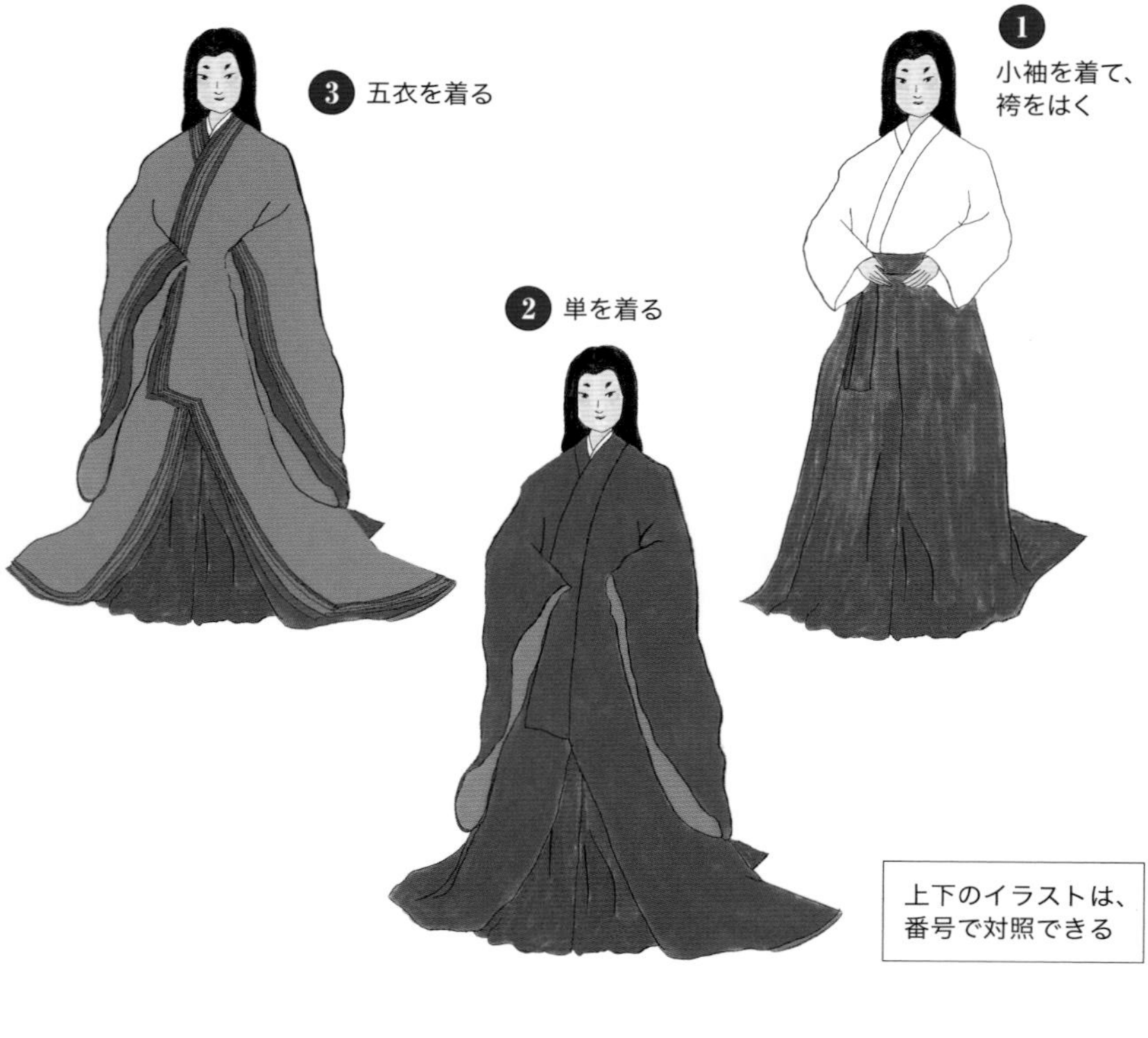

上下のイラストは、番号で対照できる

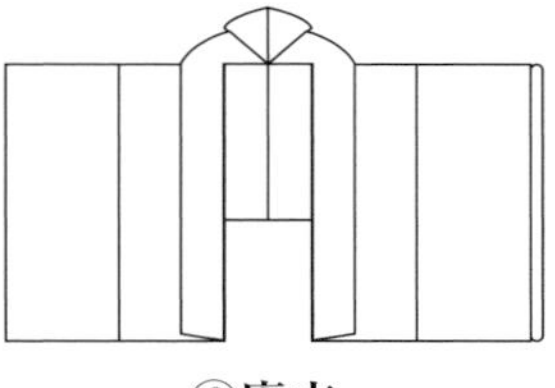

⑥唐衣

奈良時代の背子《はいし》が
変化したもの

⑤表着

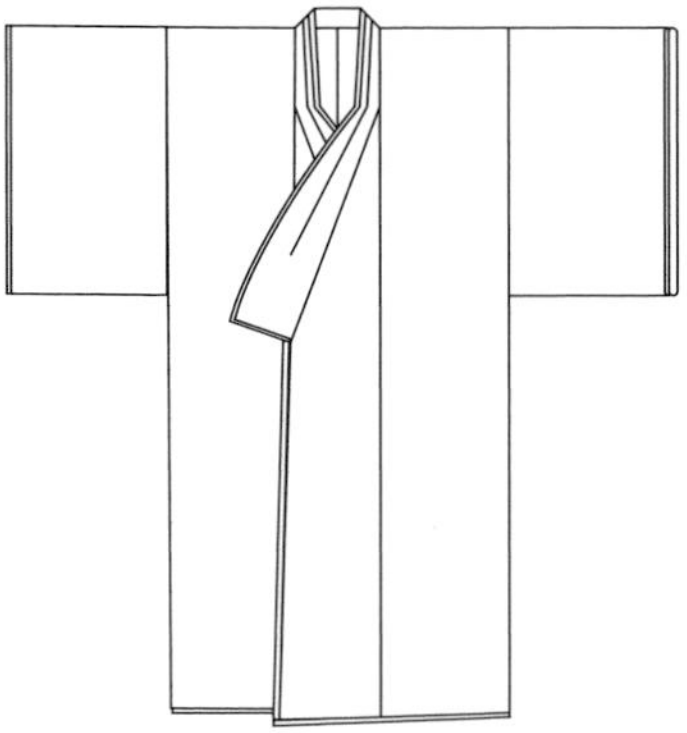

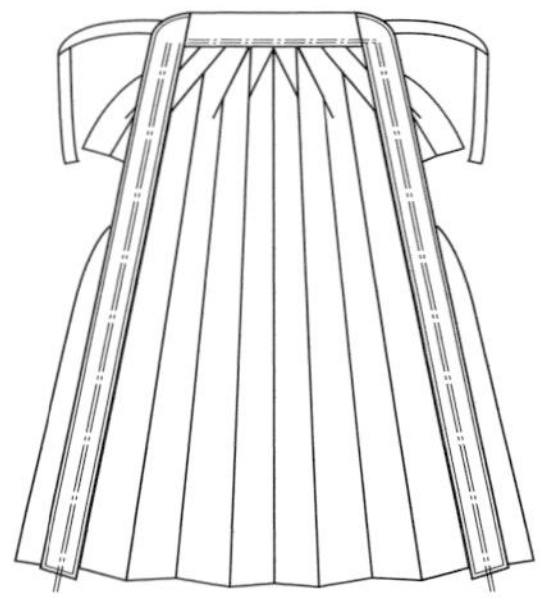

⑥裳

奈良時代の裙《も》が変化し
たもの
めでたい文様や文学的
内容の絵を表す

❺ 表着を着る

❻
腰に裳をつけ
唐衣を着る

❹
打衣を着る

※『ビジュアル資料 原色シグマ新国語便覧増補三訂版』より著者作画

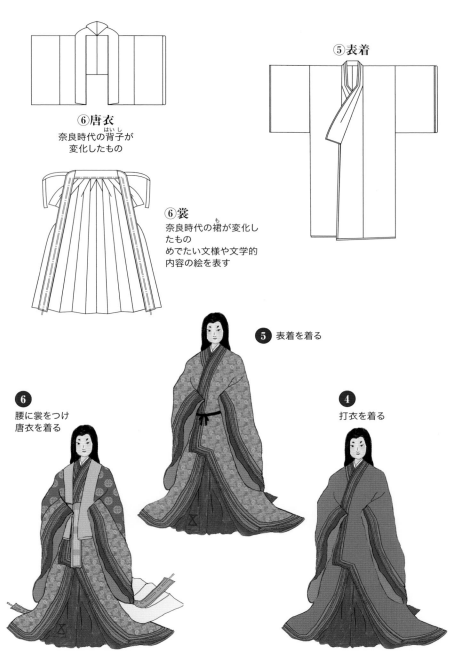

【50音順】難読ファッション用語の読み方と意味④【た】【な】

【た】

立烏帽子（たてえぼし）……頂辺の峰《みね》を高く立てて折らない、最も格式の高い烏帽子。

帖紙（たとうがみ）……懐中して鼻紙や、歌の詠草にも用いた懐紙のこと。

踏皮（たび）……平安時代に履かれた後世の「足袋」のルーツ。

垂領（たりくび）……両端を肩から胸の左右に垂らし、引き合わせて着用するもの。現在の着物は、ほぼ垂領型。

段染（だんぞめ）……1本の毛糸に数色が繰り返される染め方で、織ると自然に縞模様になる。平安時代に確立。

朝服（ちょうふく）……有位の官人が朝廷に通常出仕する際の衣服。

壺胡籙（つぼやなぐい）…… 公家の武官の矢の容納具。地下の近衛の武官に多く用いられた。

貫（つらぬき）……平安後期に武家が使った、鹿や猪などの皮（革）でつくった靴のこと。

橡（つるばみ）……団栗《どんぐり》を煮た汁で染めた濃い灰色のこと。

弦巻（つるまき）……掛け替えのための予備の弓弦《ゆみづる》を巻いておく輪。腰革にかけた。

手無し（てなし）……袖無しのことで、袖の無い衣服のこと。庶民の着た日常着または労働着。

殿上人（てんじょうびと）……宮中の清涼殿、紫宸殿に昇殿できる三位以上の官人、許された四位、五位。

銅拍子（どびょうし）……両手に持って打ち合わせる、中央が椀状に突起した青銅製の円盤。

鳥甲（とりかぶと）……舞楽の襲装束《かさねしょうぞく》に用いるかぶり物のこと。

【な】

萎烏帽子（なええぼし）……漆で塗りかためていない、柔らかい烏帽子。

柔装束（なえしょうぞく）……柔らかい曲線的な公家の装束をいう。

長袴（ながばかま）……裾の長い袴のこと。足先を覆って、裾を長く引くような仕立てになる。

女房装束（にょうぼうしょうぞく）…… 後宮奉仕の高級女官・女房が着用する正装。

直衣（のうし）……雑袍《ざっぽう》と同じ。

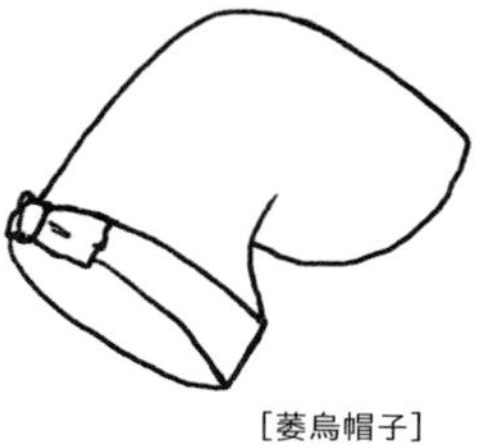

［萎烏帽子］

第4章

代表的な色・文様の使い方

かさねの色目 ―― 袖口・襟元の美しさ

◆四季の変化に呼応した「多彩な色彩」

平安時代と聞いて「十二単《じゅうにひとえ》」を連想される方も多いだろう。そして、次に思い浮かぶのが、その袖口や襟元の「色かさねの美しさ」ではないだろうか。前章でも述べたが、平安時代ファッションの最大の魅力は、華やかで優雅なカラーコーディネーションである。それは男性・女性両方に指摘できる。

平安朝装束の色には、「染色《そめいろ》」「織色《おりいろ》」「かさねの色目」があるといわれている。

「染色」とは、白絹織物を染料で染める色彩表現で、当時はすべて草木染めである。

「織色」とは、先染《さきぞめ》（糸の状態で染色）の経糸《たていと》と緯糸《よこいと》で一枚の布を折り上げる色をさす。経緯《たてよこ》それぞれ異なる色にすることも可能である。

「かさねの色目」は2種類あり、袷《あわせ》仕立ての「衣」の表裏の裂《きれ》を重ね合わした色を指す場合と、装束としてその衣を何枚も重ね着してその表にあらわれる衣色の配列を指す場合である。本書では、カラー図解作成の際に参考にさせていただいた『新版　かさねの色目　平安の配彩美』（長崎盛輝著、青幻舎）に従い、前者に「重ね」、後者に「襲《かさね》」の文字を当てさせていただき、「重ねの色目」「襲の色目」と表記することとする。

※布に関する場合は「縦横」でなく、「経緯」を用いるのが一般的である。

では、男女ともに気を遣った「かさねの美」とはどういうものなのだろうか？

ただ単に美しい配色、カラーコーディネートというわけではなかったようだ。配色に四季折々の植物名をつけ、季節感とその植物の風情を取り入れて装いを楽しんだ。また、歌詠み(和歌)を大切な教養としていた貴族たちにとって四季折々の植物を愛でること、自然の移ろいに敏感でいることは生活の一部であったといえる。

『枕草子』の中にも、植物や虫の名は多く登場し、清少納言も実によく観察している。そして、四季だけでなく十二ヶ月・二十四節気《にじゅうしせっき》・七十二候《しちじゅうにこう》の微細な気候環境に呼応した多彩な色彩も観察して生活の中で生まれたのが、「かさねの色目」である。

◆5つの基本色「青」「蘇芳」「萌黄」「紅梅」「朽葉」

まず、袷《あわせ》仕立ての「衣」の表裏の裂を重ね合わした色「重ねの色目」だが、当時の衣は、真夏以外はすべて袷で、袖口《そでぐち》・襟元《えりもと》・裾《すそ》などで裏が表に僅《わず》かにのぞいていた。少し見える裏と広い面積を占める表地との配色が、楽しみとなったのだ。

ただ、当時の絹は現在のものよりも薄かったため、表が白や薄い色の場合は、裏地の色が表に反映する。表地の白色に裏地の赤色がほのかに透《す》けて、夕陽に映える桜の美しさを象徴しており、「桜かさね」と称している。なんと粋なネーミングなのだろう。平安朝の貴族達の自然との関わり方、観察眼を見習いたいものである。

この「桜がさね」であるが、平安朝文学にも男性・女性問わず多く登場するが、五衣《いつつぎぬ》の「襲の色目」には見られない。また、裏地の色に関しても赤色以外に葡萄色《えびいろ》・二藍《ふたあい》などの諸説あるようだが、私としては赤色が一番しっくりくる合わせ方だと確信している。

次頁の「重ねの色目と基本色」では、季節ごとの代表的な重ねの色目(『枕草子』や『紫式部日記』などで取り上げられていた色目)を中心に紹介している。ただし、組み合わせや色の配合については諸説ある。これらはごく一部で実際には100を超える「重ねの色目」の組み合わせがある。

平安貴族がいかに日本の四季と共に生き、自然を愛《め》でていたかが窺《うかが》える。

男性の場合は、女性のように五衣を着用することはないので、直衣《のうし》と出衣《いだしぎぬ》や狩衣の袖付けのあきから覗《のぞ》く下の衣との配色で重ねの色目を楽しんだようだ。

これら「かさねの色目」の中心となる基本色としての5色を紹介する。色目は次頁のカラー図解※を参照していただきたい。

青《あお》　平安時代は、キハダ(黄蘗)などで下染めした上に藍をかけて色を作った。やや青みがかった緑。現在の青は、当時では縹《はなだ》と呼ばれる色に当たる。

蘇芳《すおう》　マメ科の熱帯植物スオウから採取した染料で染め、濃蘇芳《こきすおう》は黒っぽい赤紫、中蘇芳《なかずおう》は鮮やかな赤紫に近いピンクで、淡蘇芳《うすすおう》は紫味のピンクである。

萌黄《もえぎ》　黄緑色で語感から若向きの色とされ、この萌黄の入る組み合わせは若者向けとなる場合が多い。

紅梅《こうばい》　紅梅の花の色に似て、かすかに紫味を含んだ淡い紅の色をいう。

朽葉《くちば》　黄色い落ち葉を指す色で、平安時代は赤みがかった黄色をさす。

※印刷上、実際の色と多少のずれがあることをご容赦いただきたい。

重ねの色目と基本色

重ねの色目

裕仕立ての衣の表裏の裂を重ね合わせた色を指すかさね色目（例）

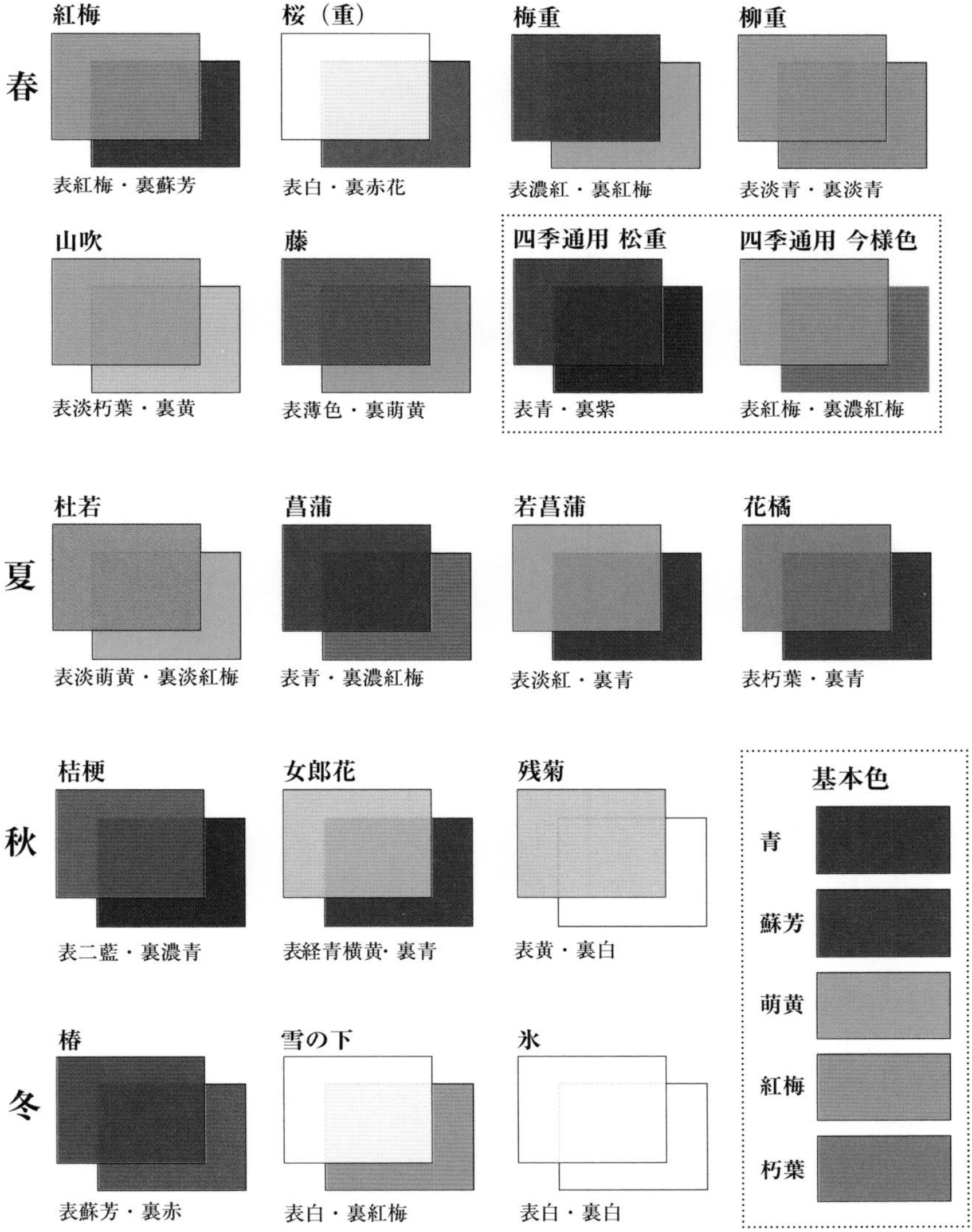

「重ね着」の美学——袿を重ねて生まれる配色

◆春夏秋冬の色目を重ねる

では、次に「襲の色目」であるが、これらは女性の場合に袿をたくさん重ねることにより、醸《かも》し出される配色がメインとなる。装束上の襲色目の配色法は、時代ごとに配色、着用時期、名称等に違いがあり、平安時代末期の源《みなもとの》雅亮《まさすけ》著『満佐須計《まさすけ》装束抄《しょうぞくしょう》』には単《ひとえ》と五衣《いつつぎぬ》(重袿)の配色のみが、室町時代の『女官飾鈔《にょかんかざりしょう》』では単・五衣・表着《うわぎ》・小袿《こうちぎ》までの配色が述べられている。

本書では『満佐須計装束抄』で紹介されている配色のうち、『源氏物語』などで述べられている配色から9パターン「襲の色目」を次頁で紹介する。

各パターンとも一番右側が五衣の一番上の色となる。これらにどんな色の表着・小袿、さらには唐衣を重ねたのかはルールがない。選ぶ人のファッションセンスだったのか、記録として残っていないだけなのかは不明であるが、現代人の私たちにはそれを想像するのが楽しみである。

松かさねのように四季で通用する儀式用色目もあるが、基本的には季節に咲く花の様子(例えば、「梅かさね」では早春に咲ききそう紅梅の様々を表現/「黄菊《きぎく》かさね」は黄菊の移ろう様子を表し、四季の花の霊験を願った色目/「雪の下かさね」は、降り積もった雪の下にも春待ち紅梅と新芽を思わせる生命力の溢《あふ》れる色目)を表現している。

「襲の色目」の9パターン

襲の色目

装束としてその衣を何枚も重ね着してその表に現れる衣色の配列をさす

重ね着のかさねの色目(例)

松かさね ※四季通用・儀式用色目

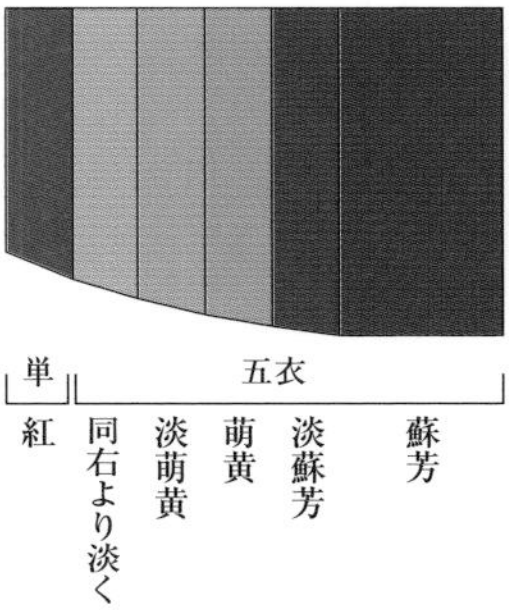

梅かさね ※春の色目
五節より春まで着る。

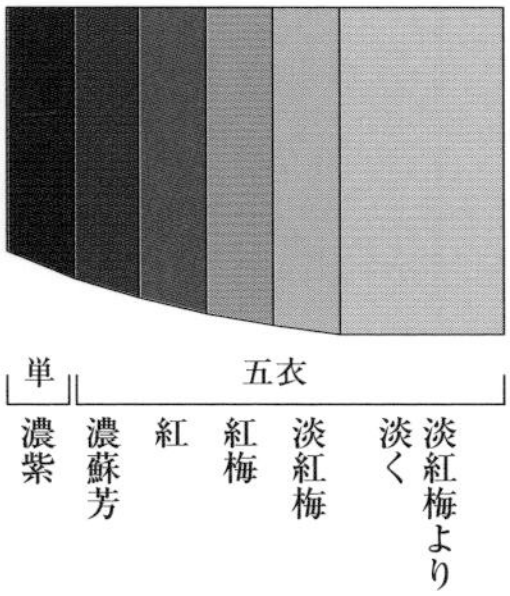

藤かさね ※夏の色目
四月薄衣に着る。

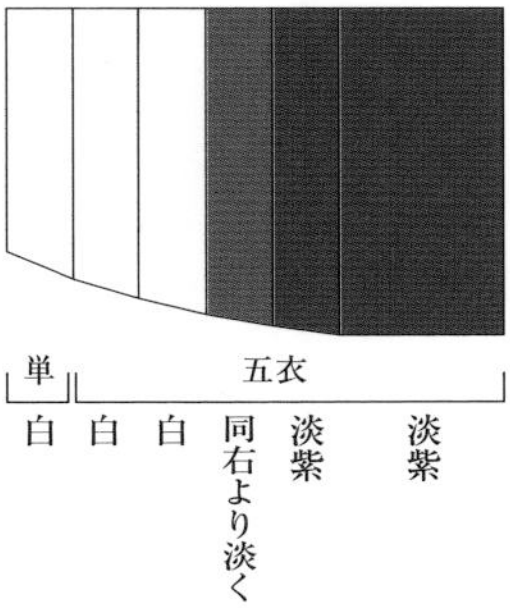

菖蒲 ※夏の色目
四月薄衣に着る。

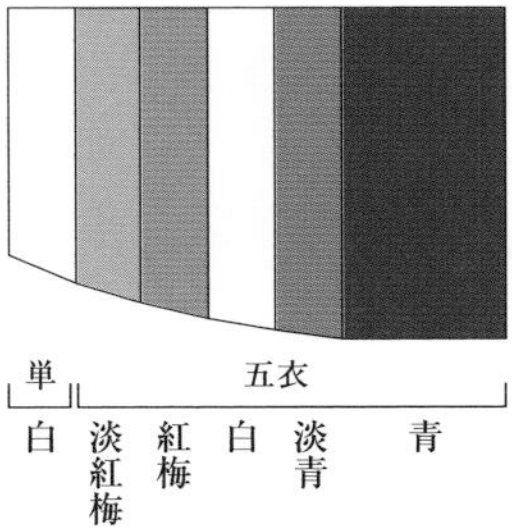

白撫子 ※夏の色目
四月薄衣に着る。

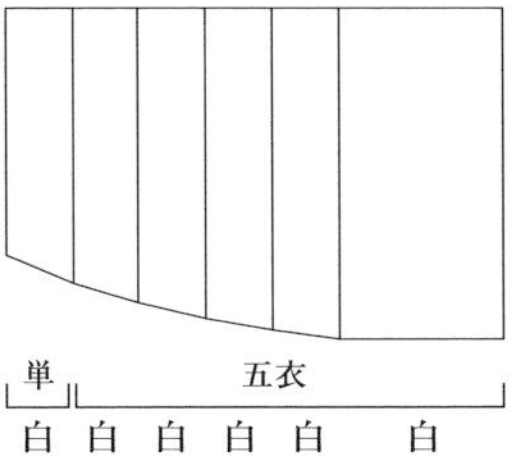

黄菊かさね ※秋〜冬の色目
10月1日より練衣綿を入れて着る

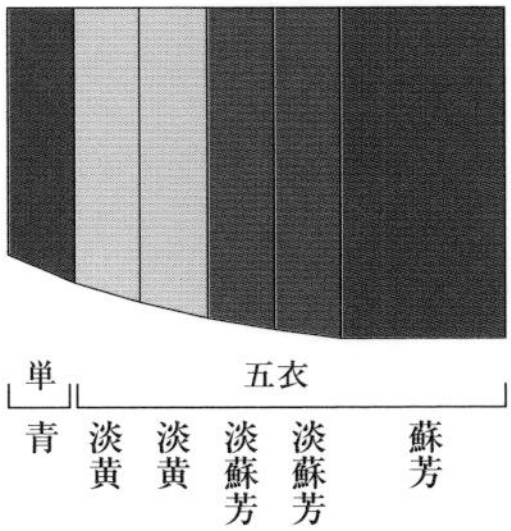

紅紅葉 ※秋〜冬の色目
10月1日より練衣綿を入れて着る

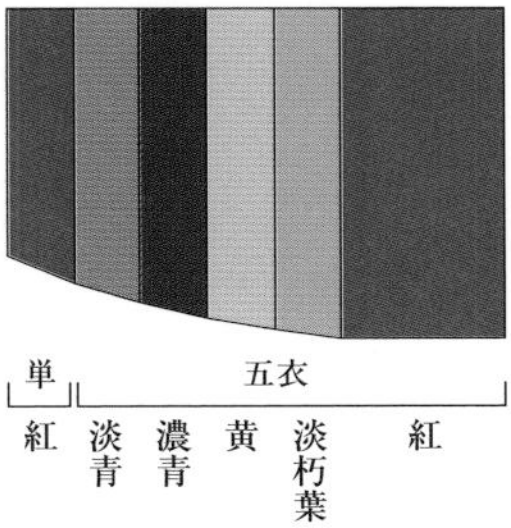

紫の薄様 ※春の色目
五節より春まで着る。

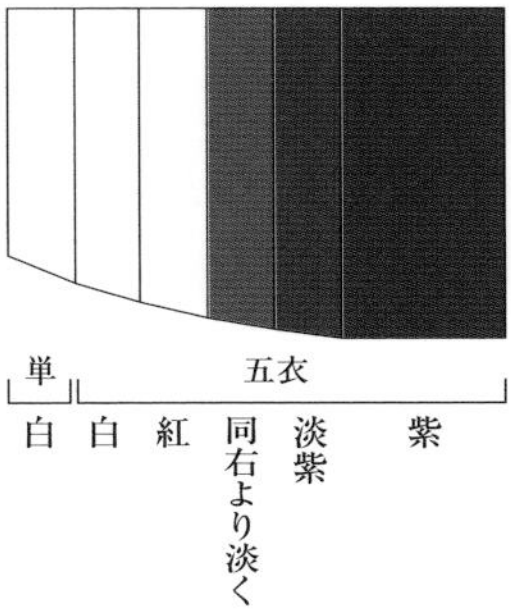

雪の下かさね ※春の色目
五節より春まで着る。

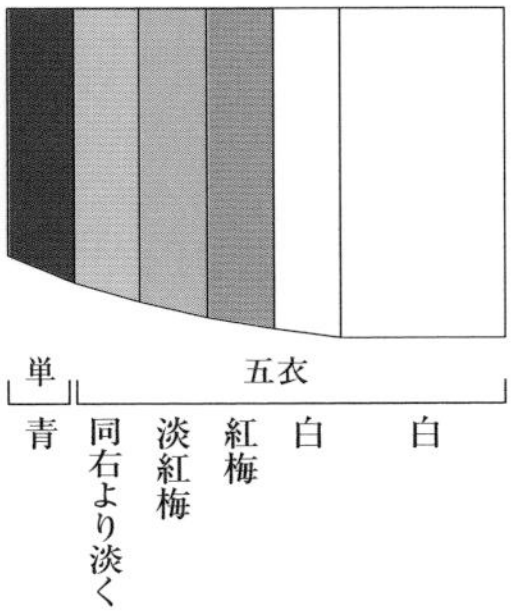

「秋から冬の色目のものは、十月一日より練衣綿を入れて着る／春の色目のものは、五節《ごせち》より春まで着る／夏の色目のものは、四月より薄衣に着る」と『満佐須計装束抄』に記されている。

ちなみに、現在は単、五衣の上に打衣を着てから表着、最後に唐衣の順番で着用するが、実は応仁の乱により装束文化が途絶えて、江戸時代に入り江戸幕府が援助して復活させた際、着用順が変わったとの説もあるが、定かではない。

ただ、室町時代の『女官飾抄《にょかんかざりしょう》』には単・五衣・表着・小袿までの配色が述べられている。しかし戦乱が多く、財政的にも苦しくなっていた朝廷では、正装である唐衣裳装束ではなく小袿姿が主であったはずである。

あくまで想像であるが、平安貴族のように優雅に自然を愛《め》でる余裕がなく、色の重ね方もすべてルールに従って着用していたのではないか。やはり、心身ともに穏やかに暮らすことができた時代背景の平安時代だったからこそ生まれた、優雅な「重ねの美」だったのだろう。

◆重ねの組み合わせの美しさが重要

襲の色目の場合、表裏の配色をベースに同色の濃淡やグラデーション（藤かさねなど）となる。また真夏以外は五衣は袷仕立てとなるので、実際にはこの表裏でも色合わせ（重ねの色目）があり、165頁の図解よりもさらに華やかになる。例えば、すべて白色の白撫子《しろなでしこ》であるが、五衣の上から順に蘇芳・紅・紅梅・青・淡青の裏地が付く。袿は同じ大きさのものを重ねるため、上の衣ほど引っ張られることになり、袖口や裾などから下の袿の色が見えることになる。

打ち出し

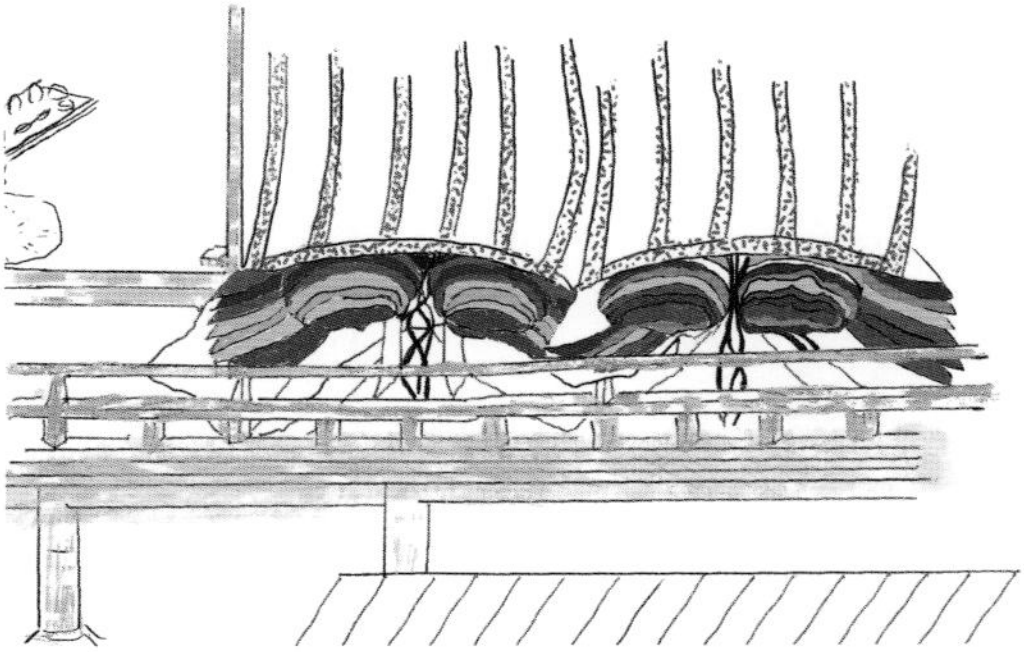

※『年中行事絵巻』より著者作画

公家女性たちは、裾や袖を外に出して座ることが多く、部屋の御簾や牛車の御簾の下から見える様子が、「打ち出し」といわれた。晴れの儀式などでは装飾としても重んじられ、重ねた衣服の色の組み合わせの美しさが鑑賞された。『年中行事絵巻』や様々な絵巻に「打ち出し」の様子を表した箇所があるので紹介しておく。

　これら「重ねの色目」や「襲の色目」は、名称となっているその植物の季節に合わせ、むしろ季節の先取りが良しとされた。例えば、梅の季節には紅梅の重ねを装って梅を愛で、自然と人間が一体となる感覚を楽しんだのだろう。ただし、季節遅れのかさねは興醒《きょうざ》めなものとされた。

文様——日本ならではのモチーフの発展

◆五行思想と生活様式・自然環境をもとに

これまで平安朝の人々と色との関わり方を述べてきたが、日本で最初に服制が敷かれたのは、推古11（603）年の「冠位十二階」からであり、そこから「七色十三階冠《ななしきじゅうさんかいかん》」「冠位十九階」から701年の「大宝令」で三十階となり、718年の「養老衣服令」が平安時代の官位制へ繋がっている。つまり、日本人が色を意識し始めた大本は「冠位十二階」であり、「陰陽五行説」（陰陽五行思想とも）によるものとされ、木火土金水《もっかどごんすい》の五行に仁礼信義智の五徳を当て、それを青黄赤白黒《しょうおうしゃくびゃくこく》の色使いの順とした。さらに、それらを統括するものとして最上位に「徳」を置いて紫が考えられ、この六種を大小に分けて十二種の冠位としたという説である。

　この陰陽五行説は、国風文化となった平安中期以降でも、貴族の生活、思想にまで及んでいた。中国で発達した思想で陰と陽、五行（木、火、土、金、水）の作用をもって、日月や干支の巡りを考える。そして、人事の推移までも察し、占いや祈禱《きとう》をすることにより、災を避け、吉凶の判断まで行うというものであった。

　実際に「平安貴族の一日」でも紹介したが、彼らの一日は陰陽寮の太鼓の音で起床し、その陰陽寮が作成し頒布《はんぷ》していた「具注暦《ぐちゅうれき》」により吉凶を確認した。禁忌を把握するところから始まるなど、五行陰陽思想が根付いており、生活そのものを五行色彩の観念として通用させ、微妙な自然界の色のグラデーションや、変化していく様子さえも物の本質として捉えていたのである。

　この陰陽五行思想が、平安朝の文様にも大きな影響を与えていた。飛鳥・奈良時代から続く宝尽くしや松竹梅、鶴亀などの吉祥文様《きっしょうもんよう》は中国から来たものであるが、そこから五行思想に基づいた生活様式や自然環境に適応した形に直していった文様が、のちに「有職《ゆうそく》文様」と呼ばれるものである。それらの文様は宮中祭祀《さいし》や儀礼（有職故実）に用いられる用具や衣類に用いられ、貴族はこの学識や法式に従うことを大切にしており、近世以来、このように呼ばれるようになったといわれる。
そのモチーフは、身近な自然を扱ったもので、動植物が多く見られ、モチーフを円や四角形の中に収めた定型文様や連続文様などその形状に特徴がある。激しいものや恐ろしい姿、緻密すぎる形などは避けて、写実ではなく抽象的かつ親しみやすいものにし、円の中にそのモチーフを配置するなど温和で上品に図案化している。

◆「有職文様」として後世に残るデザイン

次頁の「有職文様」に、現在も様々なものに使用され続けている柄を中心に、束帯・直衣・下襲・指貫・女房装束の唐衣などや、五衣・単などの綾織物の地文様として広く見られる柄等を紹介しておく。

上2段の連続文様は「続く」ことから縁起が良いとされたが、その中でも菱文《ひしもん》は、モチーフである水草の強い繁殖力に肖《あやか》り、子孫繁栄の願いを込めて装束の下着によく用いられたようだ。また基本的な連続文様の中に動植物のモチーフを配し、華やかにしたものも多い。

特に立涌文《たてわくもん》のうち、湯気が沸き立つように連続する曲線の間に抽象化した雲を配した「雲立涌《くもたてわく》」は、格式のある有職文様とされ、天皇・高位者が用いた。

皇室専用文様としては、図解には載せていないが天皇の御袍《ごほう》にのみ織り出される文様として、「桐竹鳳凰《きりたけほうおう》」の文様がある。鳳凰は、聖帝が世に出現する時だけ祝いに姿を現すと伝えられる中国の伝説上の鳥で、桐の木に住み、竹の実を食べるとされる。その三つが組み合わされた文様で吉祥

有職文様

平安時代以降の公家社会で、その装束や調度・輿車・建築内装等にも
用いられた伝統的な文様のことで、この呼び名になったのは近世以降。

亀甲文

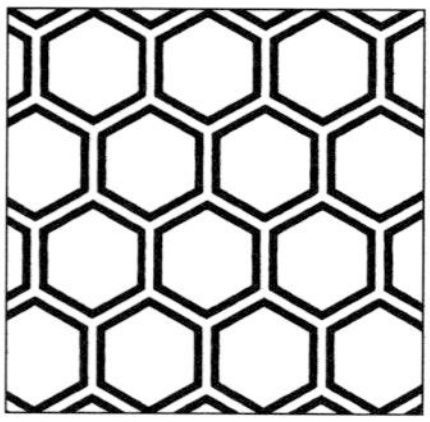

襷文

唐草文

七宝文

菱文

立涌文

幸菱

小葵

鳥襷

臥蝶丸（浮線綾）

八つ藤

鶴

高貴の文様として尊ばれてきたが、現代では自由にアレンジされている。

また、平安前期には殿上人《てんじょうびと》の間で広く使われた平安後期から親王の袍の専用文として用いられた「雲鶴《うんかく》」文様がある。この文は雲中に高く飛ぶ鶴に準《なぞら》え、凡人より抜きん出た人格を表現しているとされる。

幸菱《さいわいびし》は、大小の花菱を組み合わせて、さらに小花菱をはさんで互目《ぐのめ》に割り付けたもので、諸説あるが、それぞれの花菱の先端が出あうところから「先合《さきあ》い菱」が語源といわれている。衵《あこめ》や単、五衣などの綾織物の地文様にも広く使用された。

小葵《こあおい》は植物の冬葵に花葉を象《かたど》ったとされる菱形の花の周囲を、葉が襷《たすき》状に囲んだ比較的小さな文様で、皇族の衵、単や下襲などの綾織物、女御の五衣などの皇族の装束に用いられた。また、宮中の衾《ふすま》や几帳などの調度品にも利用された。

鳥襷《とりだすき》は、紫や二藍の地色に白色で浮織物として織られることが多く、公卿の若年者が着用する指貫《さしぬき》に多く用いられた。奈良時代に完成した唐花飛鳥文様の尾長鳥部分を強調して襷様に繋いだ文様である。

臥蝶丸《ふせちょうのまる》は、元は文様の線を浮かして織った綾織物の名称であったが、四羽の蝶が羽根を広げて臥せて向かい合うようなのでこの名があり、丸などの大型円文を用いたため，後世はこうした大型円文自体を「浮線綾《ふせんりょう》」と呼ぶようになり、唐花を菊や桜に置き換えた紋も登場している。

八つ藤《ふじ》は、藤の花の４枚の花弁を四枚の葉で円形に囲んで図案化したものである。モチーフの藤は寿命が長く、繁殖力が強いことでめでたい植物とされ、栄華を極めた藤原氏の代表紋となっており、そこにあやかり藤紋を使用する人々も増え、後世では様々な藤紋に派生している。指貫などに用いられた。

鶴は、「鶴は千年」と言うように長寿の象徴で、図解のように両翼を丸く上に掲げた「鶴丸」が有名だが、二羽を向かい合わせた「向い鶴丸」、頭を下に向けて飛ぶ「飛び鶴」など様々なデザインがある。また、女房装束の裳の柄として写実的に描かれたりもした。

このように、平安時代に平安調ファッションの要《かなめ》ともいえる色・柄の源流は、遠い国から持たされたものであるが、それを日本の風土・自然環境と見事に調和させ、平安貴族らしい上品で雅な工夫を施し、後世に賞賛され続ける「重ねの色目」や「襲の色目」の配色を完成させ、現代でも着物ばかりでなく様々な調度品の模様などにも使用され、日本だけでなく海外の方々にも愛され続けている「有職文様」を作り上げた平安朝の人々に、ただただ拍手を贈りたい。

第5章

貴族の「持ち物」「被り物」

「笏」と「扇」——貴族正装の必須アイテム

◆右手に持つ板片「笏」は備忘録?

平安貴族の持ち物であるが、階級や使用機会によって形状や材質が違うものとして笏《しゃく》がある。6世紀、欽明天皇の時代に伝来したとされる。

中国では「コツ」と呼ばれ、紀元前の周の時代から使われている。日本では音が「骨」に通じることを嫌い、また当時、長さが1尺だったため「シャク」と発音されるようになったとされる。儀式の複雑化に従い、備忘のための式次第などの覚書の役目として用いることもあった細長い板である。礼服・束帯・布袴《ほうこ》着用時に右手に持つ板片であり、形状の差を以下にイラストで示す。

礼服《らいふく》(平安朝中期から天皇の即位の際のみ着用となった袞《こん》冕《べん》十二章)の際の材質は象牙《ぞうげ》製で、束帯・布袴《ほうこ》の際は、木製である。イチイ(一位)の板目が最上で、柊《ひいらぎ》や桜などの板目が良いとされる。神職は装束に関係なく木尺と常用する。

形状は、天皇の通常用は上下とも方形、臣下の慶事用《けいじよう》が上

笏の違い

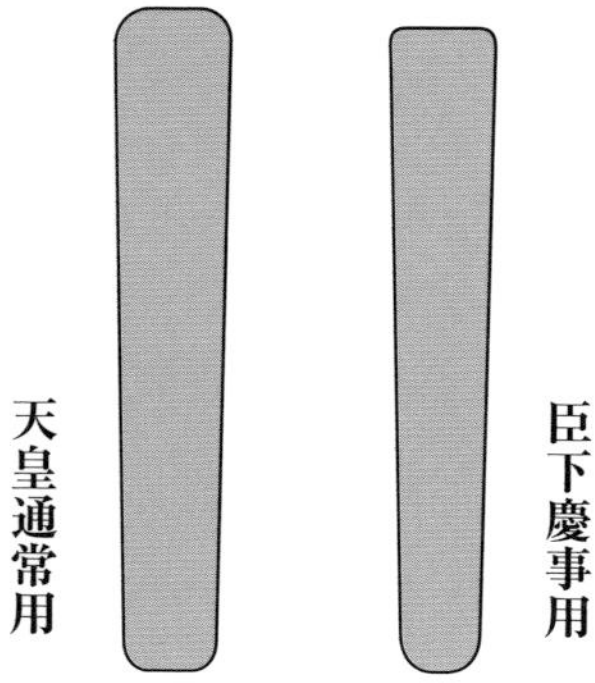

扇の種類

蝙蝠扇

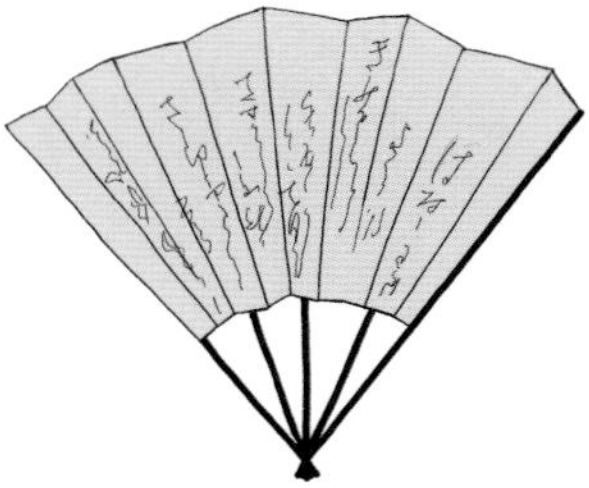

檜扇

方下円となる。

ただし、長さは1尺とは限らないようである。

◆日本の平安時代が生んだ「扇」文化

次に「扇」である。

笏から派生したといわれるもので、檜扇《ひおうぎ》と蝙蝠《かわほり》扇の2種類がある。檜扇は元慶《がんぎょう》元（877）年と記されたものが発見されたものが最古とされる。当初は男性が用い、女性は奈良時代から使用していた「はしば」という団扇の一種を継続使用していた。平安中期あたりから女性も使い始め、宮中の女官や女房達が常用するようになったとされる。

檜の薄片を末広がりに綴《つづ》り合わせ、手元に要《かなめ》をつけ、先を絹の練糸で編み綴った板扇で、表に彩絵や金銀箔を施し、束帯など公の儀式の際の持ち物になった。

国風文化の中で優雅で繊細な装飾性が加わり、骨の数も多くなり、草花や人物などが描かれた（鎌倉時代以降に綴じ糸の余りを親骨《おやぼね》の上端から垂らすようになったといわれ、江戸時代の十二単では色鮮やかな長い紐を扇に巻き付けて持っている）。

平安中期では、骨の数が官位で差があり、殿上人が23本、公卿が25本だったようだが、後に全て25本となったようである。「衵扇《あこめおうぎ》」という名も女性貴族が「衵」を着用時に登場するが、基本的には檜扇と同じものである。衵扇も檜扇も季節的には冬のものである。

蝙蝠扇は、平安時代に檜扇に次いで作られ始めた扇で、紙製で骨は竹製で片面に地紙という扇面用紙を貼った片貼扇であり、当初の骨の数は5本ぐらいであった。

紙には詩歌や絵が描かれたが、やがて女性用檜扇にも劣らないほど華やかなものも登場し、骨数も次第に増えた。基本的に夏、直衣や狩衣着用時に用いられた。

他に、束帯・衣冠・直衣姿などで扇を挟んで懐中する「帖紙《たとうがみ》」がある。鼻紙や、即興で和歌などを書くために用いた。縦30センチ・横40センチくらいの大きさがあり、位階により色、枚数、折り方などに規定があった。現在の懐紙《かいし》のようなものと考えて良いだろう。のちに装飾的なものとして扱われるようになり、女踏歌《おんなとうか》の舞姫も右手に檜扇《ひおうぎ》、左手に帖紙を持ち、舞っている姿が『年中行事絵巻』にも描かれている。

女踏歌とは、平安時代から1月16日に宮中で行なわれた「踏歌の節会」で、40人の舞姫が足で地面を踏みながら新年を祝うものである。

女踏歌の舞姫

※『年中行事絵巻』母屋大饗での
紫宸殿での踏歌より著者作画

「冠」と「立烏帽子」——正装と普段着で使い分け

◆身分で細かく規定があった「冠」の種類

ここからは「冠」について述べることにする。

衣冠束帯の着用時、頭にかぶる物で、雑袍聴許《ざっぽうちょうきょ》（勅許によって日常着である直衣を許された）の場合、冠直衣《こうぶりのうし》となり直衣でも晴の時に用いられ、黒の羅《ら》で作られる。構成は三つの部分に分かれ、頭に被る部分と、巾子《こじ》という髻《もとどり》を納める部分、纓《えい》という背中にたらす長細い薄布となる。

材質は五位以上が有紋で四菱紋《よつびしもん》となり、六位以下は無紋である。また、武官と文官で纓の形状が変わり、天皇以下、文官は纓をそのまま下に垂らした垂纓冠《すいえいのかん》を被る。纓は巾子《こじ》の下方の纓壺に纓の先につけた棒状のものを差し込む仕様となっている。ただし、この纓壺は院政時代からとする説もある。

平安時代は、巾子に髻を入れて、固定するために笄《こうがい》（簪《かんざし》ともいう）を差し込んでいたため、あごの下で使う掛緒《かけお》は使用していない。江戸時代以降の天皇は纓が上がったままの立纓御冠《りゅうえいのおんかんむり》となり、今上天皇も即位の礼で強装束《こわしょうぞく》の束帯に立纓御冠のお姿だった。

これに対し、纓を内巻きにして纓挾《えばさみ》という黒漆塗りの切れ込みを入れた木片で留めるタイプの冠を巻纓冠《けんえいのかん》といい、武官が着用した。地下人《じげにん》（昇殿許可のない）武官や六位の蔵人《くろうど》（蔵人は六位でも殿《てん》

冠の種類

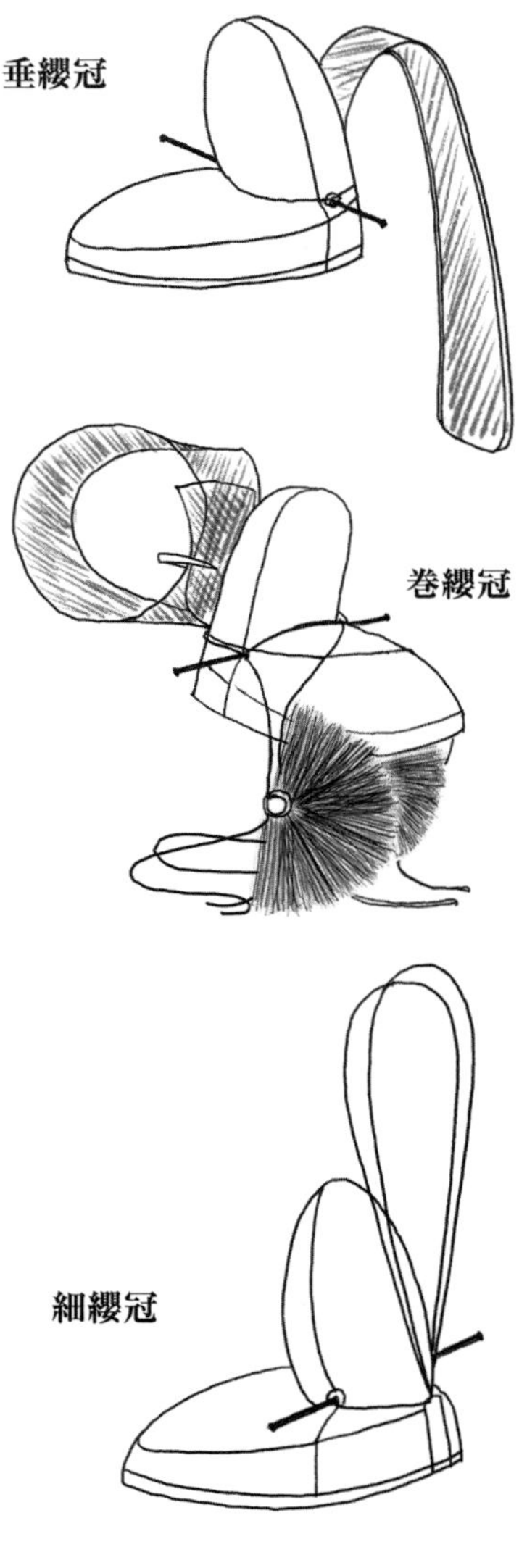

上人《じょうびと》）は幅の狭い細纓を同じく内側に巻き上げて着用し、細纓冠《さいえいのかん》と呼ばれた。

武官の被る冠には、なぜ付けられたのか理由が定かでない緌《おいかけ》という馬の毛をブラシのように束ね扇形に開いた飾りを付けた（目など顔を守るためか、威嚇のためであろうか）。緌には紐が付いており、文官よりも運動量の多いシチュエーションが多い武官には、冠をより強固に固定する役割もあったのだろう。

◆武家の登場で「烏帽子」が多様化

このように、冠は儀式などでの正装または略正装での被り物であったが、貴族の略礼である普段の装束の直衣や狩衣の際に被っていたのが、立烏帽子《たてえぼし》である。つまり、烏帽子は、冠に次ぐ男性の

立烏帽子の名称

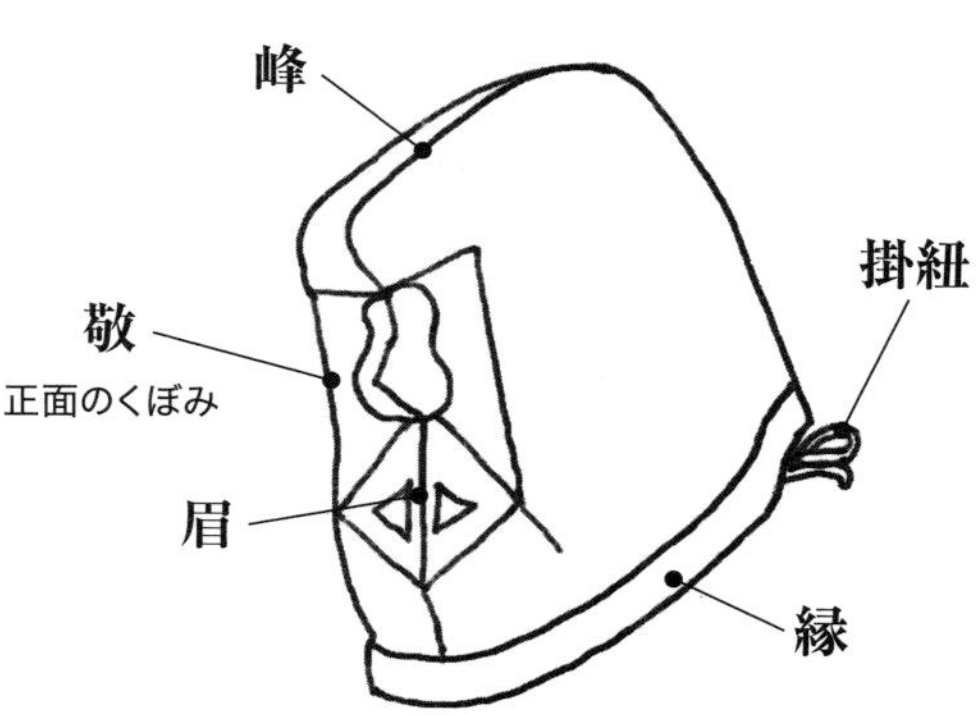

被り物で、中国の主冠《はしはこうぶり》が変化して平安時代中頃に登場した。

室町時代以前の日本では、公家だけでなく庶民の男性も頭頂を露出することは非常に恥ずかしい行為だと考えられていた。公家に至っては、就寝時も烏帽子をかぶっている様子が絵巻に多数描かれている。ただし、天皇、皇太子は常に宮中にいるため、冠を着用しなければならなかった。

烏帽子は基本黒で、材質は様々であった。最初の頃は柔らかい素材だったが、平安後期の院政期以降に服装が強装束化するにつれて、漆で塗り固めたものへと変化していった。上のイラスト右下の掛紐（懸緒《かけお》ともいう）は烏帽子を固定するための紐である。本来は掛紐なしに、小結《こゆい》という内側につけた紐を髻の根元に結びつけて固定していた。

その他の烏帽子の種類であるが、「敬」という烏帽子正面中央に作られた凹みを作らずにストレートタイプで、身分の低い人々が被った平礼《ひれ》烏帽子、また一般庶民の男性や武家が兜の下に被った萎《なえ》烏帽子（梨子打《なしうち》烏帽子ともいう）という漆を塗らない柔らかい烏帽子もある。

さらに、院政期に武家が登場してくると、動きを妨げないように立烏帽子を複雑に折り曲げて形を作り、上部に三角形が見えるタイプの侍烏帽子、また天皇の座を退いた上皇や武家まで広い範囲で用いられた風折《かざおり》烏帽子がある。立

その他の烏帽子の種類

平礼烏帽子

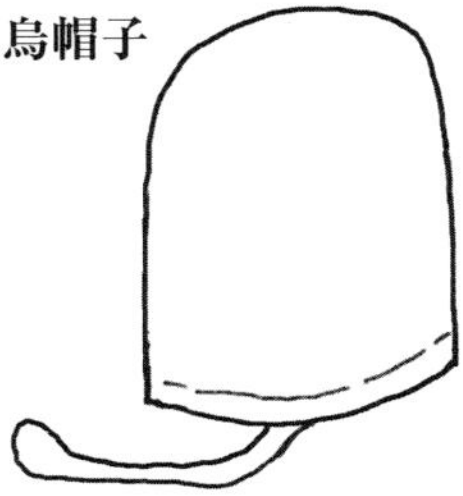

萎烏帽子（梨子打烏帽子）

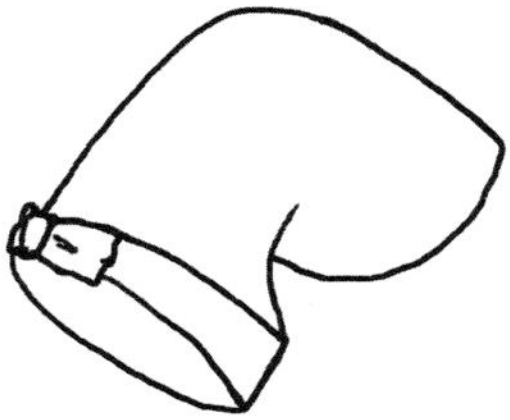

侍烏帽子

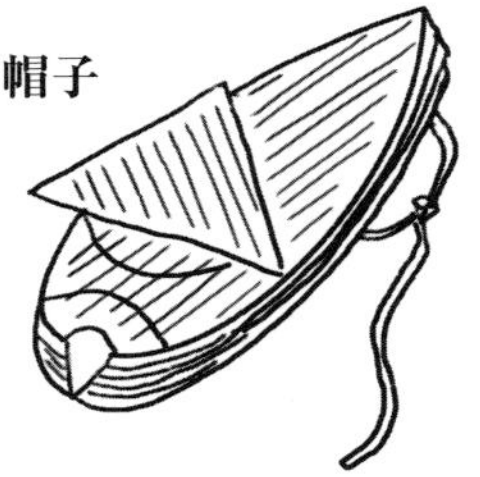

風折烏帽子

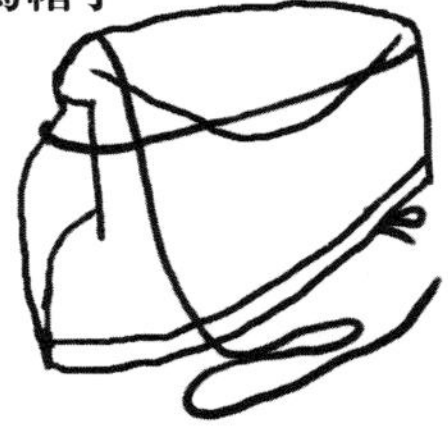

烏帽子の峰を右折にしたものが上皇用で、左折はそれ以外の人々が着用した。

「笠」と「髪飾り」——女性の頭部を彩ったもの

◆女性が外出時に被った市女笠・綾藺笠

女性が外出時に被ったものとして、まず「笠」がある。代表的なものは、市女笠《いちめがさ》と綾藺笠《あやいがさ》である。どちらも男性も女性も被ったようであるが、絵巻等で見る限り、市女笠は女性、綾藺笠は男性に多く、流鏑馬《やぶさめ》などの行事や祭り（祭りの際は女性も被って舞っている姿が描かれている）の際に装飾し

代表的な「笠」

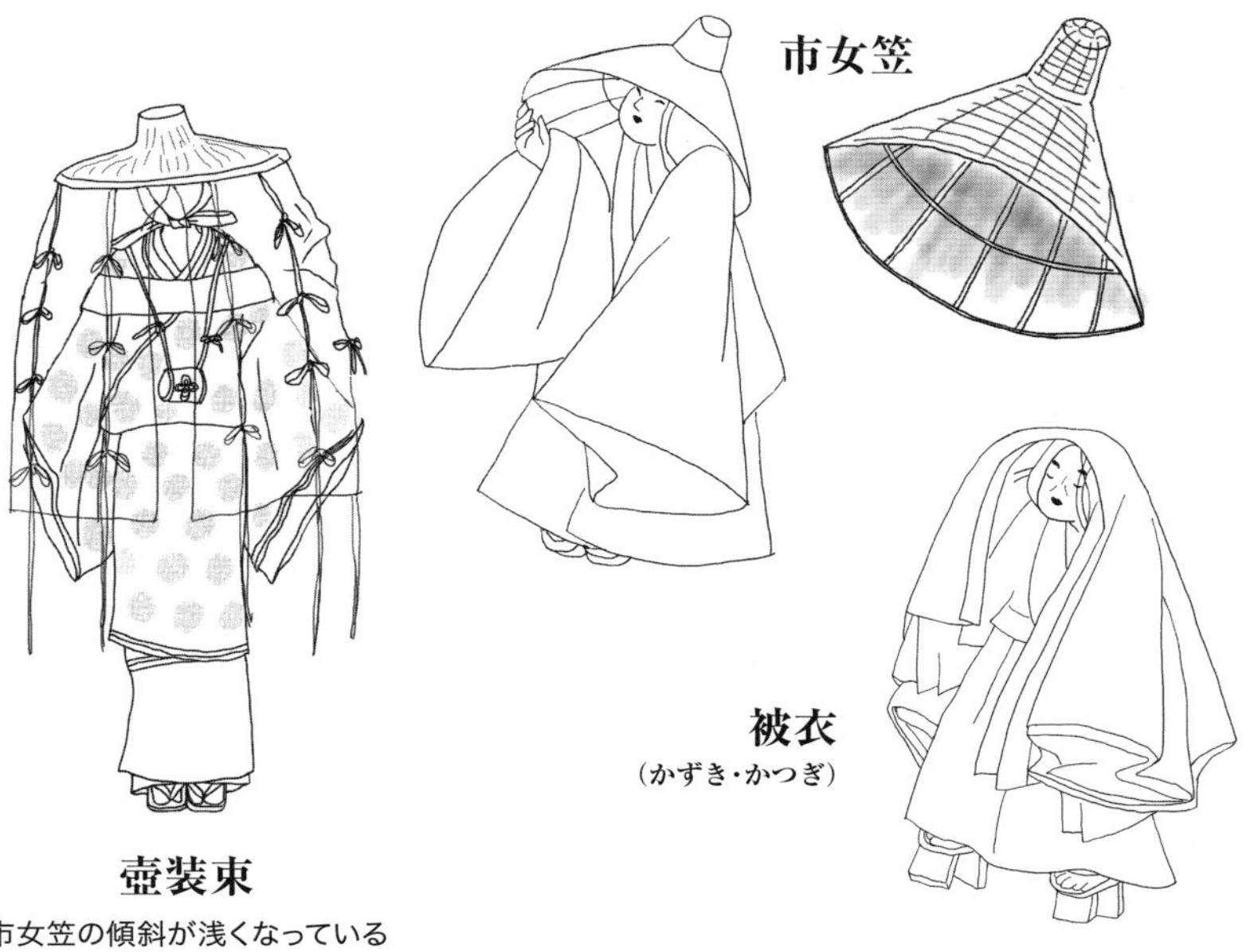

※線画の女性右2点は、『扇面古写経』より著者作画

て着用している事例が多いようである。

市女笠は菅《スゲ》で編み、中央に巾子形《こじがた》という突起を作った笠で、平安中期以後、主として貴族社会で女性の外出の際に用いられた。被衣といって袿を頭から被って顔を隠すスタイルもあり、中には被衣の上に市女笠を被っている姿もしばしば見受けられる。男性も雨天時は着用した。

また、二手に分かれて石を投げ合う「印字打ち」の際は、石避けのためか男性でも着用している姿が『年中行事絵巻』に描かれている。時代が下がるにつれて、市女笠の形や傾斜が浅くなり顔が見えるようになったため、枲垂衣《むしのたれぎぬ》を笠の周囲に垂らし、壺装束と呼ばれた鎌倉時代の上流女性の外出時の定番スタイルが登場してくる。前頁のイラストは、市女笠・被衣・壺装束スタイルの女性の姿である。

一方、綾蘭笠《あやいがさ》は、藺草《いぐさ》を綾の組織にならって編み、裏に絹を張って作った笠である。市女笠同様、中央に元髻を入れる突出部があり、武士が狩りや遠行、流鏑馬《やぶさめ》などの際に着用した。また、田楽法師なども着用し、祭りの際には女童《おんなわらわ》が被り、舞を舞っている姿が『年中行事絵巻』に安楽花《やすらいばな》として描かれており、この舞では、綾蘭笠の突出部に雉の尾羽をつけて何色もの風帯が吹き流しのように下がっている。

綾蘭笠

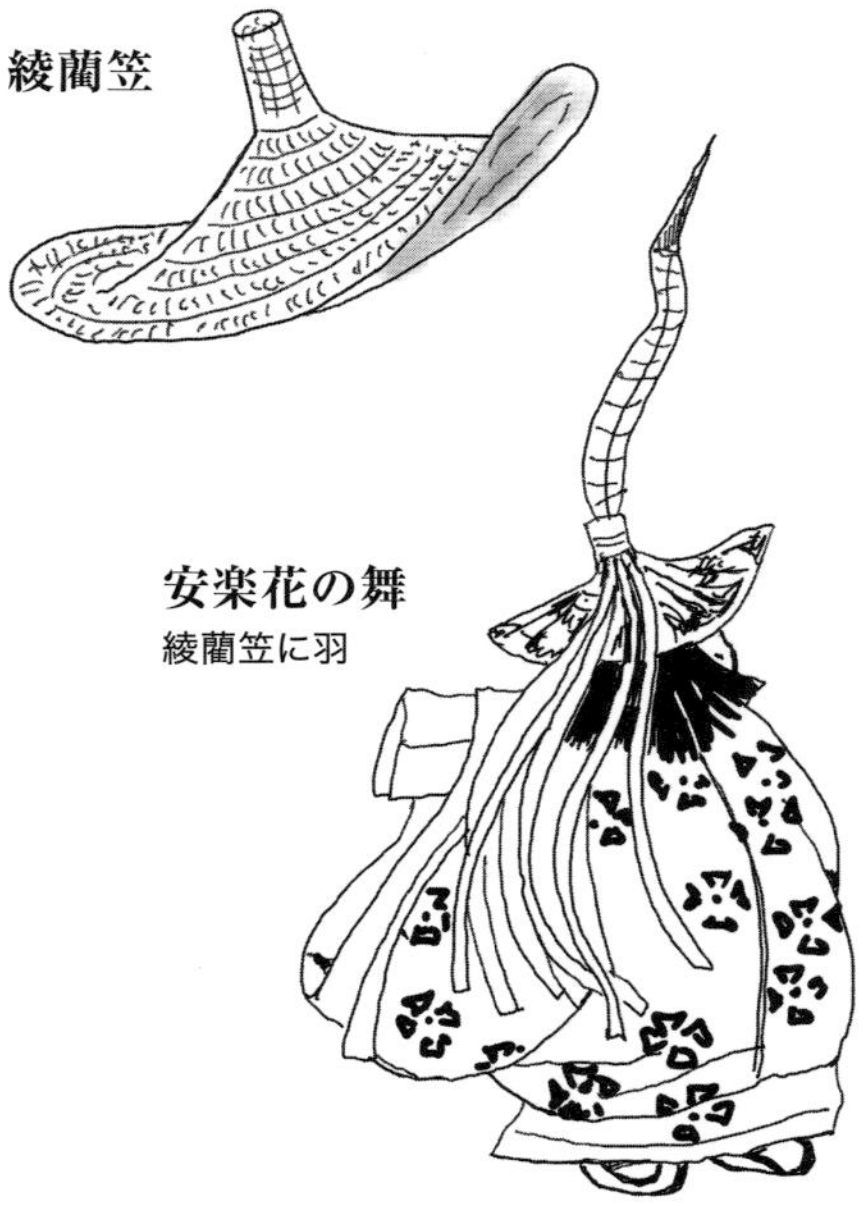

※『年中行事絵巻』より著者作画

◆「髪飾り」より、長い垂髪の美しさ

そして、「髪飾り」である。和装の際に多くの方は日本髪（結髪《けっぱつ》）・簪《かんざし》を思い浮かべるだろう。が、しかし、実際に簪を多く使う高島田などの日本髪が結われるようになったのは江戸時代中期以降で、歴史的に見ると意外と浅く、短いのである。

石器時代から古墳時代にかけての遺跡の出土品から、すでに「髪飾り」が使用されていたであろうことが想像できるが、奈良時代にごくわずかの装飾が見られる程度であった。その理由は、一つしかない。平安時代から室町時代まで、基本的に垂髪《すいはつ》であったためである。ただし、平安時代初期の朝服は奈良時代からの唐風装束であったため、釵子《さいし》と呼ばれる二股の櫛状の飾りをつけている。奈良時代の金や銀などの二股の櫛に飾りを付けたものが発展したのだろう。

左図の上のイラストを参照してほしい。釵子を二本挿し、頭頂部には櫛を挿している。その後、登場した女性貴族の礼服ともいえる物の具唐衣裳装束の際は、前時代からの名残りか、髪上げをした前頭部に宝冠と呼ばれる華やかな金の飾りを付けている。

年中行事の五節《ごせち》の舞姫は、物の具唐衣裳装束を身に付けるが、その際は宝冠をさらに華やかにした髪飾りを付け、舞っている姿が『年中行事絵巻』に登場している。

様々な髪飾り

女官朝服
釵子・櫛

物の具唐衣裳装束
宝冠

五節の舞
髪飾り

※下:『年中行事絵巻』
「内宴」の妓女の舞より著者作画

髪飾りはやがて形を変えていき、平額《ひらびたい》と呼ばれる金製板状の髪飾りへと変化していく。この平額・釵子・櫛のセットは、江戸時代に「おすべらかし」という現在の皇室の方々もされる髪型となってからも、同様に用いられている。平額の両側の下部の穴に釵子を差し込み、留める役目を果たす。櫛は平額の下側に差し込む。

他に冠を留める道具として前述した笄《こうがい》であるが、髪掻き用具として男性は刀に差し込んだり、女性も懐中に入れて携帯していた銀・象牙製のものが多く、水晶やメノウのものもあった。髻に挿して見える部分だけ彫りや蒔絵《まきえ》・花飾りなどが施され、装飾性を帯びるのはずっと後の時代である。

次章で述べるが、平安時代は艶《つや》のある長い垂髪こそが美しさの象徴であり、道具を用い飾り立てる必要性がなかった時代と考えられる。

笄・平額・釵子・櫛

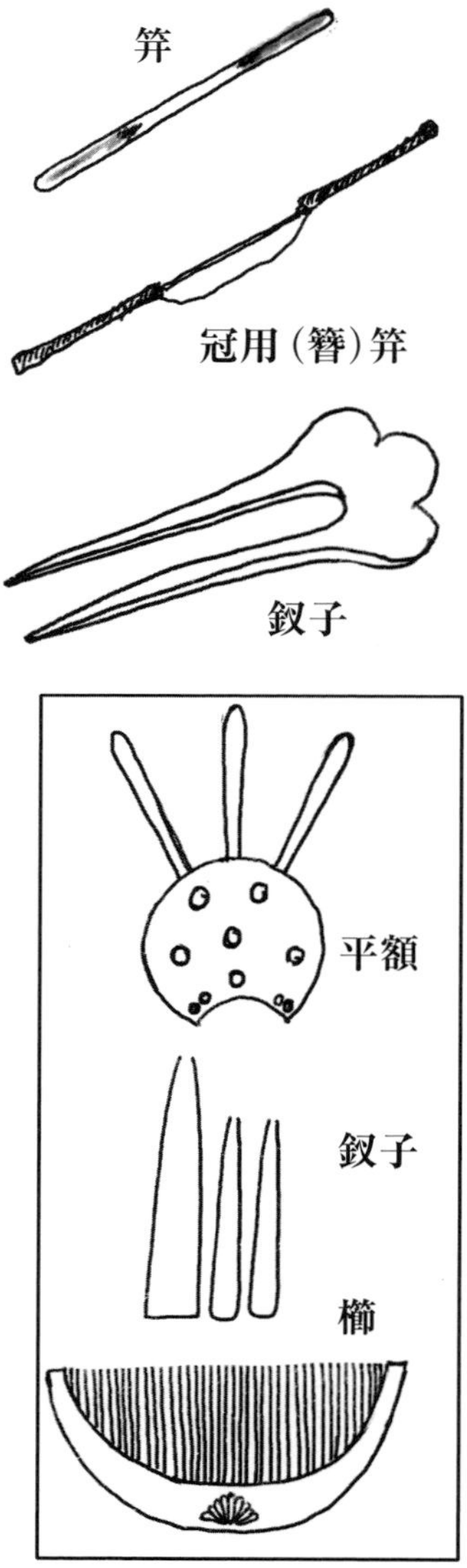

第6章

平安時代の身だしなみ、美人の条件

「長い黒髪」と「化粧」――男性がときめく身だしなみ

◆身長を超える髪の毛の手入れの大変さ

前章の最後で述べたように、平安時代の美人の第一条件が「豊かで長い黒髪」である。紫式部『源氏物語』の「末摘花《すえつむはな》」に、背が高いとか顔が長いとか痩せすぎた身体等と散々形容した後に、「髪の美しくて長いことだけは美人の資格がある、座った後ろに黒々と一尺ほども余っている」(『与謝野晶子の源氏物語 上 光源氏の栄華』)と述べられており、豊かな長い髪であることがはっきりと美人の条件といっているのだ。

現代でも髪の長い女性が好きだという男性は多いと聞くが、平安時代は髪こそが女性の魅力だったのかもしれない。貴族女性は男性に顔を見せることはせず、ほぼ座った状態で御簾《みす》越しか後ろ姿しか見せなかったのだから、理解はできる。

また、髪が長いだけでなく「美しくて」という条件が先にあることで、髪の手入れがどれだけ大事であったかが想像できる。身長よりさらに30センチほど長い髪となると、1メートル80センチくらいだろう。その髪を艶《つや》やかにキープするというのは、ブラシもなく柘植《つげ》の櫛《くし》だけで髪をとかしていた時代、大変な努力を要したと思われる。貴族女性の場合、侍女たちがしていたのだろうが、梳《と》かす方もされる方もきっと忍耐が必要だったに違いない。

では、彼女たちはその長い髪の手入れ、洗髪はどうしていたのだろうか。現代と違い、髪に潤《うるお》いや艶を与えるシャンプー等はなく、「ゆする(米のとぎ汁)」や「灰汁《あく》(灰を溶かした水の上澄み)」を使って洗っていたようだ。

洗髪は第3章でも述べたが、そう頻繁《ひんぱん》にはできなかったようである。様々な説(3日に1回、5日に1回など)があるが、ドライヤー等はなかった時代である。洗髪というよりも髪を乾かすのにきっと恐ろしく時間がかかったと推測され、月に1~2回という説が妥当ではないかと思う。

ただし、椿油《つばきあぶら》は使われていたようである。長く豊かな髪を保ち、美人の条件を満たす努力は大変であったに違いない。また、20キロくらいあったとされる唐衣裳装束を身につけ、さらに身丈よりも長い髪を伸ばすとなると、如何ほどの重さになったのだろうか。想像すると、現代人に生まれて良かったと思う人も少なくないだろう。

◆「和の様式美」が確立した平安の化粧

次に、化粧について見ていこう。平安初期の唐風文化の時代は、奈良時代から続く中国風の朝服姿に花鈿《かでん》という額に文様を描く化粧法であったが、遣唐使が廃止になり、日本独自の国風文化が開花して発達する中で、中国風メイクの花鈿は消えていく。そして、真っ白な肌に引目鉤鼻《ひきめかぎはな》で下ぶくれの顔立ちが良しとされ、「美人=白い肌」が美人の条件に加わる。

ただし、白い肌が良しとされたのは、唐の漢詩に「楊貴妃《ようきひ》」などの白い肌の女性が美人の条件を満たした人と称していたことから、漢詩に通じていることが貴族の一般教養であった平安時代では、彼らがそこから白い肌が美人の条件という認識を持っていたことも理由の一つであろう。また、当時貴族の住居であった寝殿造《しんでんづくり》の構造は昼でさえ薄暗い室内だったため、白粉《おしろい》を塗り暗い部屋の中でも肌が美しく見えるようにしたというのが通説である。

では、どんな化粧法だったのだろうか。鉛から作るハフニという白粉で顔を白く塗り、紅花の紅を小さく口元にさし、頬にも赤い粉をつけ、「眉化粧」を施した。「眉化粧」とは眉を抜いて額に太く描くことである。剃《そ》るのではなく、眉毛をすべて抜くのは相当痛かったに違いない。

清少納言が『枕草子』第72段の「ありがたきもの」として「毛のよく抜くる銀の毛抜き」を挙げている。眉を抜く理由は、感情の現れやすい眉毛を抜き、額に描いた眉なら感情を相手に読み取られることなく、常に穏やかで高貴な雰囲気を醸《かも》し出せるという平安貴族独特の美意識であった。

また、「お歯黒」であるが、古くからあったようで、虫歯予防に使われたという説もある。上流階級では、十歳前後の女性は成人のしるしとなる通過儀礼として定着し、その後、女性の間では江戸時代には庶民まで広まった。しかし、衛生的に良くないという理由から、明治時代に入り「お歯黒」と「眉化粧」は禁止されている。

これら、白(白粉)・赤(紅)・黒(お歯黒)の三色が日本の化粧の基本となり、江戸時代まで続く和の様式美として浸透していった。

また、身だしなみの一つとして「香」も取り入れられ、「練香《ねりこう》」が発展、定着する。「練香」とは沈香《じんこう》など粉末状の原料を蜜や梅肉などで丸薬状に練り固めたお香で、自ら香りを調合し、オリジナルの香りを嗜《たしな》みとして衣服にその香りを薫《た》き染《し》めた。『枕草子』第26段「心ときめきするもの」として「頭洗日、化粧じて、香ばしう染みたる衣など着たる」と、洗髪と香を薫き染めることはワクワクするものであったことが窺える。

不美人の条件 ―― 文献・絵巻からわかること

◆紫式部が細かく不美人を描写⁉

では、平安時代に「美人ではない」と評されたのは、どんな容姿だったのだろうか。前述した『源氏物語』「末摘花」で、

「背はぬうとして高い。それに続いてこれは片輪（原文ママ）だと見えるのは鼻である。浅ましく高くって先の方が下に垂れて赤い。顔の色は雪よりも白くてそして青い。額が非常に出ているのになお下の長い顔に見えるというのはよくよくの長い顔であると思われる。痩せていることは甚しくて骨ばかりのような身体である」

と髪を褒める前にこれだけ容姿に文句をつけているのである。

つまり、体格は小柄で、鼻は長大でなく、赤からず、鉤鼻《かぎはな》で小さいこと。また、色は白く（青白いまでいくとよくないのであろう）、額の形はふっくらと丸みを帯びていて、顔立ちも下ぶくれであること、痩せているより少し太っていた方が美しいとされたようだ。また、目は大きくなく、引

き目で、俗にいうおちょぼ口が当時の美人の条件として紫式部は認識していたのであろう。現代とは全く違う感覚である。

これだけの悪条件を抱えても、末摘花の美しく長い黒髪は「美人の資格」があるとされたのだから、平安時代ではまさに「髪は女の命」だった。昭和時代まで「色の白いは七難隠す」とよく聞いたが、美しく長い黒髪も七難を隠していたようだ。

余談であるが、昭和時代の終わり頃、私にお見合い話が持ち込まれ、デザイナーの仕事が面白くてたまらない頃だったので、そのお見合いを阻止しようと当時流行していた「フミヤカット」にして帰宅した。

ドアを開けるなり母に、「私は男の子を産んだ覚えはない」とドアを閉められてしまった。母は父がロングヘアが好みだったため、その頃もいつも髪は括《くく》れるほどの長さをキープしていたので、刈り上げスタイルのベリーショートは、女の子としてありえないと思ったのだろう。今では考えられない話だが、昭和時代はまだまだ髪は女の命と思っている人たちは多かったように思う。

◆ヘアスタイルに自由度がない時代

ただ、平安時代の髪の長さは度を超していたように思える。

次頁の『承安五節繪《じょうあんごせちえ》』の一部のイラストであるが、女性の髪の長さに注目してほしい。補章で述べる「年中行事」の一つ、新嘗祭《にいなめさい》で行なわれる五節の舞姫をエスコートする若い公達《きんだち》が描かれている場面だが、その舞姫の髪の長さが半端ではないのである。どうみても身長の1・5倍は優にある長さだ。鬢《びん》そぎ（皇女や公家の女性が16歳の６月16日に行う儀礼）を済ませていることから、16歳以上の女性なので、当時の平均身長１４５センチとしても２メートルは超える。どれだけの重さかを想像しただけでも肩が凝ってくる。

私は中学入学の際、50センチくらいある髪を短めのボブにしたことがあり、体重を測ると１キロ減っていた記憶がある。仮に30センチを１キロで計算すると、この女性の髪は６～７キロあったのではないだろうか。ただし、（男女の身長差がありすぎるし、女性がいざり歩きをしていたとも考えられるが）原本はすでに失われ、時代が遙《はる》かに下った江戸時代の模本ということで、史実には即していない部分もあるだろう。実際は定かではないとだけ付け加えておくことにする。

また、鎌倉時代に描かれた『男衾三郎絵詞《おぶすまさぶろうえことば》』という絵巻があり、その中で主人公の妻が坂東一の醜女《しこめ》として、出張った頬・金壺眼《かなつぼまなこ》（くぼんで丸い目）・天狗鼻・大きな口・縮れ髪で描かれている。現代なら異国風の美人となる容姿も、当時では全く評価が違ったことが窺《うかが》える。絵詞に描かれている女性の容姿は、１９２頁にイラストを掲げておいた。かなりエキゾチックな顔立ちで

美しく長い黒髪

※『承安五節繪』上絵巻より著者作画

あることは確かである。筆者が縮れ方を完璧に模写できていない部分もあるが、直毛でないからか豊かな髪というイメージは確かに感じられない。

『枕草子』第144段にも「いやしげなるもの」（品のないもの）として「黒き髪の筋わろき」（黒髪で癖のあるの）としてあげられている。

こうして見ると、令和の今の世に生きる私たちは幸せではないだろうか。どんな髪型でもどんな色でも基本的には受け入れられる。ストレートパーマも整形手術もない当時、自らの意思でどうすることもできない容姿に悩んだ人はきっと多くいたのであろう。

醜女とされた女性像

※『男衾三郎絵詞』を参考に著者作画

男性の化粧
——ステータスの象徴だった

◆白粉・紅・眉・お歯黒の公家男性

これまで紹介した日本独特の白（白粉）・赤（紅）・黒（お歯黒）の和の様式美だが、平安後期になると公家の男性は「白粉・紅化粧」「眉化粧」「お歯黒」をするようになった。殿上人《てんじょうびと》だけでなく、身分の低い舎人《とねり》まで白粉はつけていたようだ。

『枕草子』第2段に「舎人の顔のきぬにあらはれ、誠に黒きに白きもののいきつかぬところは、雪のむらむら消え残りたる心地していと見苦しく……」とあり、白粉がのっていないところは雪の下から土がまだらに見えるようで見苦しいといっているのである。当時、鉛の白粉は高価なものだったため、化粧は高い身分や階級を示す象徴としての意味を持つようになった表れといえる。貴族の男性化粧は江戸時代まで天皇を含めて続いていたようだ。

先程紹介した『承安五節繪』には、登場人物それぞれの名前が記されており、おそらく実際の人物に似せて書かれているからか、「引き目鉤鼻《かぎばな》」ではない貴族も多く描かれている。194頁の二人は、かなり当時の美形とされた顔に近いので、顔のアップをお見せしたいと思う。女性は「眉化粧」をかなり高い位置にしており、小さくはないが鉤鼻のように描かれ、おちょぼ口で赤い紅を差して差いる。ただし、本当の眉の位置にも薄く線が描かれているので、かなり実物を忠実に描いたものと推測できる。ただ、檜扇の位置がどうしても不自然であるが、模本に忠実に描いたものである。

男性は「實教廿一」と名が書かれているので、のち正二位、中納言となった公卿・藤原実教《ふじわらのさねのり》であることは間違いない。眉こそ細めに描かれているが、口元に赤い紅をさしている。この『承安五節繪』は、承安元(1171)年の五節の行事を描いたとされる絵巻なので、平安末期に男性貴族が化粧をしていたことを裏付けている。

◆平安男性は現代でもオシャレなはず

最近のドラマや映画では江戸時代までの貴族が登場しても「白塗り・眉化粧・口紅」をしていないが、昭和時代には悪役として登場する貴族は基本的にそれらを付けていた記憶がある。当時は「白塗り」の理由を知らなかったので、ただただ不思議に思っていた。

その後、有名なコメディアンが「バカ殿様」として一世を風靡《ふうび》したことで、貴族というより殿様が化粧をするイメージを持っている方も多いかもしれない。実際に、バカ殿ではなく、鎌倉時代や室町時代の身分の高い武士は、戦場で勇猛果敢に見えるようにお化粧をしたり、香をたきしめたりしていたそうだ。

万が一、敗戦して敵に首を取られた際に化粧をしていないと低い身分と思われ、死後も名誉と品位を保つための化粧であったとされる。

このように、男性が化粧をする理由は現代とは全く違う発想だが、平安時代の男性貴族の美に対する姿勢がのちの日本男性の美意識を向上させたことは確かだろう。重ねの色目を含め、化粧も全て自分自身を美しく立派に見せる手段として、平安朝の男性貴族はファッションを楽しんのだろう。彼らはまさにジェンダーレスな感覚の持ち主で、きっと令和の現代にタイムスリップしてもオ

当時の美形とされた顔

※『承安五節繪』上絵巻より著者作画

シャレを楽しめるに違いない。

ちなみに、鉛の入った白粉は人体には有害で、平安貴族（特に女性）の肌はボロボロだったようで、当時の貴族たちに早逝《そうせい》する人が多かった理由の一つである。明治時代に西洋の化粧技術も入り、無鉛白粉が開発されており、現代の歌舞伎役者や舞妓たちの白塗りは安全である。

【50音順】難読ファッション用語の読み方と意味⑤【は】

【は】

背子（はいし）……奈良時代から平安初期に着用された女性の朝服の内衣。

脛巾（はばき）……脚の脛《すね》に巻きつける後世の脚絆《きゃはん》に似た服飾品。

張袴（はりばかま）……女房装束 に用いた、固く織った張のある生地で仕立てた袴。

半尻（はんじり）……小狩衣《こかりぎぬ》と同じ。

半臂（はんぴ）……束帯のとき、袍《ほう》と下襲《したがさね》の間に着る。半袖もしくは袖なしの上衣。

檜扇（ひおうぎ）……宮中で用いられた木製の扇。

引腰（ひきごし）……女性の装束の裳の腰の紐の余りの部分で、元来は、結び余りを長く引いて着用した。

直垂（ひたたれ）……平安時代の民衆の服から武士の上着となり、中世後期から武士の礼装になった。

単（ひとえ）……裏地のない着物で本来は肌着だった。男女の装束着用の時に用いられ、女性用は丈が長い。

単重ね（ひとえかさね）……2枚の単《ひとえ》を羽織ること。院政期の女性貴族の普段の装い。

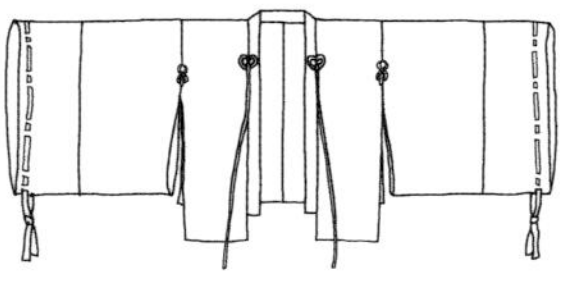

［直垂］

兵庫鎖太刀（ひょうごぐさりのたち）……鞘《さや》の上部に鎖を用いた太刀。平安鎌倉期には、公家や武家の実用の太刀だった。

平緒（ひらお）……束帯のときに胴に巻き、結び余りを前に垂らす幅広の組緒。儀仗の太刀の佩緒《はきお》に使用された。

平胡籙（ひらやなぐい）……矢並を美しく扇形に盛るために仕立てた儀仗。武官が帯び、木製漆塗りを原則とした。

領巾（ひれ）……古代から貴婦人が正装の時、肩にかけた細長く薄い布。

鬢そぎ（びんそぎ）……女子が16歳に達したとき、鬢の先を切って成年に達したことを示す儀式。

袘（ふき）……袖口や裾《すそ》の部分で裏地を表に少し出し、仕立てた部分。

布帛（ふはく）……経糸と緯糸を交互に織り込んで作る生地・布（織物）。

袍（ほう）……束帯や衣冠着用の時の朝服《ちょうふく》の表着《うわぎ》。

布衣（ほい）……平安中期以降、五位以上の人が絹の紋織物の狩衣を、六位以下の人が布製ないし無文の絹制製の布衣を着用した。

布袴（ほうこ）……朝儀の束帯の際に略儀のとき用いる布製の袴。指貫《さしぬき》と同じ。

縫腋袍（ほうえきのほう）……袍の中でも腋を縫い、裾に襴《らん》という横裂《よこぎれ》を付けたもの。

細長（ほそなが）……貴族の女性の衣服で、身幅が狭く、丈が長いのが名の由来。

第7章

武士の登場で身軽になった衣裳

小袖——下着から装束のアイテムに格上げ

◆武士への「見栄」で貴族の衣裳が変化

第1章の最後で述べた、院政時代の男女のファッションについて思い出してほしい。要約すると、女房装束の花飾りなど装飾が増えたこと、重ねる袿《うちき》の枚数が増えていった結果、枚数制限（5枚まで）がされたこと、そして院政時代に入る少し前から男女ともに装束の一番下に小袖を着用し始めたことがある。

また、院政時代の終盤あたりに登場した小袖重ねの細長《ほそなが》姿については、公家女子のファッションでありながら、小袖が一番下の礼服下着から装束の一つのアイテムと格上げになっていたこと等である。

男性ファッションについては、女性ファッシ

小袖が表舞台へ

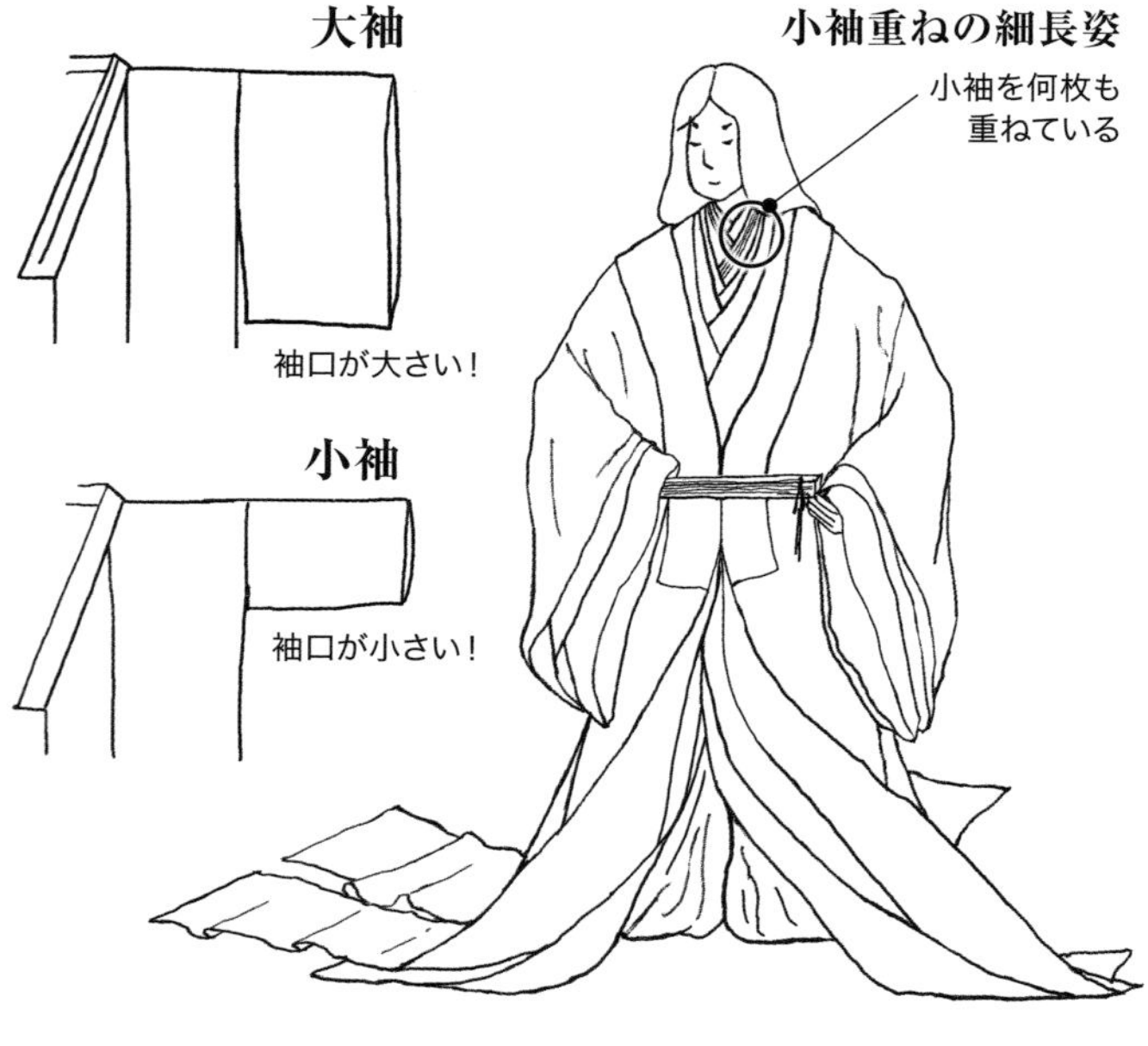

ヨンのように絢爛豪華《けんらんごうか》ではなく、束帯の袍《ほう》に強く糊《のり》を張り角張った面を強調する強装束《こわしょうぞく》が流行り、蟻先《ありさき》も袍の裾から強く張り出すようになったこと、その理由が、その頃に台頭してきた武家に対して、公家たちが威厳を見せようとした表れだと述べた。

ここからは、台頭してきた武家に対して、威嚇《いかく》ともいえる発想で生まれた男性の強装束と倹約令により、袿の重ね枚数を制限された女性貴族たちが取った行動が、鎌倉時代以降の日本被服《ひふく》文化史上の大きな一歩を踏み出す一因となったお話をしていこう。

強装束

強装束は、現代に置き換えると、バブル期の80年代に流行った肩にボリューム感をもたせるパワーショルダーになるだろうか。パワーショルダーは分厚い肩パッドで支えていたので、肩パッドと身体は接触していた。しかし、強装束は強く糊を貼ることで角張らせていたことから、身体には密着していない。夏場は良かったかもしれないが、冬場は非常に寒い。そこまでして威厳を表現したかったのだろうか。武士を活用したのは貴族(特に院政を敷く上皇たち)であるが、自分たちの配下ながら、よほど脅威を感じていたのであろう。

80年代から服飾デザイナーをしていた私の周りには、パワーショルダージャケットを着た男女で溢《あふ》れていた。80年代といえば、「見栄」を張るために高価格なブランドの服やアクセサリーをこぞって身につけながら、食は質素な人も沢山いた「見栄の時代」である。その点も平安時代に似ているかもしれない。

私の友人でいつもパワーショルダージャケットやDCブランド服を着ていた男性がいたが、彼は相当なやせ型だった。体に密着しない服は寒かったようで、いつも内側に何枚もの重ね着をし、ズボンの下にジャージを履いていることもあった。

その彼が、そんな寒い思いまでしてパワーショルダーの服を着ていた理由を、何年か後に別の友人から聞いたことがある。当時、社内で彼が担《にな》っていた役職では最年少で、「先輩達に対しても部下に対しても自信が持てず、少しでも威厳を持ちたかったから」との答えだった。理由を聞いた頃には、彼は独立し、仕事面でも充実していて、とてもシンプルでナチュラルなファッションになっていた。服装選びは、人の気持ち・心の状態を表すというが、本当にその通りだと思う。

◆女性貴族は寒さ対策で「小袖」を愛用

女性の場合は、物理的にそれまで寒さ凌《しの》ぎに重ねていた袿を5枚までと制限されてしまい、動くことの少ない（ほぼない）貴族女性は大袖《おおそで》の袖口から寒気が入り、ただたんに寒かったに違いない。高床で外壁のあまりない開放的な寝殿造は夏向きの構造のため、京都の冬の寒さには適していなかったのだ。

そこで、賢い貴族たちは思いつく。風の侵入が少ないと思われる「小袖」を表からは見えない一番下に、しかも真綿を入れて着用すれば、比叡下ろしや底冷えによる寒さを凌《しの》げるに違いない、と。武家に威厳を見せるための強装束の下に、武家が着用するアイテムに真綿を入れてパワーアップして取り込むとは、やはり当時の公家達のファッションセンスは「素晴らしい」の一言である。武家たちも、きっと公家がこっそりと自分たちと同じものを身につけているとは気づいていなかったはずだ。

　このような直線美を重視する強装束は一人での着用が難しいため、仕立てや着付けに長けた「衣《え》紋方《もんかた》」という役職を生むこととなり、一時廃止された時期を経て、令和の現代も高倉流・山科流の二家が家職として重要な宮廷行事の際の衣紋奉仕が行なわれているという。

　前述のように、女性貴族には見栄が元ではなく小袖が取り入れられたとされるが、私は次の推測も成り立つと考える。袖口の枚数で、重ね袿の枚数をチェックされていた女房たちは、枚数を重ねても大袖の袖口からは見えずに寒さを凌ぐことのできる「小袖」は、実に便利な代物であったに違いない。

小袖タイプの水干姿

※『伴大納言絵巻』より著者作画

　院政時代後半には、前述の小袖重ねの細長姿が登場するのである。構成は下から、濃き袴、単、数枚の小袖、袿、細長の順に着る。細長は年若い女子が着用する垂領《たりくび》で、衽《おくみ》がなく腋のあいた身丈の長いの表着で、「五節の舞姫」の童女たちが着用していたものである。198頁を見て頂くと明確なのが、襟元はかなりの枚数が重なっているように見えるが、大袖の枚数は3枚なのだ。襟元《えりもと》は袷《あわせ》仕立ての重ねの色目を利用して実際の枚数より多く見せる手法を使用しているのだろう。そう考えると、女性もやはりある種の「見栄」を張っていたのかもしれない。

こうして貴族が見栄よりも実用性を重視し、防寒用に着用し始めた小袖であるが、貴族に仕える武士であった検非違使《けびいし》たちも、公家の規範に基づく衣服である小袖タイプの水干《すいかん》姿(盤領《あげくび》形式)(※201頁のイラスト参照)や狩衣姿であった。水干は本来、童子の服装であったが、日常時または出仕時の武家ファッションとしても着用され始める(出仕時は折烏帽子を着用)。

「直垂」と「大鎧」——武士が発展させた服飾文化

◆庶民の服から武家装束になった「直垂」

身分の高くない武士達は、もともと農民であったものも多く、つまり庶民出身者である。小袖は多くの庶民が着用していた直垂《ひたたれ》に使われていた袖の形である。武家の妻や娘たちは、庶民女性と同じ小袖(筒袖)の着流しに、汚れや裾の開きを防ぐための腰布を巻いた姿だった。

庶民男性が着ていた直垂(次頁の図)であるが、前身頃《まえみごろ》に衽《おくみ》がなく、もともと垂領《たりくび》仕立てで現代の着物のような襟で、胸元の襟の左右につけた胸紐《むなひも》を結んで着用する上衣と丈の短い袴の構成だった。庶民の男性・女性の間では、これらのスタイルが多少の変化はあったが、室町時代初期まで継

庶民

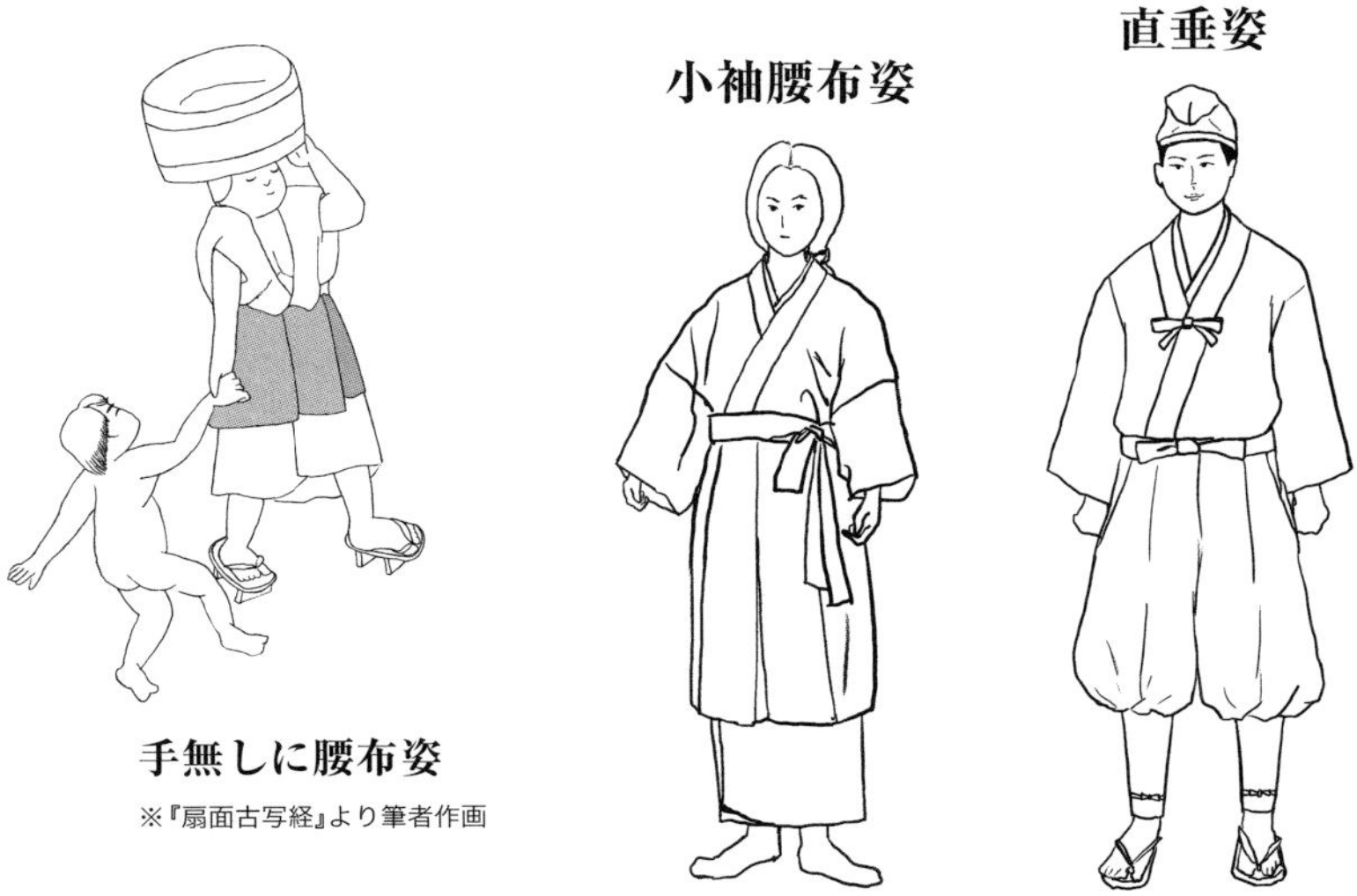

※『扇面古写経』より筆者作画

続されたようだ。

庶民女性のスタイルでは、様々な絵巻に手無し(袖無し)スタイルも登場する。こちらも垂領タイプで衽がなく、貫頭衣《かんとうい》に前開きができたようなスタイルなのだが、直垂はこれに小袖がついたものと考えられている。

足元であるが、裸足・草履、下駄履きが多いようだが、絵巻等で確認する限り、上図左の女性ような高下駄姿が意外と多い。第1章でも述べたが、庶民・貴族の子供はある一定の年齢まで裸で裸足が多かったようである。

やがて、平安時代末期、源頼朝が平氏討伐に動き始めた頃には直垂が武家の礼装となっていき、形が整えられる。大袖にはなるものの袖括りの紐が付き、小袖と同じ状態にもなり、袴の裾にも紐が付き裾を絞る形となっていく。もちろん直垂の下には小袖を着用している。

武家は桓武平氏や清和源氏だけではなく、先ほども述べたように農民の出身等、庶民から成り上がった者も多い。もともと庶民の衣服であった小袖は彼らにとって着慣れた装束であり、服装面でも近世の「小袖文化」への大きな一歩を踏み出し、装束の一部に昇格する。鎌倉時代半ばには、武家や公家女性の間で小袖を何枚か重ね着するだけの装いが『吾妻鏡』に記載されている。「小袖文化」は先に女性の間で広まり、武家男性の間では、身軽に動くことができるファッションスタイルへと変化していき、時を経て一番下の肌着から表着へと出て来たのである。

◆男性の美への探究心が結実した「大鎧」

武家は平安中期頃から大鎧《おおよろい》という国風文化と仏教関係の工芸技術により日本式の甲冑を生み出し、「実用性と美しさ」の両方を兼ね備えるスタイルとなり、江戸時代までその形式は継承される。その大鎧の下には鎧直垂《よろいひたたれ》(左上図の薄いグレーの部分)という平常着用の直垂の袖を少し細くし、武家直垂のように袖口と裾に括り緒(紐)を入れたものを着用しているが、その下にはもちろん小袖(左図の襟元の濃いグレーの部分)を着用していた。

この大鎧であるが、戦いの場に着用するのがもったいないほど美しいものが多い。イラストに示

院政時代の武士直垂

した「吹返《ふきかえし》」や「弦走《つるばしり》」等には絵韋《えかわ》と呼ばれる模様が染められた韋が使用された。装飾性のみならず、胴回りの弦が小札に引っかからないように考えられた。機能性と美しさの共演である。

また、大袖などに使われる威《おどし》は、札を綴る部品で鎧を構成する重要な役目を持っており、糸や革、綾が使用された。この威の美しさは女房装束の「襲《かさね》の色目」にも匹敵する日本甲冑の特色である。これは敵を威嚇するためだけではなく、死を目前にしても美しくありたい、綺麗な姿で浄土に行きたいという気持ちの表れで、貴族男性の化粧が身分の高い武家にも広まり、死後も名誉と品位を保つために化粧していたのと同じ発想である。

大鎧を身に付けることができたのはもちろん、身分の高い武家である。貴族の流れを引くものも

日本式の甲冑

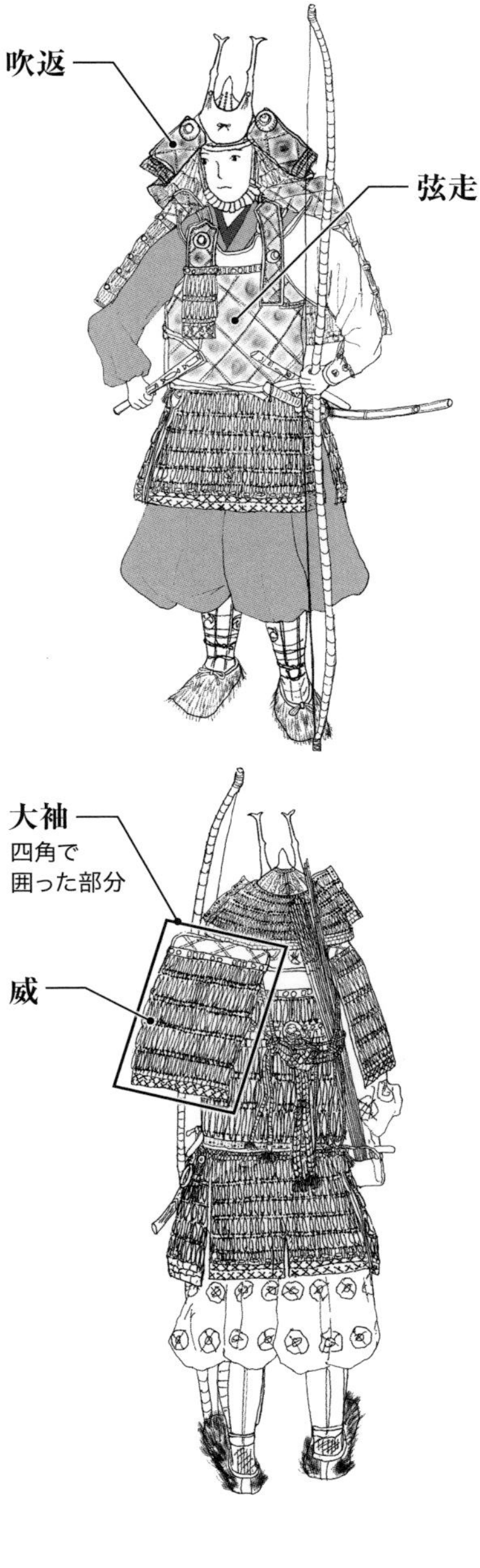

少なからずいたと思われるので、「国風文化」と「末法思想」が平安時代末期には広く行き渡っていたと推測できる。女性だけでなく、男性も「美」への探究心が高かったため、平安時代のファッションは華麗なのだということが納得できる。

さて、武家の出現により、平安時代末期から表舞台へ出始めた「小袖」であるが、14世紀・南北朝時代頃には、中流の武家女性の表着として、15世紀・室町時代には上流武家女性の表着となり、豪華な織物の小袖が打ち掛けられていく。そして、16世紀・安土桃山時代に武家男性は素襖《すおう》の袖を取った肩衣袴《かたぎぬばかま》姿となり、ついに「小袖」が表着としての中心的存在になるのである。

第8章

平安ファッションからのメッセージ

色彩の美しさ——俗化することなく伝わった1000年の美

◆なぜ現代に美しいまま残ったか

これまで7章にわたり、様々な角度から「平安時代」のファッションを見てきた。ごくわずかの貴族たちによって培《つちか》われた文化が背景のファッションであったため、優雅を極めた嫋《たお》やかさや色彩の美しさが大きな特徴だろう。

当時、貴族層は全体人口の0・003パーセント、平安京の人口でも0・2パーセントほどだったといわれている。まして高貴な貴族女性は、外出時も牛車《ぎっしゃ》に乗り、庶民に姿を見せることはなかった。ゆえに、庶民のファッションとは隔離された高貴なファッションとして確立し、存在し続けられたのであろう。

現代であれば、皇室や王室ファッションもすぐにテレビやSNSで取り上げられ、どこのブランドかもすぐに調べられ、翌日にはその洋服は完売するなど、あっという間にそれらのファッションは俗化する。そういったこともなく、何百年も限られた上流階級の中で継承されたため、千年後の私たちでさえ、日本人のみならず外国の方にも憧れのファッションとなっているのだと思う。

嫋《たお》やかさは院政時代に起こった強装束によって、曲線美から直線美へと変化してしまうが、優雅さは時代を通して継承されている。平安時代の天皇用や賞賜《しょうし》用の衣服の裁縫を担った縫殿寮《ぬいどのりょう》、後宮では「縫司《ぬいのつかさ》」の刺繍《ししゅう》や染め、また金銀糸《きんぎんし》を使った装飾などの技術の高さは世界に誇るものであったといえる。高貴さだけでなく、芸術的にも高く評されている。

また、なんといっても、平安朝ファッションの素晴らしさは、色彩の美しさである。「重ねの色目」「襲《かさね》の色目」に代表される日本人ならではの繊細な色のグラデーションによる美の表現、世界的にも類を見ない色彩美だ。日本の四季の移り変わりによる自然・草花等の変化を楽しみ、愛でた平安貴族の観察力に改めて敬意を表したい。

私は色のプロではないが、長年、服飾デザイナーとして、近年では着物に関わる仕事が多く、「重ねの色目」「襲の色目」を参考にすることも多い。彼らの色彩構成力・バランス感覚は、当時まだその言葉はなかったがＴＰＯに応じた選択をしている。また、彼らの色の捉え方も素晴らしい。花も決して一つの色と捉えず、花の裏表や花弁とガクの色、めしべ・おしべと花弁の色の差等をきちんと見極めているのである。

そして、重ねの色目では、赤花の上に白を重ねて透けた様子を「桜」と名付けたり、紅梅に白を重ねて「雪の下」と名付けている。なんと風流で情緒があるのだろう。自然を大切にし、自然と共存していたからこそできたことだと思う。

この「重ねの色目」は現代の袷《あわせ》の着物の袖口や裾《すそ》の「ふき」の部分、八掛《はっかけ》の色選びにも活かされている。１０００年の時を超えて、平安時代ファッションの真髄は受け継がれているのである。

他にも平安時代から継承されているものは多くある。このあとの補章で取り上げる年中行事や通過儀礼、さらに祭りがそうである。人生において記憶に残る初めて着物を着るシーンを尋ねると、ほとんどの方は「七五三」を挙げるだろう。私も七五三のお祝いに2つ上の姉と一緒に晴れ着を着せてもらい、神社にお参りにいったことは今でも記憶にあるし、その時の晴れ着はいまだにタンスにしまってある。子供も孫もいないし、結構断捨離をする私だが、人生初、しかも両親が私達のために作ってくれた晴れ着なので、貴重な思い出だからずっと残している。

その七五三も「着袴《ちゃっこ》の儀《ぎ》」という貴族の行事が、民間に降《お》りて浸透したものだ。

七五三の晴れ着

雛祭《ひなまつ》りもそうである。2023年3月、下鴨神社の「京の流しびな」の行事に遭遇し、人形をのせた桟俵《さんだわら》を購入した。「流しびな」は植物の葉などを人の形にして痛みのある部分にその人形を撫《な》でつけ、痛みをうつして川に流すという厄祓《やくばら》いの儀式が由来である。すぐに流しても良いが、1年間自宅に飾り、1年後に流しても良いと教わったので、今でも書棚の上に飾ってある。

流しびな

下鴨神社の行事では、薄いパープルの着物に赤ベースでお太

鼓に雛人形や折り鶴の刺繍柄の帯を締めた可愛い舞妓はんを見かけた。行事に合わせた柄を身につけるのも平安時代の女房達がしていたことで、ここにも平安時代のファッションセンスが受け継がれている。

◆日本独自の「国風文化」に変化したこと

この他にも、私達が子供の頃から行なってきた通過儀礼、年中行事の多くは、じつは平安時代の貴族達が整備したものである。一口に千年というが、とんでもない時間と歴史が流れているのだ。

私が25年ほど前に住んでいたアメリカ・サンフランシスコは、アメリカの中でも歴史の浅い地域だが、アメリカ建国当時の首都であったフィラデルフィア出身の友人に、「故郷には500年の歴史がある」と自慢された時に、「凄《すご》いね」と答えながら、心の中では「日本にはその4倍の歴史があるけどね!」と呟《つぶや》いたことを今でも記憶している。

もちろん、中国には日本の倍以上の5000年程の歴史があり、平安時代の最初の100年の894年までは、日本の文化も政治体制もファッションも中国の影響下であったことは承知している。その中国文化から距離を置き、良いところは残しつつ、日本の風土や日本人気質に合った日本独自の「国風文化」へと変化させていった当時の平安貴族たちには素晴らしいという他はない。1000年後の今も、自分たちが築いた文化が継承されていることを彼らは想像もしなかっただろう。

貴族たちは毎朝、一族が後世も官位や財産を維持できるように、自分達が担当した仕事を陰陽寮が作成して頒布《はんぷ》していた「具注暦《ぐちゅうれき》」に前日の日記を書く習慣があったとすでに述べた。何事も（安倍晴明で有名な）陰陽師等に頼るのはなんと厄介な人々だろうと思うことも多かったが、そのおかげで日記が後世に残り、1000年も前のことであるが、私たちは彼らの生活・文化・ファッション、そしてその背景の社会的な出来事、政治を含めて知ることができる。

平安貴族は迷信や末法思想に傾倒し、極楽浄土への生まれ変わりを願っていたという。もしかすると本当に生まれ変わり、案外、どの時代も私たちの傍《そば》にいて見守っていたのかもしれない。それなら少し怖い話になってしまうが、1000年もの間、風習や祭りが継承されていることと辻褄《つじつま》が合いそうだ。

◆自然と共存したカラーコーディネート

ここ最近は、コロナ禍の影響もあり世界的にデジタル化が進んだことで、パソコンやスマホの小さな画面を見ることが非常に増えた。現に今も私はパソコンに向かってこの原稿を書いているし、デジタルなものに全く触れない日はほぼない。

もちろん、平安時代にそんなものはない。日の出前に陰陽寮の開門鼓で起き、前述した日記を書き、出仕し、昼頃に帰宅し、当時流行していた双六《すごろく》、囲碁や蹴鞠《けまり》に興じたり、和歌の勉強をしたり、雅楽の練習をしていたかもしれない。

余暇をきっちり楽しみ、夜になれば月を愛で、月の出ない夜はきっと日没後すぐに就寝していただろう。令和の時代でも夕刊は3時過ぎには配達される。冬の日没時間を考えると3時はしっかり夕刻である。彼らは自然の摂理に従って生活していたからこそ、生きとし生けるものに情愛を感じ、観察し、それらの姿を名前や形に残したのだ。

六年前、私は北摂《ほくせつ》と呼ばれる大阪府の北部地域に引っ越したが、それまでは大阪市内中心部でかなり便利で賑やかな場所に住んでいた。ある日の夜中、眠れずマンションの外に出た瞬間、昼間のように行き交う車や人の流れを見て、「こんなところに住んでいてはいけない」という思いに駆られた。もっと自然に触れられる所に住まなければと郊外への転居を決めた。

転居した場所の近くには10分ほど歩くと鳥がたくさん訪れる中洲公園のある大きな川や立派な桜並木のある土手や蓮の花の咲く池、民家も多く、それぞれの家が庭に様々な樹木や花を植えている。利用する交通機関も、地下鉄から地上を走る電車になった。

引っ越してすぐの春、世の中にこんなに桜の花があることに気づいた。10年近く、地下鉄駅から徒歩1、2分の場所に住んでいた私は、線路沿いの風景を見ることもなく過ごしていたことに改めて気づかされたのである。

春の桜並木は秋には紅葉が綺麗になる。自然の樹木の色・組み合わせを見ていると、デザインする際のカラーコーディネートのレパートリーが増えた。色合わせに悩む時も近所を散歩して、草花の葉と花の色、鳥の羽根の色などを見ると、アイデアが湧く。

これこそ、平安時代ファッションの真髄《しんずい》である。自然と共存して季節ごとの自然の色の組み合わせを表現するのだ。

気づいていなくとも人はずっと見慣れている自然の色合わせには馴染みがあり、違和感を感じない。学生達にも色合わせに迷った時は、自然のものを観察するようにいっている。

自然と美——現代に残したい平安のセンス

◆受け取りたい3つのメッセージ

では、世界に誇る色彩美・美しいフォルム・芸術ともいえる平安時代ファッションから受け取るべきメッセージは何かを考えてみよう。

平安時代ファッションからの一つ目のメッセージは、「**自然と共存し、自然美をファッションに取り入れる**」ことである。世の中には季節ごとに様々な草花や野鳥や虫がいる。現代でも着物の場合、季節に合わせた自然界の生き物の柄や配色を先んじて取り入れることが粋とされ、それらを把握することは教養にもつながる。デジタルの画面で見る色、写真で見る色は実物とは違う。やはり、現場で実際に観察することの大切さを彼らのファッション哲学から学びたいところである。

二つ目のメッセージは、「**色と戯《たわむ》れる**」ことだ。何度も触れている「重ねの色目」「襲の色目」だが、やはりファッションにおいて「色」は最も重要な要素である。現代でもコレクションに先駆けてトレンドカラーが発表されるが、特にメンズファッションにおいては長年「色」は置き去り気味な気がしてならない。平安貴族たちの華やかな色使い、遊び心のあるカラーコーディネーションを思い出して欲しい。

江戸時代の「四十八茶百鼠《しじゅうはっちゃひゃくねずみ》」や「藍四十八色《あいよんじゅうはちしょく》」に代表される渋好みの継承なのか、１９８０年代の「黒の衝撃」「カラス族」からのモードファッションは、「黒」だという日本人の錯覚がいまだに続いているのか、悪目立ちしたくないという発想からか、日本のファッションは鮮やかさからは縁遠くなっている。

しかし、海外のコレクションでこの1、2年、メンズファッションに鮮やかなパステルカラーやヴィヴィッドカラーが提案されている。日本の男性の方々は、平安貴族男性のあの鮮やかで遊び心ある色使いを思い出し、是非ともご自身のファッションに「色」を取り入れて欲しい。鳥たちも華やかなのは、雄鳥《おすどり》である。美しい色は心も晴れやかにしてくれるはずだ。

三つ目のメッセージは「**美への飽くなき追求**」だ。彼らの美学は女性だけでなく、男性においても当てはまる。自分を美しく見せること、見た目の美しさだけでなく、顔を見ることなく文のやり取りや奏《かな》でる楽器の音色から恋に発展した平安時代、それらの教養を身につけることも自分自身を美しく印象付ける一因であった。

また「一夫多妻制」「婿取り婚」であった当時、たとえ夫婦になったとしてもいつ夫に離れていかれるかを不安視する女性も多かっただろう。それらの不安を拭《ぬぐ》うため、彼女達は髪の手入れをし、化粧をし、配色美を学び、夫の出世のためのコミュニケーション能力を磨き、それらを自分自身の「美学」にしていく努力を続けたのである。

男性も、気になる女性に受け入れてもらおうと、暗い寝殿造の屋内でも美しい殿方と思ってもらうために化粧までしていた。「美への探究心」は現代の「美容男子」以上であったかもしれない。その精神は、死ぬ瞬間にまで及んだ。死をも覚悟せねばならない戦いに臨む時も、彼らは化粧をした。また、「襲の色目」のような威《おど》し《し》で飾られた大鎧《おおよろい》を身につけ、相手を威嚇する理由だけでなく、たとえ死しても自分を階級通りの人間として扱ってもらうため、甲冑にも「美しさ」を追求したのだ。それが良いか悪いかは別として、彼らにとってはそれが人生の上で最も重要なことの一つであり、「究極の美学」だったといえる。

◆今こそ平安文化を思い出したい

２０１１年の東日本大震災や２０２０年からのコロナ禍のステイホームや在宅ワークを経て、日本人にはエフォートレス（気取らない）やノームコア（通常の服装）といった楽でゆったりした服装がトレンドになっている。オンライン会議では見える上半身だけきちんと装い、下はパジャマのままといった人々さえ登場した。

平安貴族を思い出して欲しい。男性は寝る時でさえ、烏帽子を被り、多くの女性はほとんど出掛けることもなかったが、小袿《こうちぎ》姿でいたのである。そして、たとえ家族でも娘は顔を扇で隠し、男性に顔を見せることはなかった。

もちろん、それらは現代に全く当てはまらず、良い習慣でもないだろう。しかし、自分を常に美しく見せる状態でいることは、側から見ても決して悪いことではない。ましてや本人がそれを楽しんでいれば、なおさらである。

私の母は私が小学生の頃は専業主婦であったが、アクセサリーが大好きで家の中でもイヤリングやネックレスを身につけていた。なぜかと尋ねると、「綺麗なものを身に付けると嬉しくなる。綺麗なものが好きだから」と答えていた。それは正直な気持ちであったと思うが、そのほとんどが父からのプレゼントであったことを考えると、父への愛情表現であったかもしれない。

令和の現代、「多様性」が重視される時代である。「美」を追求してもしなくても、それは個人の自由である。しかし、平安朝の人々が大切にした様々な「美」の表現を頭の片隅においていただければ、今までとは違った見方、周りの人との関わり方が生まれてくるのではないだろうか。

本章の初めにも述べたが、日々の暮らしの中の風習や慣習、祭り等に、知らず知らずのうちに平安時代と繋がっていることは多い。日本人が日本人による「国風文化」を築き上げてから約1000年、子孫の安泰を望んで貴族達が書き残し、受け継いでいってくれた知恵や伝統技術、文化を尊重し、それらを継承していくことが私たちの役目なのだと思う。

地球温暖化が進み、気候変動が激しい現代、ファッションが簡素化するのは納得できる。だが、平安時代の気候は「平安温暖期」でかなり暑かったといわれており、庶民は「手無し」といった袖無しで、貫頭衣《かんとうい》に近い服装をしていた。

現代人の私達も、彼らが表舞台に引き上げた「小袖」が変化しながら継承された「着物文化」を、気候や環境に合わせて様々な着方で気軽に楽しみたい。平安朝の人々が中国文化の良いところは残し、日本文化に合わないことは変えて「国風文化」を築いたように、今の日本に合った新たな文化をつくる時ではないだろうか。

【50音順】難読ファッション用語の読み方と意味⑥【ま】～【わ】

【ま】

前天冠（まえてんかん）……巫女が舞を舞う際などに着用する冠形式の頭飾りが「天冠」。そのうち西洋のティアラ状に前だけのタイプをいう。

前の草摺（まえのくさずり）……甲冑の胴から吊り下げられ、腰から太ももまでの下半身を防護する草摺の前の部分。

間塞（まふたぎ）……矢の容器である空穂《うつぼ》のふたのこと。

守袋（まもりぶくろ）……守り札を入れて、いつも身につけておく小型の袋。

裙（も）……奈良時代までのスカート状の裳のこと。

裳（も）……国風文化の時代に十二単を構成した。腰部から下を覆うもので、腰の後ろに付けるもの。

裳付衣（もつけころも）……平安時代の僧侶の常装であり、墨の等身、垂領、有襴で、公家の袍《ほう》の原形ともみられる。

物の具装束（もののぐしょうぞく）……領巾《ひれ》をつけ、髪を垂らした後、結い上げて宝冠をつけた礼服《らいふく》をいう。

美豆良（みずら）……髪を真ん中分けして左右を結んだ古代の男性の髪型で、「上げ美豆良」と「下げ美豆良」に大別される。

胸紐（むなひも）……着物などの衿《えり》を合わせ、整えた衿元を押さえるために締める紐をいう。

帽子（もうす）……僧の頭を包む布。「もうす」は禅宗の呼称で、真言宗や浄土宗では「ぼうし」と称した。

【や】

聴色（ゆるしいろ）……自由に着用を許された衣服の色で、紅色や紫色等の淡い色をさす。対義語は禁色《きんじき》。

横繁菱紋（よこしげびしもん）……主に単《ひとえ》に用いらる四菱《よつびし》を横向きにびっしり割り付けた文様。

鎧直垂（よろいひたたれ）……大鎧《おおよろい》の下に着る直垂として、小《こ》袖《そで》・大口袴《おおぐちばかま》の上に用いられた。

【ら】

羅（ら）……経糸《たていと》を左右の経糸とからみあわせて織る絹織物の技法で、奈良時代から平安時代前期にかけて製作された。

襴（らん）……縫腋袍《ほうえきのほう》・半臂《はんぴ》・小直衣《このうし》等の裾に、足さばきのよいようにつけた横ぎれ。

立纓御冠（りゅうえいのおんかんむり）……江戸時代中期から纓を巾子の後に直立させた天皇の御冠。

裲襠（りょうとう）……儀式のときに朝廷の武官の武装に用いた貫頭衣型の衣服。「うちかけ」ともいう。

【わ】

忘緒（わすれお）…束帯の服具。半臂《はんぴ》の小紐《こひも》にかけて垂らす装飾用の緒。

藁脛巾（わらはばき）……旅行や作業などの際、すねに巻きつけてひもで結ぶ脛巾のうち、藁で作ったもの。

補章

年中行事と通過儀礼

年中行事と通過儀礼は、それぞれが重要な意味を持つ公的な儀式であり、平安時代の服飾文化とも密接にリンクしていた。ファッションそのものと少し離れるため、「補章」として最後に解説する。

年中行事——役割を果たすことが貴族の責務

「年中行事」という言葉は、何度か聞いたことがあるだろう。「年中行事」とは、毎年、恒例行事として行なわれるイベントや儀式のことで、非常に身近なものだ。意識せずに参加していることが「年中行事」であったりもする。

節分や七夕など、子供の頃から幼稚園の行事として参加していたものや、現代ではバレンタインやハロウィン、クリスマスなど外国由来の行事もすっかり「年中行事」として浸透している。他に地域の「伝統行事」として扱われることもあるが、都のあった京都の「葵祭《あおい》」「祇園祭」も平安時代から続く「年中行事」である。

皆さんの中には、1000年以上前からの「年中行事」がなぜ、令和の現代に残っているのか不思議に思われる方も多いだろう。現代まで受け継がれている大きな要因は、貴族達が残した日記の存在である。第3章で貴族の1日の行動を紹介したが、彼らは毎朝「具注暦《ぐちゅうれき》」などに前日の日

※この章の内容については、主に『ビジュアル資料　原色シグマ新国語便覧 増補三訂版』、祭りの詳細についてはWikipedia・コトバンク等ウェブサイトから、イラストは国立国会図書館デジタルコレクションの『年中行事絵巻』『公事十二ヶ月絵巻』を参考・引用・模写または作図している。また、現代の宮中祭祀に関しては、『宮内庁・主要祭儀一覧』を参照している。

記を書いていた。

貴族達にとっては、様々な儀式等の「年中行事」を滞《とどこお》りなく行なうこと、作法をわきまえ、それぞれ与えられた役割を果たすことが重要な任務である。年に2度行われる除目《じもく》(諸官職を任命する儀式)も評価の対象にもなった。そして、その任務を子孫の代まで継承し、一族が繁栄し続けることを望み、それらの作法を日記に書き残したのだろう。

「年中行事」が整備されたのは、藤原道長の息子・頼通の時代である。頼通は寛仁《かんにん》元(1017)年に26才の若さで摂政となり、後一条、後朱雀《ごすざく》(両帝とも彰子の産んだ一条天皇の親王)、後冷泉《ごれいぜい》天皇の3代・約50年間にわたり摂政・関白を勤めた。

実質、この半世紀が藤原文化の隆盛期となった。都で大きな政争もなく穏やかな時代であり、「年中行事」の整備にも着手できたのであろう。

その後、後白河院の命で常盤光長《ときわみつなが》らが描いた『年中行事絵巻』が平安時代末期に完成するが、原本は消失し、現存するのは江戸時代に模写された十六巻の他、数種の模本とされる。

これら「年中行事」は月ごと、季節ごとの相当数あるが、ここでは現代も続くもの、またこれまで度々登場している『紫式部日記』や『枕草子』で取り上げられているものなどを月ごとに紹介する。『年中行事絵巻』や『公事十二ヶ月絵巻』など絵巻の一部から筆者が作画したものも交えて、皇室行事に受け継がれるものから私達の生活に身近なものまで、現代に伝わる主な年中行事を掲げる。

本章後半には、平安時代の人の一生に関係する通過儀礼についても紹介していく。

1月（睦月《むつき》）

元日の「**四方拝**《しほうはい》」は、清涼殿の東庭に屏風をめぐらした中で行なわれ、天皇が天地四方の神を拝礼し、その年の豊作と国家安泰を祈る儀式である。現代も宮中祭祀《さいし》として、元日早朝に天皇陛下が黄櫨染御袍《こうろぜんのごほう》をお召しになり、神嘉殿《しんかでん》南庭で伊勢の神宮、山稜および四方の神様をご遥拝《ようはい》になる年中最初の行事として行なわれている。

「**七草**《ななくさ》（**人日**《じんじつ》）」は、庶民にも馴染みが行事の一つ。春の七草（セリ・ナズナ・ゴギョウ・ハコベラ・ホトケノザ・スズナ・スズシロ）を入れた粥《かゆ》を食べて無病息災を祈る「五節句」の一つである。現代でも正月明けすぐにスーパーでは七草が並べられるが、料理をあまりしない私は「七草粥セット」という簡単にできるものを毎年購入し、食していた。母からは「お正月でご馳走を沢山食べて疲れた胃を休めるため」といわれて育ち、無病息災を祈って食べていなかったことを最近になって後悔し始めた。来年からはしっかりと無病息災を祈って、食べたいと思う。

「**望粥**《もちがゆ》」は小正月の15日に、米・粟・キビ・小豆など7種の穀物を入れた粥を食べる行事である。後世に餅を入れるようになったようだが、元日の大正月に対して私的な祝いとされる。十五日は望《もち》月《づき》（満月）の日なので望粥といわれる。

宮中では、粥を炊いた薪《たきぎ》で女性の尻を打つと男の子を産むという習わしがあり、その様子が『枕草子』第2段に「十五日、節供参り据ゑ、粥の木ひき隠して、家の御達、女房などのうかがふを、打たれじと用意して……(以下略)」と書かれている。セクハラ・パワハラに厳しい現代では考えられない風習かもしれないが、宮中のような高貴な場所でも無礼講で、女房同士だけでなく男君さえ打っていた様子が楽しげな表現で描かれているのが何ともユーモラスだ。

「**女踏歌**《おんなとうか》」はもともと天武・天智天皇の時代から始まり、平安時代に入り、清和天皇の時代に儀式として整ったとされる。唐の行事と日本古来の風習が結びついたものという。足で地を踏んで歌いながら踊る集団舞踏《ぶとう》であるため、「踏歌《とうか》」と称される。平安朝以前は、16日に男女が入り乱れて灯りを明明《あかあか》とともして踊り狂ったそうだ。

平安時代に入り、「男踏歌」が14日、「女踏歌」が16日と分けて開催されるようになったが、経費もかかり、風紀上も良くないということで永祚《えいそ》元(989)年を最後に「男踏歌」は消滅し、その後は16日の「女踏歌」のみが残った。この「女踏歌」は内教坊《ないきょうぼう》(宮中の歌舞を教習するところ)の祇女40人と他に中宮や東宮に属する女官が選ばれ、物の具装束で右手に扇、左手に帖紙《たとうがみ》をかざして紫宸殿《ししんでん》の南庭から校書殿《きょうしょでん》を踊りながら回って退出するもので、天皇もご覧になった。長和《ちょうわ》元(1012)年から10年間、女踏歌も一時中断された後、復活するが次第に衰退し、江戸時代にはほとんど形式化したようで、実態は定かではなくなったようだ。

「**賭弓**《のりゆみ》」は、弓場殿で左右近衛府・兵衛府の舎人《とねり》が行なう競射を天皇がご覧になり賞を与えられたものである。

「**内宴**《ないえん》」は、20日または23日までの子《ね》の日に仁寿殿《じじゅうでん》で、天皇が公卿や文章博士《もんじょうはかせ》達を召して内々の宴会を行なったもので、詩が披講《ひこう》され、管弦・祇女の舞などがあった。

正月は他に朝賀《ちょうが》・元日節会《がんにちのせちえ》・白馬節会《あおうまのせちえ》・子の日の遊び・卯杖《うづえ》・卯鎚《うづち》等もあり、行事が目白押しだった。貴族達はさぞや忙しかったに違いない。

2月（如月《きさらぎ》）

「祈年祭《きねんさい》」が4日に行なわれ、神祇官や国司の庁で豊作や国家安泰を祈願された。現代では17日に宮中三殿（賢所《かしこどころ》・皇霊殿《こうれいでん》・神殿）で、年穀豊穣祈願の祭典として行なわれている。

3月（弥生《やよい》）

「**曲水の宴《きょくすいのうたげ》**」は、内容は図表内で説明しているため割愛するが、中国から伝来し、奈良時代以降盛んになった3月3日に行なわれる行事だが、「薬子《くすこ》の変」で有名な平城《へいぜい》天皇の時代に中止された。再開された時代は諸説あり定かでないが、摂関時代には内裏《だいり》の公式行事として行なわれるようになった。上流貴族である藤原道長や藤原師通《もろみち》などは、自邸でも主催したとの記録が残っており、ここでも彼らがどれ程の規模の邸宅に住んでいたのかが想像できる。また、『公事十二ヶ月絵巻』の曲

年中行事（1月〜3月）

1月1日　四方拝（しほうはい）

1月7日　七草（人日《じんじつ》ともいう）

1月15日　望粥（もちがゆ）

1月16日　女踏歌（おんなとうか）

1月18日　賭弓（のりゆみ）

1月21日頃　内宴（ないえん）

女踏歌
※『年中行事絵巻』より著者作画

四方拝
※『シグマ新国語便覧』（『公事録付図』）より著者作画

2月4日　祈年祭（きねんさい・としごいのまつり）

3月3日　曲水の宴（きょくすいのうたげ）

曲水の宴　※『公事十二ヶ月絵巻』より著者作画

右下の「杯」に注目

庭園の流れに臨み、流れてくる杯が自分の前に着くまでに詩歌を作り杯の酒を飲む

3月3日　上巳の祓え（じょうしのはらえ）

↓近世に「雛祭り」に転じた。

水の宴で描かれている貴族達は皆、色鮮やかで様々な織柄の入った直衣《のうし》を着用し、しかも冠をつけていることから「雑袍聴許《ざっぽうちょうきょ》」を得た特権階級であることが窺《うかが》える。

紙面の都合上、イラストが小さくて恐縮だが、225頁下の絵の中央で、正面を向いて座っている男性の直衣の下の衵《あこめ》が出衣《いだしぎぬ》になっており、なんと桜の文様で、おそらく桜がさねである。なんとも粋な出立《いでた》ちだ。もし、平安時代にタイムスリップ出来るなら、この「曲水の宴」を見学したいものである。しかし、拡大図に載せた男性は杯が目の前にきているが、頭を抱えているようにも見える。実に優雅で、風流な世界に見えるが、詩歌を作らねばならないので、内心は冷や汗ものなのかもしれない。

現在でも、「曲水の宴」は福岡県の太宰府や京都府の城南宮等で行なわれている様子をニュースで目にすることがある。しかし今では装束として保管されているものを着用するだけなので、平安朝の貴族達のようなお洒落なものではなく、格式のある伝統衣裳を見るだけなのは少し寂しい。

「上巳《じょうし》の祓《はらえ》」は「**上巳節**」ともいうが、遣唐使によって中国から伝来したもので、上巳とは三月上旬の巳の日のことである。「上巳の祓」とは、陰陽師《おんみょうじ》を呼びよせてお祓いをさせ、自分の身に降りかかる災難を自分の生年月日を書いた紙の人形《ひとがた》に移し、川に流して厄を祓うという風習である。この厄祓いの様子は、現代でも京都の下鴨神社で3月3日に「京の流しびな」の行事として再現されている。

その後、人形が立派になり、飾る人形へと変化していったようだ。江戸時代に入ると幕府が「五節句」を制定した際に、後述する5月5日の「端午《たんご》の節句」に対して、3月3日の「上巳の節句」

が女の子の節句となって現代のような「ひな祭り」として浸透していった。また、「ひな祭り」には桃の花を飾る習慣があり、「桃の節句」とも呼ばれるのは、桃の木に「邪気払い」に効き目があると考えられているからで、「上巳の祓」の名残りでもあるようだ。

4月（卯月《うづき》）

「**更衣**《こうい》」は1日に行なう、装束や几帳《きちょう》・壁代《かべしろ》などの家具調度類を夏仕様のものに取り替える行事である。現代では6月1日に行なわれているが、平安時代は旧暦を使っていたため、ほぼ現代と同じ気候の頃と考えられる。

京町家では、現代も室内の建具や敷物を夏物に変えている。学生服を着用していた方には、「衣替え」としてはきっと馴染み深い行事だろう。装束の種類を変えるだけでなく、「かさねの色目」を大切にしていた平安時代は、季節ごとに合わせる色目も変えており、『満佐須計装束抄《まさすけしょうぞくしょう》』に「四月うすぎぬにきるいろ」との記述もある。

「**灌仏会**《かんぶつえ》」は「**仏生会**《ぶっしょうえ》」ともいわれる、お釈迦様の誕生を祝う8日に行なう法会である。釈迦が生まれた時、九頭の龍が天から現れ、頭から甘露で洗い清めたという伝承に由来するもので、花で飾られた花御堂《はなみどう》の中の誕生仏に甘茶を注ぎかける。

現代も多くの寺院で実施されており、甘茶をいただくと無病息災で過ごせると地域の人々に、甘茶を振る舞う寺も多く、「花祭り」の名で親しまれている。実際、私も今年の「花祭り」の日に近所の寺院で境内に作られた花御堂の中の誕生仏に甘茶をかけ、甘茶とお菓子をいただいた。寺院にとって、地域住民との関係性を築く良い機会、また広報活動の一環としても重要な行事の一つなのかもしれない。

「**賀茂祭**《かものまつり》」は中酉日《なかとりのひ》に行なわれていた上賀茂・下鴨神社の京都平安を祈願する祭礼で、平安時代にたんに「祭り」といえば「賀茂祭」を指した。斎院(天皇の名代として賀茂神社に奉仕する、未婚の皇女。斎王ともいう)と奉幣使《ほうへいし》が賀茂神社に参拝するための盛大な行列を成し、多くの見物客が訪れる姿が『年中行事絵巻』に描かれている。

後世、この行列の牛車《ぎっしゃ》や人々の冠、家の軒等に葵の葉が飾られるところから「葵祭」ともいわれた。明治維新以降、新暦の5月15日に改定され、戦争により中断されることもあったが、「葵祭」として京都人のみならず、日本中の人々からも注目される祭りであり、現在も続いている京都三大祭りの一つである。

祭りに先駆け、斎院の御禊《みそぎ》が賀茂川で行なわれ、その際も華やかな行列が仕立てられるため、普段見かけることのない高貴な方々の雅《みやび》なファッションを目にすることは、当時の人々には眼福《がんぷく》であったに違いない。昭和31(1956)年からは毎年、斎王代《さいおうだい》として京都ゆかりの未婚の女性が選ばれ、平安時代さながらの十二単姿で御腰輿《およよ》(天皇、皇后、斎王のみが乗る特別な輿《こし》)に乗る姿は実に美しい。ニュース等で放映されるので、是非ご覧になって欲しい。

5月（皐月《さつき》）

「**献菖蒲**《けんしょうぶ》」は3日に端午《たんご》の節会《せちえ》に柱等に掛けて邪気払いとした「薬玉《くすだま》」の材料とした菖蒲を献上する行事である。

「**端午の節会**」は五節句の一つで、宮中では競馬・騎射を天皇が鑑賞し、家々では菖蒲が軒先にかけられた。後に「菖蒲」が「尚武」と同音であることから、男子の節句とされるようになる。

この「端午の節句」の「薬玉」について『枕草子』第36段で興味深く著されている。

「空の気色、曇り渡りたるに、中宮などには、縫殿より、御薬玉とて色々の糸を組み下げて参らせたれば、御帳立てたる母屋の柱に左右に付けたり。九月九日の菊を、あやしき生絹《すずし》の衣に包みて参らせたるを、同じ柱に結ひ付けて月ごろある、薬玉に取り替へて捨つめる。また薬玉は菊の折まであるべきにやあらむ。されどそれは、皆、糸を引き取りて、もの結ひなどして、しばしもなし」

231頁の図で「薬玉」を描いたが、下方に垂れ下がっている部分は色とりどりの糸で何か結ぶのにみんな使うため、すぐになくなると書いてある。重陽の節句の菊といい、邪気払いや長寿祈願のために掛けているはずが（清少納言がただ面白がって書いていたのかもしれないが）、実のところ、女房達はあまり気にしていなかったのではないか。

同じ段に「御節供参り、若き人々、菖蒲の刺櫛刺し、物忌み付けなどして、さまざま、唐衣・汗衫などに、をかしき折枝ども、長き根にむら濃《ご》の組みして結び付けたるなど、珍しう言ふべきことならねど、いとをかし。さて、春ごとに咲くとて、桜をよろしう思う人やはある」とある。

神聖なものとして掛けられている薬玉の扱いに比べ、平安時代の若い女性達は厄除けの物でさえファッション要素の一つとして取り入れてしまい、自分たちが可愛く美しく見えるように髪や衣装に配色も考えながら菖蒲をつけていく様がなんとも微笑ましく思えるのである。また、これらが毎年の光景であるにもかかわらず、生き生きと描いている清少納言の観察力、表現力にも彼女のファッションセンスが窺える。『紫式部日記』の中で「清少納言が仕えていた中宮定子《ちゅうぐうていし》の時代が良かった」的な発言をする男性達がいたことをぼやいているのだが、『枕草子』の文章からは、中宮定子の後宮サロンでは才能豊かな女房達が機知に満ちたやりとりを繰り広げていたことが想像できる。

6月（水無月《みなづき》）

「**祇園御霊会**《ぎおんごりょうえ》」は、陰暦6月7日に始まり、14日に神輿の祇園社への還幸行列が祭りの最高潮となる都大路で開催された行事で、室町時代以降に山鉾巡行《やまぼこじゅんこう》が始まり、現代まで脈々と受け継がれている。京都三大祭りの一つであり、現代も八坂神社の祇園祭として7月に開催され、日本三大祭りにも数えられている。

9世紀後半の京都で、流行った疫病を鎮《しず》めるため、神泉苑で御霊会を行なったが、その後も天災が続いた。平安時代はそれら全てが怨霊の祟《たた》りと思われていたため、当時の国の数である66本の矛《ほこ》

年中行事（4月～6月）

4月1日　更衣（こうい）

4月8日　灌仏会（かんぶつえ）

4月中旬の酉の日
賀茂祭（かものまつり）**→「葵祭」**

賀茂祭
※『年中行事絵巻』より著者作画

5月3日　献菖蒲（けんしょうぶ）
薬玉の材料にする菖蒲の献上

5月5日　端午の節会（たんごのせちえ）

「薬玉」は端午の節会に柱などに掛けて邪気ばらいとした

※『古代薬玉之図』より著者作画

6月14日　祇園御霊会（ぎおんごりょうえ）**→「祇園祭」**

6月30日　大祓（おおはらえ）
「水無月祓」「夏越の祓」

大祓
※『年中行事絵巻』より著者作画

祇園御霊会
※『年中行事絵巻』より著者作画

を立て、3基の神輿を神泉苑に奉納して薬師如来を本地とする牛頭《ごず》天王を祀《まつ》り、御霊会を執り行なったのが起源とされている。神泉苑から祇園社へ神輿を遷幸する際の行列が都大路で盛大に行なわれ、祭りは最高潮となった。

10世紀後半には町衆も積極的に関わり、行列には田楽、獅子舞と囃《はや》し方、風流傘、騎馬田楽、舞人など加わり、御霊会というよりも町衆・庶民の祭りのイメージが強くなっていった。『年中行事絵巻』に描かれている人々の衣装、ファッションを見ても、様々な人々が参加または見物しているのが見て取れる。

「**大祓**《おおはらえ》」は、30日に半年間の罪や穢《けが》れをはらう行事で、令和時代に入りコロナ禍もあったせいか6月の大祓・夏越の祓は広く行なわれている。宮中では朱雀門の前で祝詞《のりと》が奏され、民間では水辺で禊《みそ》ぎを行ない人形《ひとがた》を流したり、茅の輪をくぐり汚れを祓う。『年中行事絵巻』では、貴族の館で、陰陽師が束帯姿で庭に幣串《へいぐし》を置いた机を立て円座を置き祓えを行なっている姿と、館内で小袿姿の女性が乳児を抱いた女性に茅の輪らしき輪を潜らせている様子が描かれている。

現代の宮中でも、神嘉殿《しんかでん》の前で皇族をはじめ、国民のためにお祓いの行事が執《と》り行なわれている。

田楽

※『年中行事絵巻』より筆者作画

7月（文月《ふみづき》）

「**乞巧奠**《きこうでん》」は五節句の一つで、牽牛星《けんぎゅうせい》と織女星《しょくじょせい》が年に一度あうという中国の伝説から、二つの星を祭る風習が起こり、これに日本の天棚機姫《あめたなばたひめ》信仰が結びついたものとされる。季節の物を備え、当時の貴族達の教養として重要視されていた裁縫・詩歌・書道・音楽などの上達を祈る儀式で、「七夕」の名称がしっくりくる方がほとんどだろう。

「**盂蘭盆会**《うらぼんえ》」は15日に行なわれる祖先の霊を祭り、供物をして読経し供養する法会で、宮中の清涼殿でも行なわれた。もともとは餓鬼道で苦しんでいる死者を救う仏事であったものが一般化したもので、現代も8月13～16日（東京など一部地域では7月）に正月休み同様、多くの会社も休みにするほど国民に浸透した行事である。

8月（葉月《はづき》）

「**観月の宴**《かんげつのえん》」は15日の中秋の名月の夜に月見の宴を催すことで、宮中で清涼殿で詩歌・管弦の宴を開いた。藤原道長などの上流貴族は自邸の庭の屋形船を浮かべ、観月する様子が『紫式部日記絵詞』に描かれている。

月齢（月の満ち欠け）を元にした太陰暦を使用していた平安時代は、月を観察することを重要なことであったに違いない。また、夜の明かりは松明《たいまつ》等しかなかった時代には月の明かり、特に満月の明かりは本当にありがたく、愛でるものであったのだろう。

現代では、中秋の名月はほとんどの場合、9月になる。令和5（2023）年は中秋の名月と満月が重なる年であったが、次に満月の中秋の名月を観ることができるのは2030年になる。

9月（長月《ながつき》）

「**重陽《ちょうよう》の節句**」は、9日に行なわれる五節句の一つ。吉数である陽数の九が重なることを祝う行事で、宮中では紫宸殿《ししんでん》で宴を開き、菊の花を酒に浮かべて飲んだり、前日の夕方から菊の花の露を綿に染み込ませた「着せ綿」で身体をぬぐい、長寿を祈った。

この重陽の節句について『紫式部日記』にも記述があり、「九日、菊の綿を、兵部のおもとの持て来て、これ、殿の上の、とりわきて。『いとよう老い拭ひ捨て給へ』と、のたまはせつる」とある。これは、紫式部が仕える中宮彰子《ちゅうぐうしょうし》の母で藤原道長の妻である倫子《りんし》からエイジングケアともいえる「着せ綿」を贈られた話だが、この後にお礼の歌を返そうとしたがすでに倫子が帰っていたというオチがあり、紫式部と道長の関係性を疑う説もある。なお、倫子と紫式部はまたいとこの関係というが、定かではない。

どちらにしても、この当時では若いとはいえない年齢、45歳の倫子も30代半ばの紫式部も年に一

年中行事（7月～9月）

7月7日 乞巧奠（きこうでん）**→「七夕」**

乞巧奠

※『公事十二ヶ月絵巻』より著者作画

「供物」
清涼殿の東庭に台を置き供物を並べ
天皇が七枚の梶の葉に和歌を書く

7月15日 盂蘭盆会（うらぼんえ）

8月15日 観月の宴（かんげつのえん）

「上流貴族の観月」
自宅の庭の池に
屋形船を浮かべそ
こで観月した。

※『紫式部日記絵詞』
より著者作画

9月9日 重陽の節句（ちょうようのせっく）**（菊の節句）**

重陽の節句

※『公事十二ヶ月絵巻』より著者作画

「着せ綿」
8日の夕方に綿を菊の花に被せ
その菊の露に濡れた綿で9日の
朝に肌を撫で長寿を祈る

9月13日 十三夜（じゅうさんや）

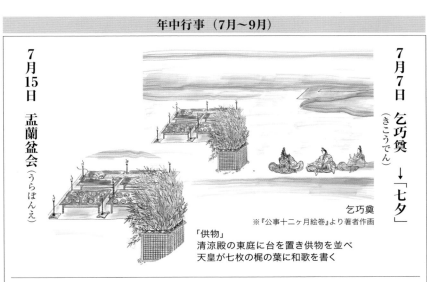

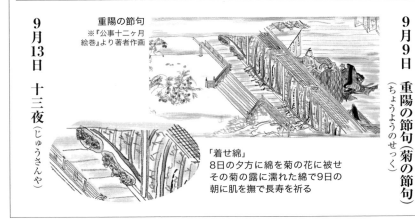

度の若返りのイベントを気にしていたことが、平安女性の美への探究心に触れる一コマでもある。

「重陽の節句」は、新暦に変わった現代では他の節句のように浸透していない。その理由は、現代の9月はまだまだ暑く、菊の花もほとんど咲いておらず、季節感が違ってしまったからのようだが、和菓子の「着せ綿」を用意したり、「菊酒」を飲んだり、菊柄の帯を締めるなどで現代なりの「重陽の節句」を大切にしている方もい多い。

「**十三夜**《じゅうさんや》」は13日に十五夜に次いで、月見に相応《ふさわ》しいとされる十三夜の月を鑑賞する行事である。

10月（神無月《かみなづき》）

「**更衣**《こうい》」では、装束・調度品を冬のものに改める。4月の更衣でも紹介した『満佐須計装束抄』には、「十月一日よりねりぎぬわたいれてきる。きくのやうやう」と、この日から練絹《ねりぎぬ》に綿入れを着用するとあり、襲《かさね》の色目についてや白菊《しらぎく》や黄菊《きぎく》の記述がある。

11月（霜月《しもつき》）

「**五節**《ごせち》」は「新嘗祭《にいなめのまつり》・大嘗祭《おおにえのまつり》の豊明節会」に際し、公卿や国司から選ばれた4人（大嘗祭では5人）

の舞姫による舞の総称で、帳台の試み・御前の試み（ともに五節の舞の試演を天皇が見る）、殿上の淵酔《えんすい》（清涼殿上の間で宴を張る）、童女御覧《わらわごらん》（舞姫に付き添う童女を天皇が見る）、豊明節会と続く一連の行事を総称して五節と称した。

「**新嘗祭**」は、神嘉殿《しんかでん》においてその年の新穀を神に供え、天皇が食する行事で、天皇即位後初めての新嘗祭を大嘗祭という。新嘗祭（「にいなめさい」は現代の読み方）は、現代でも天皇陛下が、同じく神嘉殿において新穀を皇祖はじめ神々にお供えになり、神恩を感謝された後、天皇陛下自らもお召し上がりになる祭典で、現代では宮中恒例祭典の中の最も重要なものとされる。また、天皇陛下自らご栽培になった新穀もお供えしているそうだ。

「**豊明節会**《とよあかりのせちえ》」は、新嘗祭の翌日、豊楽殿《ぶらくでん》で宴を張り、天皇が新穀を食し、群臣に与える。この時、五節の舞が舞姫によって舞われる。

「五節の童女」達に関しては、『紫式部日記』の中で、以前、主婦であった紫式部が女房感覚になりきれず天皇に御目通りさせる童女御覧の少女達が（貴族社会の女性は人目に触れないことがよしとされた平安時代に）衆目に晒《さら》されるのをいじらしくなり、胸がいっぱいになる様子が書かれている。「かからぬ年だに、ご覧の日の童女の心地、よもはおろかならざるものを、ましていかならむとなど、こころもとなくゆかしきに、（中略）、ただかくくもりなき昼中に、扇もはかばかしくも持たせず、そこらの君達の立ちまじりたるに、……」とある。

　こうした行事が、天皇と貴族との関係強化の場として執り行なわれていた背景があったが、その後、室町時代には童女御覧だけでなく五節の舞も中絶していたが、大正の大礼で振り付けも新しく

年中行事（10月〜12月）

10月1日　更衣（こうい）

11月中の丑・寅・卯・辰の日　五節（ごせち）

帳台の試み（ちょうだいのこころみ）
御前の試み（ごぜんのこころみ）
殿上の淵酔（てんじょうのえんすい）
童女御覧（わらわごらん）

五節
※『承安五節繪』より著者作画

11月中の卯の日　新嘗祭（にいなめのまつり）

11月中の辰の日　豊明節会（とよのあかりのせちえ）
五節の舞（ごせちのまい）

12月30日　大祓（おおはらえ）

12月30日　追儺（ついな）**→「節分」「おにやらい」ともいう**

追儺
※『公事十二ヶ月絵巻』より著者作画

「鬼払い」
大舎人が朱色の装束に黄金四目の面をつけ高下駄を履き、鬼を追う役を勤めた

定められ、舞姫装束も近世のものに平安朝の記録の様式を折衷したものに定められた。昭和の大礼でもまた舞と装束が改定され、平成の即位の礼では昭和大礼を可能な限り踏襲し、「久米舞」と共に「五節の舞」は披露された。時代と共に変化しながらも、平安時代の風習は宮中・皇室行事としてのみ継承されているようである。

「新嘗祭」は昭和23（1948）年に11月23日に固定され、全ての生産を祝って勤労を労《ねぎら》う「勤労感謝の日」として改められている。

12月（師走《しわす》）

「**大祓**《おおはらえ》」は、6月の大祓と同じ行事で30日に行なう。朱雀門の前で祝詞《のりと》が奏され、1年間の汚れを払う。「年越の祓」ともいう。この大祓も6月同様、現在も宮中祭祀として行われている。

「**追儺**《ついな》」も30日に行なわれる。1年間の邪気の象徴である鬼を、桃の弓、蘆《あし》の矢で追い払う行事で、後に民間では寺社などの節分の行事となった。鬼払い役の大舎人《おおとねり》の装束については図表一覧をご覧いただきたいが、これを見ると実によく出来た装束であり、日本人は元来仮装が好きなのだと確信する。何年か前からハロウィンの仮装が日本で爆発的にブームになった背景は、こうした日本人の習性にあるのかもしれないとも思える。

通過儀礼――誕生、結婚から長寿の祝いまで

では、次に「平安貴族の通過儀礼」を見ていこう。

誕生に関わる通過儀礼として「産養《うぶやしない》」がある。女性の懐妊《かいにん》がわかると陰陽師《おんみょうじ》による加持祈禱・僧侶による読経により無事を祈る。当時、出産は穢《けが》れとされていたため、出産の際は産屋《うぶや》が設けられ、天皇の中宮・皇后も実家で出産していた。

平安時代は低年齢の出産も多い上に、医療・衛生面も万全ではなく、命の危険を伴うものだった（一条天皇の皇后・定子《ていし》は第三子である媄子《びし》内親王を出産してまもなく24歳の若さで崩御している）ので、誕生の祝いは盛大に行なわれ、生誕当日には産湯《うぶゆ》を使わせる「御湯殿の儀」があり、三夜・五夜・七夜・九夜に「産養」と呼ばれる、〝誕生祝いパーティー〟を催《もよお》すしきたりがあった。

3日目は宮司《みやづかさ》、5日目が実家である道長、7日目が皇室（一条天皇）主催、九日目は彰子の弟の頼通主催で行なわれたことが『紫式部日記』に書かれている。5日目の産養の様子ではお付きの女房達の衣装についても克明に描写されていることはすでに述べたが、当時は主人の出産前後には、清潔を保つため女房達も衣装を白一色にすることが決められていた。それだけ、衛生面に気を遣っていたということだろう。

その後も生誕50日目に「五十日祝《いかのいわい》」という父や外祖父が箸を取って、赤子の口に餅を含ませる通

過儀礼が行なわれる。『紫式部日記』でのこの祝いのシーンは、彰子に仕える女房達の豪華な衣装(唐衣裳装束)や道長に関わる公卿達の醜態ぶりも描かれ、親王の「お食《く》い初《ぞ》め」の儀式にかこつけたパーティーのようにも感じられる。

しかし、ファッションについて重要な点が記されている。「今宵、小輔の乳母、色許さる」。親王の乳母になると、このタイミングで禁色《きんじき》の着用が許されるのだ。女房達にとってもその家族にとっても、きっとこの上ない誉《ほまれ》であったに違いない。現代人にはない体験で想像し難いが、これまで着用出来なかった色や素材が許されたとなれば、ファッションのレパートリーも増える。ファッションの楽しみが増すことは単純に考えても嬉しいことである。

１００日目に行なわれるのが、現代の「お食い初め」に当たる「百日祝《ももかのいわい》」である。この祝いでは１００個の餅が用意されたようだ。

「袴着《はかまぎ》」または「着袴の儀」は、男女の区別なく3歳から7歳の間に行なわれ、現代の「七五三」の風習の一環になったもので、幼児が初めて袴をつける儀式である。平安時代は貴族の間だけで行なわれていたが、武家社会になると武家の子供達の間でも広がり、やがて一般に浸透し、現代の七五三へと繋がっていったようだ。現代でも皇室では、男性・女性皇族ともに伝統行事として「着袴の儀」が執り行なわれている。

その後、男子の成人式となる元服があり、髪型を大人ふうに改め、初めて冠をつける。現代では、「加冠《かかん》の儀《ぎ》」は皇族に限られるが、今上天皇・秋篠宮殿下も臨まれている。

女子の成人式は「髪上げ・裳着《もぎ》」で、11歳から15歳で行ない、男子同様、髪型と衣服を大人ふうに改めた。成人女性の正装である「裳」を身につける儀式で、結婚を前提とすることが多かった。この儀式では、「裳」の腰紐《こしひも》(次頁のイラストの中央辺りに蝶のように結ばれているところ)を結ぶ「腰結《こしゆい》」の役と、髪を結い上げる「結髻《けっけい》」「理髪」の役がおり、「腰結」の役は男子における「加冠」に相当したようだ。

「裳着」の儀式では最も重要な役であったため、吉日を選び、権力者や一族の長老が務め、史実によると藤原道長の三女・威子《いし》の「裳着」では、「腰結」役は道長が務めた。「裳」の腰の結び方は、次頁のような蝶結びの形にする。

「裳着」の儀式の終了後は、饗宴《きょうえん》が催され、それぞれのお役の返礼品として装束や調度品を渡し、祝いに参上した公卿・殿上人達は禄を賜ったそうである。このことから「裳着」、特に結婚が前提となった場合は、一族にとっても相当重要な儀式であったことが窺える。

人生における一大イベントといえば、「結婚」であるが、そこは現代と大きく違っており、平安時代は「一夫多妻制」でしかも基本的には「婿取り婚」であった。まず、平安貴族の恋愛・結婚事情であるが、前述したように人前に姿を見せること、ましてや顔を見せることをせず、ほとんど家の中で過ごしていた貴族女性に出会える機会はほとんどなく、人づてに伝えられる噂(容姿だけでなく気立ての良さ、和歌や教養の楽器の演奏の評判など)から垣根の外から垣間見《かいまみ》をし、見定めていたようだ。中には一度も会ったことのない相手に恋に落ちることもあった。平安貴族男性はきっと想像力(妄想)が現代人より群を抜いていたのかもしれない。

その段階から、文通を始めてもらえる努力をする。意中の女性には女性側の侍女などを通じて文を送り、男性は歌の出来栄え・文字の見事さ・料紙《りょうし》の趣向などから自分自身の教養をアピールする。文を度重ねて送ると侍女も情にほだされるのか、代筆《だいひつ》の返事が来る。さらには本人直筆の返事が来ると、いよいよ女性の部屋を訪ねる許しを得るようになる。男性は手紙を送る際も手紙を彩る工夫をする。

244頁の図の「立て文」は事務用の結び方、「結び文」がプライベート用、結び方でも意思表示をし、また季節の花の咲いた枝「文付枝《ふみつきえだ》」にして気遣いをアピールするなど、相手の気を引く努力をしたのである。

裳着の装い

しかし、晴れて結婚となるのは、男女が契りを結んで一夜を共にしたのち、男が3日間続けてその女性のもとに通ってからである。3日目を迎えると、女性の親が披露宴（所顕《ところあらわし》）を行ない、結婚が成立する。それ以後は男性は夫として女性の部屋を自由に訪ねることができるようになるが（妻《つま》問婚《どいこん》）、それからも男性は明け方寸前には帰宅し、すぐに妻となった女性に手紙「後朝《きぬぎぬ》の文」として前夜の甘い時を和歌に詠んで送った。

結婚前、もし通い始めたばかりの男性から文が届かない場合は、その時限りの関係を意味したと

手紙（文）の折り方

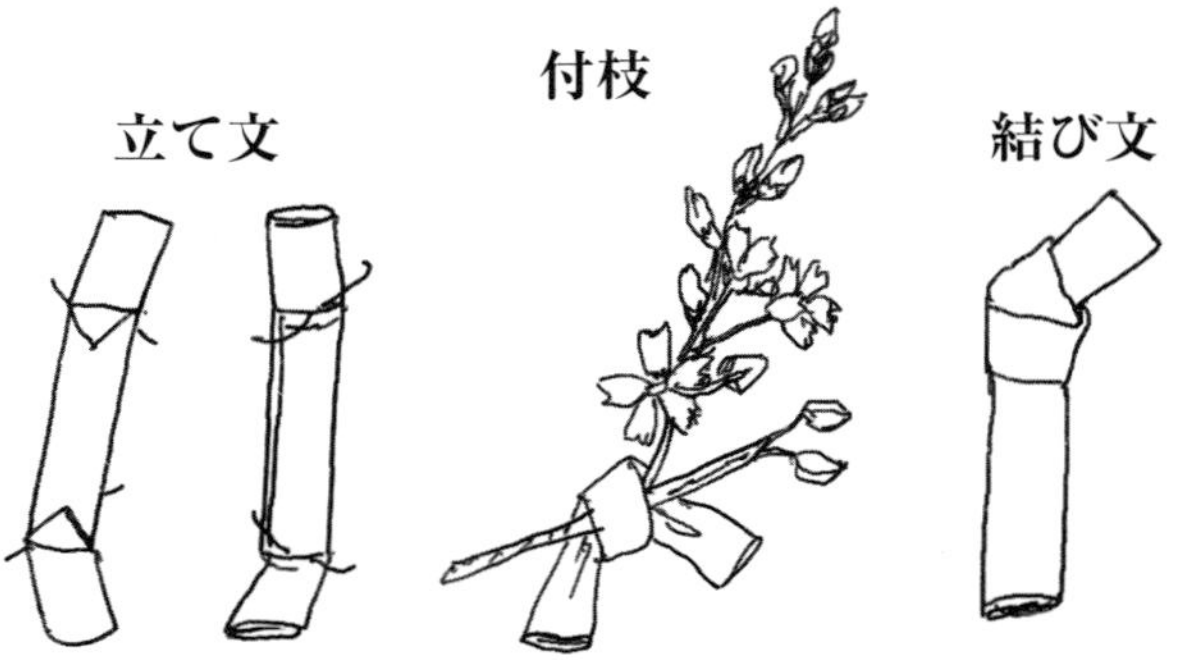

※『ビギナーズ・クラシックス日本の古典枕草子』より著者作画

いう。なんと残酷な結婚に至るシステムだったのかと驚愕する。

清少納言は『枕草子』第１４５段で、「昨夜来始めたる人の、今朝の文の遅きは、人のためにさへ、つぶる」と表現している。確かにたとえ人ごとであってもハラハラしたに違いない。ただ、一夫多妻制の平安時代にはそれを受け入れるしかなかったのかもしれないが、そのような体験をした女性はきっと逞《たくま》しくなっていったのだろう。

実際、藤原道長にも正妻・源倫子《みなもとのりんし》以外に明子《めいし》というもう一人の妻と彼女との間に子供もいるが、倫子の父は土御《つちみ》門殿《かどどの》という豪邸を持つ大臣でもあり、彼はその後の出世を考えても倫子を正妻にしたのに対し、明子の父はすでに亡くなっており、道長は明子を妾妻にしたであろう。

結婚の次の通過儀礼は、「参賀」または「賀の祝い」という長寿を祝う儀式があった。平安時代は40歳がもう老人の年齢であったため、まず「四十《よそじ》の賀」ついで「五十《いそじ》の賀」「六十《むそじ》の賀」と10年ごとに祝ったようである。

驚くべきことに道長の正室・源倫子は43歳で末娘・嬉子《きし》を出産し、40歳が老人だった平安時代に

89歳まで生きているのだ。なんという生命力なのだろうか。きっとその生命力こそが時の権力者・藤原道長を支え、何人もの天皇の祖母・曽祖母となる原動力だったのだろう。また、その時々に与えられた役割をきっちりこなす聡明さと柔軟さを持ち合わせた女性だったことが想像できる。

倫子は娘3人に先立たれたのちに「出家」しているが、末法思想が高まっていた当時、死後の極楽往生を望むならできるだけ早い時期に出家し、仏道修行を積むべきだと考えられていた。しかし、実際は(男性の場合は特に)病に倒れて死の直前の出家が多かったようだ。

通過儀礼の最後は、「死」である。死者は棺に入れられて、鳥辺野《とりべの》など京都周辺で火葬されるか埋葬された。死後49日間は、中有・中陰といって、近親者は喪に服して死者の極楽往生を祈った。それは出産も穢《けが》れと考えられていたが、死も同様に穢れと考えられていたからで、服喪期間中は身を慎むべきさまざまな制約があった。

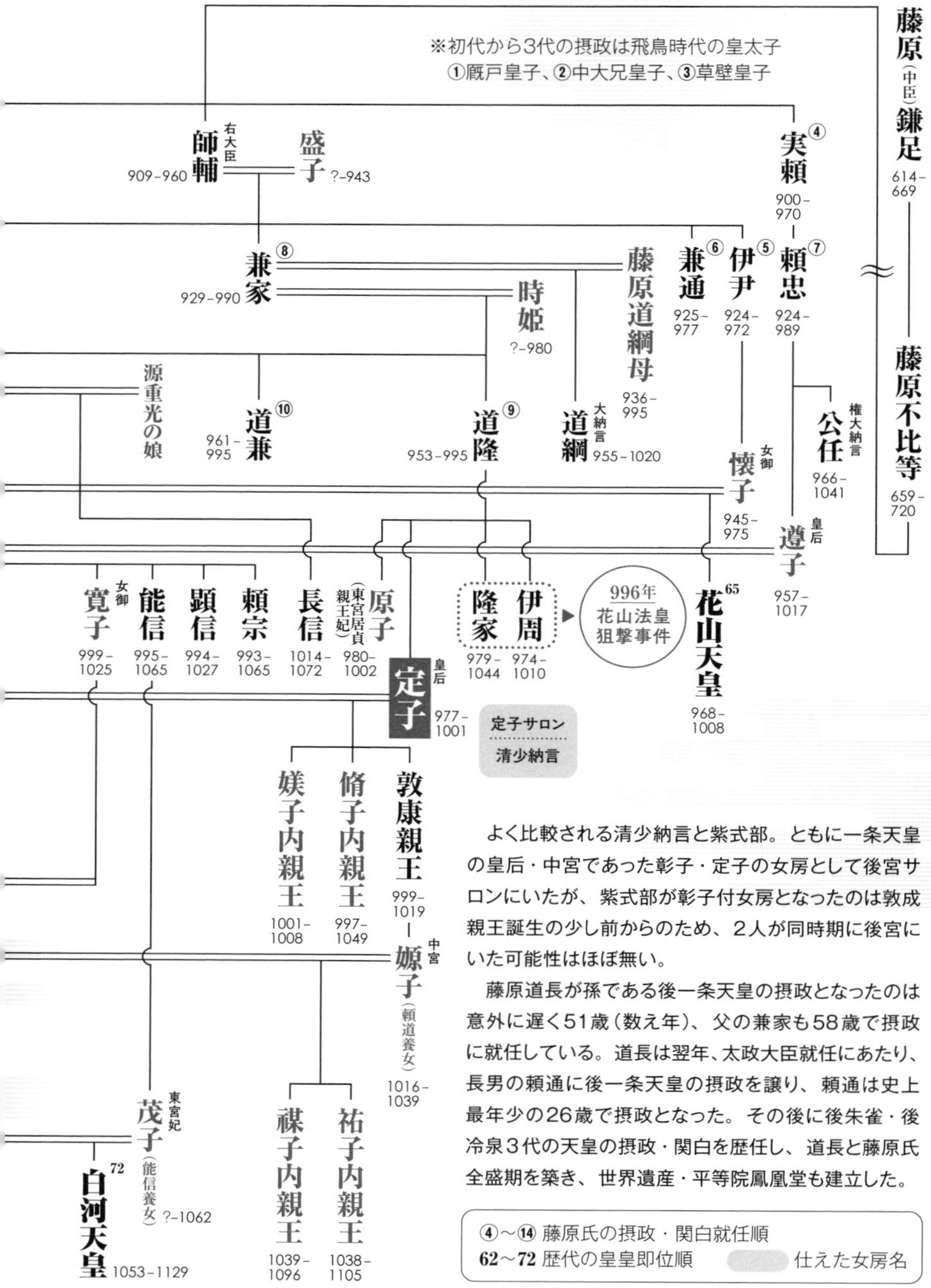

よく比較される清少納言と紫式部。ともに一条天皇の皇后・中宮であった彰子・定子の女房として後宮サロンにいたが、紫式部が彰子付女房となったのは敦成親王誕生の少し前からのため、2人が同時期に後宮にいた可能性はほぼ無い。

藤原道長が孫である後一条天皇の摂政となったのは意外に遅く51歳（数え年）、父の兼家も58歳で摂政に就任している。道長は翌年、太政大臣就任にあたり、長男の頼通に後一条天皇の摂政を譲り、頼通は史上最年少の26歳で摂政となった。その後に後朱雀・後冷泉3代の天皇の摂政・関白を歴任し、道長と藤原氏全盛期を築き、世界遺産・平等院鳳凰堂も建立した。

④～⑭ 藤原氏の摂政・関白就任順
62～72 歴代の皇皇即位順　　仕えた女房名

藤原道長関係系図

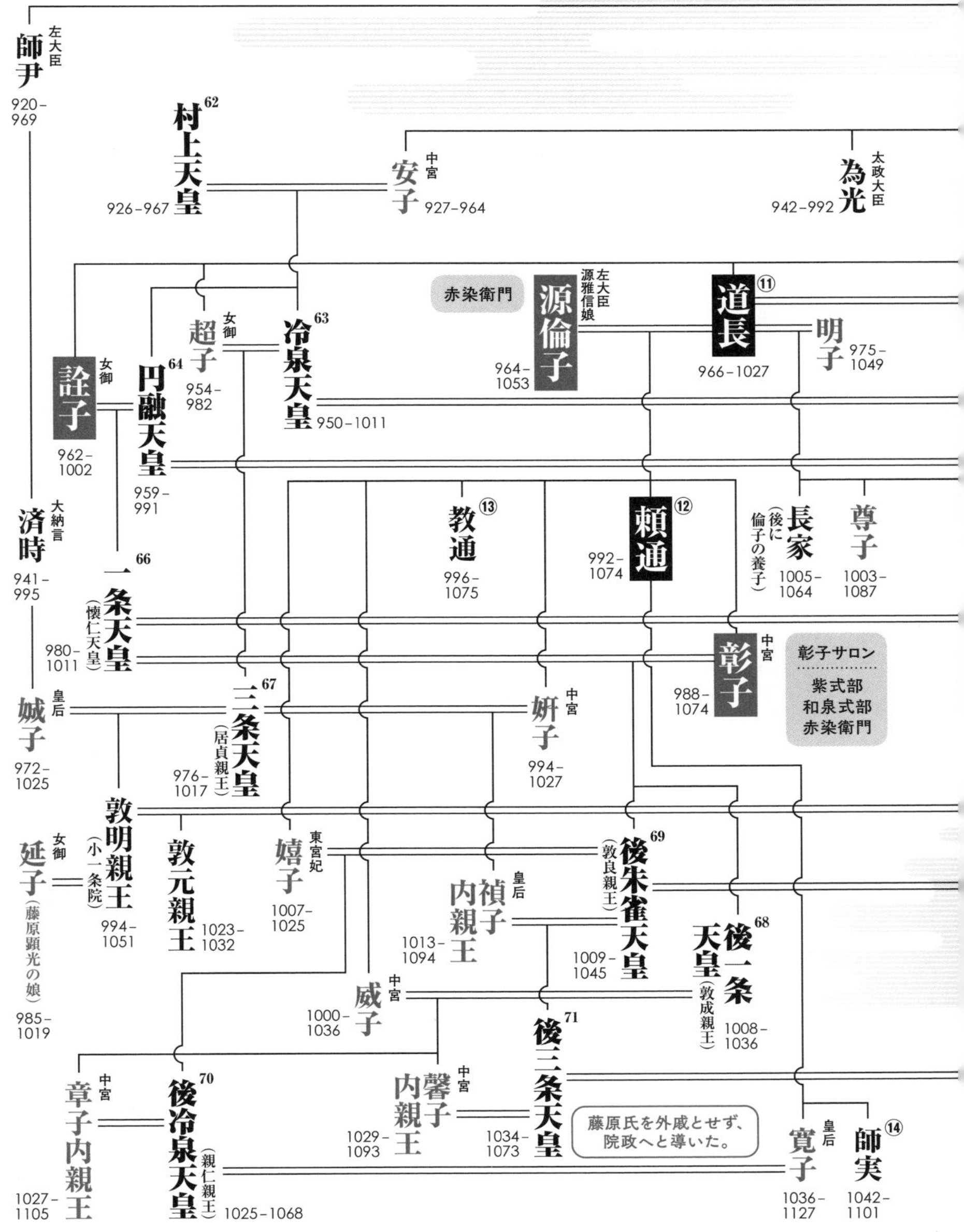

師尹 左大臣 920-969
村上天皇 62 926-967
安子 中宮 927-964
為光 太政大臣 942-992
赤染衛門
源倫子 左大臣源雅信娘 964-1053
道長 ⑪ 966-1027
明子 975-1049
詮子 女御 962-1002
円融天皇 64 959-991
超子 女御 954-982
冷泉天皇 63 950-1011
済時 大納言 941-995
一条天皇 66 (懐仁天皇) 980-1011
教通 ⑬ 996-1075
頼通 ⑫ 992-1074
長家 (後に倫子の養子) 1005-1064
尊子 1003-1087
彰子 中宮 988-1074
彰子サロン
紫式部
和泉式部
赤染衛門
娍子 皇后 972-1025
三条天皇 67 (居貞親王) 976-1017
妍子 中宮 994-1027
敦明親王 (小一条院) 994-1051
敦元親王 1023-1032
嬉子 東宮妃 1007-1025
延子 女御 (藤原顕光の娘) 985-1019
禎子内親王 皇后 1013-1094
後朱雀天皇 69 (敦良親王) 1009-1045
後一条天皇 68 (敦成親王) 1008-1036
威子 中宮 1000-1036
後三条天皇 71 1034-1073
藤原氏を外戚とせず、院政へと導いた。
章子内親王 中宮 1027-1105
後冷泉天皇 70 (親仁親王) 1025-1068
馨子内親王 中宮 1029-1093
寛子 皇后 1036-1127
師実 ⑭ 1042-1101

平安時代・略年表

文化	年号	西暦	平安朝をめぐる動き
唐風文化 794〜894	延暦13	794	桓武天皇が平安京に遷都。平安時代始まる。
	延暦16	797	坂上田村麻呂を征夷大将軍に任命する。
	延暦25	806	桓武天皇崩御。平城天皇が即位し、大同に改元される。
	大同5	810	藤原薬子の変。年号が弘仁に改元される。
	承和9	842	橘逸勢らが承和の変で流罪になる。
	貞観8	866	応天門の変で伴善男が流罪。伴氏が没落する。
	仁和3	887	宇多天皇と藤原基経の間で「阿衡の紛議」が起こる。
	寛平3	891	藤原基経が没する。菅原道真を蔵人頭に登用。
	寛平6	894	菅原道真の建議で、遣唐使廃止。
国風文化 895〜1085	昌泰4	901	菅原道真、大宰府に左遷される。
	承平5	935	常陸国で平将門の乱が勃発する。
	天慶2	939	伊予国で藤原純友の乱が勃発する。
	康保4	967	律令の細則を定めた「延喜式」が施行される。
	安和2	969	安和の変で源高明が失脚。藤原氏が独占的地位を確立する。
	正暦元	990	藤原道隆が長女・定子を一条天皇の中宮にする。
	長徳元	995	藤原道隆が没し、その弟・道長と、道隆の息子の伊周が争う。
	長保2	1000	定子が皇后、藤原彰子が中宮となって「二后並立」時代になる。

時代	年号	西暦	出来事
	長保3	1001	紫式部の夫が死去する。その翌年ごろから『源氏物語』執筆を開始。
	寛弘2	1005	この年か翌年に、紫式部が中宮彰子に仕える。
	寛弘5	1008	この頃、『枕草子』が成立。その2年後に『紫式部日記』が成立する。
	長和5	1016	藤原道長が51歳で摂政となる。
	長和6	1017	道長が26歳の嫡子・頼通に摂政・太政大臣を譲る。
	寛仁3	1019	道長、実権を握ったまま出家。頼通は関白になる。
	万寿4	1027	藤原道長が、病没。
	長元元	1028	房総で、平忠常の乱が起こる。
	永承6	1051	前九年の役おこる。
	永保3	1083	後三年の役おこる。
武家風文化 1086〜1185	応徳3	1086	白河上皇の院政が始まる。
	嘉保2	1095	白河上皇が北面の武士を設置。
	嘉承3	1108	源義親の乱が平正盛に鎮圧される。
	保元元	1156	保元の乱おこる。
	平治2	1160	平治の乱後、源義朝が殺され、源氏が衰退する。
	仁安2	1167	平清盛が太政大臣になる。
	治承4	1180	以仁王、源頼朝、木曽義仲らが相次いで挙兵。
	文治元	1185	壇ノ浦合戦で平家滅亡。源頼朝、全国に守護・地頭の設置を勅許される。

【参考・引用文献】

中村修也著『平安京の暮らしと行政』2001年　山川出版社
宮本常一著『絵巻物に見る 日本庶民生活誌』1981年　中公新書
繁田信一監修『地図でスッと頭に入る平安時代』2021年　昭文社
山中裕著『平安時代大全』2016年　KKロングセラーズ
清少納言著　角川書店編『ビギナーズ・クラシックス 日本の古典 枕草子』2001年　角川ソフィア文庫
紫式部著　山本淳子編『ビギナーズ・クラシックス 日本の古典 紫式部日記』2009年　角川ソフィア文庫
近藤富枝著『服装で楽しむ源氏物語』2002年　PHP文庫
与謝野晶子著『与謝野晶子の源氏物語 上 光源氏の栄華』2008年　角川ソフィア文庫
盛本昌宏著『鎌倉武士と横浜 ―市域と周辺の荘園・郷村・寺社』2021年　有隣新書
井筒雅風著『日本服飾史 男性編』2015年　光村推古書院
井筒雅風著『日本服飾史 女性編』2015年　光村推古書院
増田美子著『日本服飾史』2013年　東京堂出版
高田倭男著『服装の歴史』2005年　中公文庫
詳説日本史図録編集委員会編『詳説 日本史図録（第7版）』2017年　山川出版社
国語教育プロジェクト編著『原色シグマ新国語便覧 増補三訂版』2017年　文英堂
池上良太著『図解 日本の装束　Files No.018』2008年　新紀元社
八條忠基／徳井淑子著・小宮国春／藤末郁也他イラスト『和装・洋装の描き方』2016年　朝日新聞出版
井筒雅風著『日本服飾史考』2004年　風俗博物館
長崎盛輝著『新版 かさねの色目 ―平安の配彩美』2006年　青幻社
小松茂実編　日本の絵巻9『紫式部日記絵詞』1987年　中央公論社
髙島克子著『イラスト年表 着物は時代を物語る 縄文・弥生時代～平成・令和時代』2021年　デザインエッグ社

【論文等】

『日本の化粧の歴史』京都先端科学大学　柳真由（小川賢治ゼミ）2022年
『蜻蛉日記』下巻の構成について』高松大学紀要 第27号　松原輝美　1997年3月
『紫式部日記』に見る女房の服装と官位について』和洋女子大学紀要　家政系編　vol.38 高島めぐみ　1998年3月
『源氏物語』と平安貴族の生活と文化についての研究「貴族の1日について」』明治大学人文科学研究所　2009年4月
『日本の文化と織維』vol.51,No.2 (1995)『天皇の御装束』井筒雅風　1995年
『春日権現験記絵』構図分析―描かれた建築表現の類型から―』女子美術大学学術学部　佐藤紀子　2016年9月
Journal of Graphic Science of Japan Vol50, No.3/Issue150 September 2016

『平安貴族社会における扇と社会的関係』野田有紀子　お茶の水女子大学大学院教育支援プログラム
「日本文化研究の国際的情報伝達スキルの育成」平成19年度活動報告書海外研修事業編　２００８年
『平安絵巻にみる庶民の文様と染色技法』松山弘範　新潟青陵女子短期大学研究報告24号　Ｐ９-20　１９９４年３月
『古代服装研究（第７報）―かぶりものの変遷（３）―』岡綾子・野津哲子　島根女子短期大学紀要12（被服構成学研究室）１９７４年
『衣装から見た色彩 ―三つの時代の色彩と身分―』１１Ｋ０４７小田里央菜
敬和学園大学「VERTAS」学生論文　レポート集22号　２０１６年12月
『平安京の変遷』わかみず会　鈴木勝　株式会社アイヴィス　２０１７年９月

【図録等】

『御即位５年 御成婚30年 新しい時代とともに―天皇皇后両陛下の歩み』２０２３年５月　毎日新聞社
『The KIMONO Styled & Restyled ファッションとしてのきもの １３００年』２０１９年　@京都経済センター
源氏物語　六條院の生活　風俗博物館
資料：令和５年２月～展示、平成31年２月～展示、平成30年２月～展示、平成29年２月～展示、平成28年２月～展示

【WEBSITE】

摂政・関白の一覧　https://ja.wikipedia.org/wiki/摂政・関白の一覧
橘氏は隠れた名族？ その歴史・子孫を詳しく解説！　https://ka-ju.co.jp/column/tachibana
寝殿造から書院造へ　https://www2.city.kyoto.lg.jp/somu/rekishi/fm/nenpyou/htmlsheet/bunka06.html
刀剣・日本刀の専門ワールド　刀剣ワールド　https://www.touken-world.jp
ジャパンナレッジ『信貴山縁起』　https://japanknowledge.com/introduction/keyword.html?i=1979
第57回鴨川府民会議　参考資料　https://www.pref.kyoto.jp/kamogawa/documents/shiryou2-2.pdf
ART & PEARLS／パールでたどる世界史：日本からアクセサリーが消えた理由④ 平安時代　https://veronic-pearls.com/jewelry-history/3786/
日本の化粧文化史００７原始化粧から伝統化粧の時代へ 平安時代１　https://www.cosmetic-culture.po-holdings.co.jp/culture/cosmehistory/7.html
本の万華鏡 第31回成人の儀式 ―古代から近代まで―　https://www.ndl.go.jp/kaleido/entry/31/1.html
京都・祇園　八坂神社／主な神事・行事／祇園祭　https://www.yasaka-jinja.or.jp/event/gion/
被り物と髪形の概説　https://nikido69.sakura.ne.jp/militaria/equipment/headgear/headgear02.htm#02-03
一般財団法人 国民公園協会　京都御苑／土御門邸跡　https://fng.or.jp/kyoto/2018/11/22/post_165/
文化史03／平安時代の服装　https://www2.city.kyoto.lg.jp/somu/rekishi/fm/nenpyou/htmlsheet/bunka03.html#e

ほんわか人生の旅 富山県 五箇山こきりこ節　https://tabikoramu.muragon.com/entry/912.html
歴史まとめ.net／日本史／平安時代／平安貴族の生活　https://rekishi-memo.net/heianjidai/kizoku.html
PUBLIC RELATION OFFICE GOVERNMENT OF JAPAN　Highlighting Japan December 2022 December／日本の模様
https://www.gov-online.go.jp/eng/publicity/book/hlj/html/202212/202212_02_jp.html
宮内庁　宮中祭祀　https://www.kunaicho.go.jp/about/gokomu/kyuchu/saishi/saishi.html
日本文化研究ブログ　https://jpnculture.net/shihouhai/
いい日本再発見　https://ii-nippon.net/日本の祭/1779.html
賀茂別雷神社／賀茂祭（葵祭）　www.kamigamojinja.jp/hitotose/kamosai/
神泉苑／祇園御霊会　www.shinsenen.org/goryoue.html
小林豊子きもの学院　https://www.toyoko-tohoku.co.jp/＜平安朝＞%E3%80%80公家若年女子-細長姿（くげじゃくね/
全国団扇扇子カレンダー協議会　団扇・扇子の種類　https://zenkyo.net/japanese-fan/sensu-type/
デジタル延喜式　https://khirin-t.rekihaku.ac.jp/engishiki/viewer/14/#item14100101
日本の服の歴史　Maccafushigi　http://www.bb.em-net.ne.jp/~maccafushigi/
その他、Wikipedia・コトバンク・weblio辞書・広辞苑無料検索サイトを参照

【デジタル図書館等】

国立国会図書館デジタルコレクション
『年中行事絵巻』『伴大納言絵巻』『公事十二ヶ月絵巻』『春日権現験記絵』『承安五節繪』『男衾三郎絵詞』『扇面古写経下絵』
文化遺産オンライン／直垂袴　https://bunka.nii.ac.jp/heritages/detail/466774
文化遺産オンライン／紫式部日記絵巻（模本）　https://bunka.nii.ac.jp/heritages/detail/525783
文化デジタルライブラリー／迦陵頻　https://www2.ntj.jac.go.jp/dglib/contents/learn/edc22/sakuhin/bugaku/s7.html
文化デジタルライブラリー／萬歳楽　https://www2.ntj.jac.go.jp/dglib/contents/learn/edc22/sakuhin/bugaku/s1.html
文化デジタルライブラリー／胡蝶　https://www2.ntj.jac.go.jp/dglib/contents/learn/edc22/sakuhin/bugaku/s8.html
文化デジタルライブラリー／陵王　https://www2.ntj.jac.go.jp/dglib/contents/learn/edc22/sakuhin/bugaku/s11.html
文化デジタルライブラリー／能楽　https://www2.ntj.jac.go.jp/dglib/contents/learn/edc9/zeami/kankyou/kankyou06_3_b.html
文化デジタルライブラリー／人長舞　https://www2.ntj.jac.go.jp/dglib/contents/learn/edc22/sakuhin/utamai/s4.html

あとがき

私は、幼少期から日本の歴史に興味があった。日本史年表がほぼ完全にインプットされた亡父の影響である。歴史ドラマを見ていて疑問が生じると、いつも父が答えをくれた。父は全ての時代に詳しかったが、私が最も興味を持った時代は幕末である。新撰組にハマり過ぎて、京都にある大学に進学を決め、休日はもっぱら史跡巡りをしていたものだ。

大学1年の親鸞聖人生誕日に、大学主催（だったと思う）の平等院鳳凰堂の見学ツアーに参加し、威厳ある美しさに感激した記憶がある。亡くなった父も平等院鳳凰堂が好きで何度も行っていたこともあって、今は宇治市内の霊園に眠っている。お墓参りに行く際に必ず目にするのが、宇治川畔の袿姿の紫式部像である。十二単ではないところが、私は気に入っている。父との縁なのか、私の人生で平安時代を感じるものは意外と身近にある。

まえがきにも記したが、前著『イラスト年表　着物は時代を物語る』（デザインエッグ社、ペーパーバック、2021年）出版前から相談に乗って下さっていた根本編集長から、昨秋、この本のお話をいただいた。

平安時代の十二単の誕生の理由を探ることが前著を作るきっかけだったこともあり、資料も少なく不明な部分が多いのが不安でもあったが、ある言葉を思い出し、平安時代のファッションを掘り下げる決心をした。

「いつの時代だって、やる奴はやるのよ。やらない奴はやらないのよ」

矢沢永吉さんの言葉だ。前著出版直後に根本編集長がこの言葉を引用し、なかなか出版社で企画が通らず自力で出版に漕ぎつけた私に、SNSで出版祝いのコメントを投稿してくださった。

それをご覧になった落語家の立川談慶師匠がフィーチャーし、やはり同じ言葉を冒頭におき、さらに私が自力で商業出版するに至ったのを〈夢を形にする図式〉として、「戦略」と「粘り」の積(掛け算)と評した投稿をくださった。

こうした言葉に後押しされ、私はまた「やる奴」になることを選択できたのだ。お二人には心から感謝を申し上げたい。

夢を形にするための「戦略」と「粘り」であるが、平安時代の貴族がまさに行なっていた図式ではないか。かなり度を超えた「戦略」だったが、それらを極めていたのが、50歳を超えて摂政となった藤原兼家・道長親子だろう。

ファッションも実は、「戦略」が大切である。それに長《た》けたものが一世を風靡《ふうび》する。江戸時代の尾形光琳の実家・呉服商「雁金屋《かりがねや》」はまさにその代表だろう。

平安時代末期に表舞台に出始めた「小袖」は、その時代ごとに変化し、武家にも公家にも適応する柔軟性を持ち、元禄時代に花開き、現代の着物の原型となった。私は「着物」に、平安時代の女性のしなやかさと強さが脈々と息づいていると感じる。

「着物」の色合わせ・柄をはじめとする美しさは、令和の現代でも世界中の人を魅了している。そして、その源が平安時代のファッションにあることを、改めて最後に申し上げたい。また、本書が平安時代のドラマや映画を見る際、私の父のように読者の皆様の疑問を解決する存在になれたとしたら、この上ない幸せである。

二〇二四年春

高島　克子

著者紹介
髙島克子（たかしま かつこ）

エイフレッシュ代表・服飾デザイナー。

産業能率大学、自由が丘産能短期大学、創造社デザイン専門学校 非常勤講師。

京都女子大学短期大学部・City College of San Francisco・産能大学（現・産業能率大学）卒業。

「おしゃれで機能的」をコンセプトに、リサイクル着物地のエシカルなベレー帽や着物・帯・半衿デザインを手掛ける。2022年、着物アップサイクル「一糸想伝®」プロジェクトを始動。

2021年、『着物は時代を物語る』をAmazonよりPOD出版し、被服文化史の講演会やイラスト展@平岡珈琲店（2023年）を開催する。2022年、久留米絣デザインコンテストで最優秀賞受賞。

イラストでみる
平安ファッションの世界
皇族・貴族から武士・庶民まで

2024年4月6日　初版第1刷発行

著　者　髙島克子
発行者　松信健太郎
発行所　株式会社　有隣堂
本　社　〒231-8623　横浜市中区伊勢佐木町1-4-1
出版部　〒244-8585　横浜市戸塚区品濃町881-16
電　話　045-825-5563　振替00230-3-203
印刷所　株式会社堀内印刷所

ISBN978-4-89660-246-3 C0021